Knowledge Graph and Deep Learning

知识图谱与深度学习

刘知远　韩旭　孙茂松——— 著

清华大学出版社
北京

内 容 简 介

知识图谱旨在将人类知识组织成结构化知识系统，是人工智能实现真正意义的理解、记忆与推理的重要基础。知识图谱作为典型的符号表示系统，如何有效用于机器学习算法，面临着知识表示、知识获取和计算推理等方面的诸多挑战。近年来，以神经网络为代表的深度学习技术引发了人工智能的新一轮浪潮。

本书介绍了作者团队在知识图谱与深度学习方面的研究成果，展现了数据驱动的深度学习与符号表示的知识图谱之间相互补充和促进的技术趋势。本书内容对于人工智能基础研究具有一定的参考意义，既适合专业人士了解知识图谱、深度学习和人工智能的前沿热点，也适合对人工智能感兴趣的本科生和研究生作为学习读物。

本书封面贴有清华大学出版社防伪标签，无标签者不得销售。
版权所有，侵权必究。举报: 010-62782989, beiqinquan@tup.tsinghua.edu.cn。

图书在版编目（CIP）数据

知识图谱与深度学习/刘知远，韩旭，孙茂松著. —北京: 清华大学出版社，2020.6 (2024.12重印)
(新时代·技术新未来)
ISBN 978-7-302-53852-3

Ⅰ. ①知… Ⅱ. ①刘… ②韩… ③孙… Ⅲ. ①知识管理②机器学习 Ⅳ. ①G302②TP181

中国版本图书馆 CIP 数据核字(2019)第 207391 号

责任编辑: 刘　洋
封面设计: 徐　超
责任校对: 宋玉莲
责任印制: 杨　艳

出版发行: 清华大学出版社
　　　　网　　址: https://www.tup.com.cn, https://www.wqxuetang.com
　　　　地　　址: 北京清华大学学研大厦 A 座　　邮　编: 100084
　　　　社 总 机: 010-83470000　　邮　购: 010-62786544
　　　　投稿与读者服务: 010-62776969, c-service@tup.tsinghua.edu.cn
　　　　质 量 反 馈: 010-62772015, zhiliang@tup.tsinghua.edu.cn
印 装 者: 小森印刷（北京）有限公司
经　　销: 全国新华书店
开　　本: 187mm×235mm　　印　张: 16.25　　字　数: 314 千字
版　　次: 2020 年 6 月第 1 版　　印　次: 2024 年 12 月第 12 次印刷
定　　价: 99.00 元

产品编号: 077071-01

前　　言

> 知识就是力量。
>
> ——[英]弗兰西斯·培根

知识能够丰富人的思想，能够让人更聪明。我们通过思考，获得知识就能解决我们从前所不知道的很多问题。这时，知识就是一种力量。而人工智能想要让计算机像人一样思考，同样需要知识的力量。计算机实现人工智能需要哪些知识，这些知识又要如何表示，如何获取，如何计算，以及如何使用，都是人工智能的重要研究课题。

近年来，深度学习技术大放异彩，极大地提升了自然语言处理、计算机视觉等人工智能任务的性能。我们应当辩证地看待深度学习技术的历史地位。一方面，它充分利用人工神经网络的分布式表示能力和层次结构泛化能力，从大规模训练数据中自动学习，显著提升了对无结构文本、图像、语音数据背后语义信息的表示与学习性能，将数据驱动方法推向新的高度；另一方面，我们也认识到，深度学习从大规模数据中自动学习任务模式和语义信息，既受到大数据长尾分布的制约，也无法真正理解这些模式与语义，缺少可解释性；近年来的研究也表明，深度学习技术无法有效应对有针对性的攻击样例，鲁棒性差。

数据与知识，是实现人工智能的两大基石。对大规模数据的学习与利用，离不开深度学习技术。但要实现有理解能力的人工智能，还需要各类知识的支持。最终，我们需要探索出一条能够同时充分利用数据与知识的方案，才能实现有理解能力的人工智能，具有较好的鲁棒性和可解释性。我们姑且将面向人工智能的知识计算研究称为知识智能，涵盖知识表示、获取、计算和推理应用等研究课题。其中，知识表示旨在探索如何对不同类型知识进行组织和表示，支持计算机最大化地利用这些知识；知识获取旨在探索如何从互联网大规模的结构化、半结构、无结构数据中自动获取我们需要的知识；知识计算和推理则旨在探索如何更好地利用大规模知识库进行各类知识计算与推理应用，支持人工智能实现从数据智能到知识智能的跃迁。

我所在的清华大学自然语言处理与社会人文计算实验室（THUNLP），在学术带头人孙茂松教授的带领下，主要从事自然语言处理、知识图谱、机器翻译和社会计算研究。2014 年，孙茂松教授作为首席科学家牵头组织了题为"面向三元空间的互联网中文信息处理理论与方法"的国家重点基础研究发展计划（"973"计划）项目。在 2013 年申请项目时，深度学习初露锋芒但尚未成席卷之势，孙茂松教授带领的项目团队经过多次研讨认为，深度学习技术将对自然语言处理带来颠覆性变化，并意识到知识对自然语言理解的重要价值。经过 2014—2018 年的 5 年探索，项目组在国内率先开展并坚持探索了面向自然语言处理的深度学习技术，系统研究了面向自然语言理解的知识获取与应用技术，取得了一系列原创成果。其中，孙茂松教授带领团队主要负责项目的基础理论研究，提出了融合知识的统一语义表示框架，以及知识指导的自然语言处理框架等学术思想，相关发表论文、开源项目、演示系统获得了国内外的广泛关注。

为了更好地向国内读者介绍在知识智能方面取得的最新进展，我们整理出版了这部中文专著。"知识图谱"本是谷歌的一款支持搜索引擎的世界知识产品，就像"大数据"一样，由于名字贴切上口，近年来在学术界和产业界被广泛用来指代各类知识库，本书也择善而从，用知识图谱来泛指我们研究的语言知识和世界知识等各类知识库。本书主要涉猎语言知识和世界知识两种类型知识，内容包括面向这两类知识在表示学习、自动获取与计算应用方面的最新尝试。

本书主要内容是我们在知识智能方面的最新研究成果，而非对知识图谱和深度学习技术的科普介绍，因此更适合具备自然语言处理和知识图谱基础知识的相关研究生和学者，以及具有类似背景的对人工智能和知识图谱感兴趣的人士。为了方便读者阅读，本书在绪论中介绍了关于自然语言处理、知识图谱和深度学习等比较全面的背景。如果读者希望更全面了解知识图谱基础知识，建议阅读中国科学院自动化研究所赵军老师团队 2018 年出版的《知识图谱》，它是全面了解和学习该领域的理想教材。如果读者希望更全面了解深度学习基础知识，建议阅读 Ian Goodfellow、Yoshua Bengio、Aaron Courville 等学者 2016 年出版的 *Deep Learning*，它是全面了解和学习该领域的理想教材，国内已有翻译版。

本书由孙茂松教授指导，由刘知远具体组织撰写，课题组的博士生韩旭、岂凡超和本科生于志竟成、杨承昊等担任了主要撰写与校对工作。本书参考了实验室涂存超、林衍凯、谢若冰等几位博士研究生和硕士研究生的学位论文。课题组的于鹏飞（3.4 节）、王晓智（3.6 节）、朱昊（4.3 节）、刘正皓（4.4 节）、刘阳光（6.3 节）、辛极（4.2 节）、张磊（6.4 节、7.3 节）、陈暐泽（7.2 节、7.3 节）、欧阳思聪（7.2 节、7.3 节）、秦禹嘉（6.3 节）、高天宇（3.2 节）、黄励新（3.3 节）、黄俊杰（5.3 节、6.5 节）、曹书林（3.5 节）、常亮（6.4

节、6.5 节）、彭皓（3.7 节）、臧原（5.3 节、6.3 节、6.5 节）等同学参与了本书的素材准备工作（按姓氏笔画排列，括号内为有贡献的章节号）。

刘知远

2020 年 3 月于清华大学 FIT 楼

常用符号约定一览

符号	含义
x	标量
$\boldsymbol{x}$	向量
$\boldsymbol{A}$	矩阵
$\boldsymbol{I}$	单位阵
$(\cdot)^\top$	矩阵或向量转置
$[\boldsymbol{x}_1; \boldsymbol{x}_2; \cdots; \boldsymbol{x}_n]$	向量拼接
h, t	头、尾实体
e	一般意义下的实体
r	关系
(h, t)	实体对
(h, r, t)	关系三元组
$\{\cdots\}$	集合
$|\{\cdots\}|$	集合 $\{\cdots\}$ 中元素个数
$\mathcal{E}$	实体集合
$\mathcal{R}$	关系集合
$\mathcal{T}$	事实集合
$\mathcal{G}$	知识图谱
$\mathcal{S}_{(h,t)}$	包含实体对 (h,t) 的文本实例集合
$\|\cdot\|_p$	L_p 为范数，p 缺省时为 L_2 范数
$P(\cdot), P(\cdot \mid \cdot)$	概率质量函数，条件概率质量函数
$p(\cdot), p(\cdot \mid \cdot)$	概率密度函数，条件概率密度函数
$\mathbb{E}_{x \sim P}[f(x)]$	函数 $f(x)$ 对 x 在分布 P 下的数学期望，意义明确时省略 x 或 P
$\mathcal{L}$	损失函数
$\boldsymbol{\theta}$	模型参数

目　　录

第 1 章　绪论 ·· 1
   1.1　知识图谱简介 ··· 2
   1.2　深度学习的优势和挑战 ·· 4
   1.3　深度学习 + 知识图谱 =∞ ·· 8
       1.3.1　知识的表示学习 ·· 9
       1.3.2　知识的自动获取 ·· 10
       1.3.3　知识的计算应用 ·· 13
   1.4　本书结构 ··· 14
   1.5　本章总结 ··· 14

第一篇　世界知识图谱

第 2 章　世界知识的表示学习 ·· 19
   2.1　章节引言 ··· 19
   2.2　相关工作 ··· 20
       2.2.1　知识表示学习经典模型 ····································· 20
       2.2.2　平移模型及其拓展模型 ····································· 22
   2.3　基于复杂关系建模的知识表示学习 ································ 25
       2.3.1　算法模型 ··· 25
       2.3.2　实验分析 ··· 26
       2.3.3　小结 ·· 32
   2.4　基于关系路径建模的知识表示学习 ································ 32
       2.4.1　算法模型 ··· 32
       2.4.2　实验分析 ··· 34
       2.4.3　小结 ·· 39

2.5 基于属性关系建模的知识表示学习 ··· 39
2.5.1 算法模型 ·· 40
2.5.2 实验分析 ·· 41
2.5.3 小结 ··· 44

2.6 融合实体描述信息的知识表示学习 ··· 44
2.6.1 算法模型 ·· 45
2.6.2 实验分析 ·· 47
2.6.3 小结 ··· 54

2.7 融合层次类型信息的知识表示学习 ··· 55
2.7.1 算法模型 ·· 55
2.7.2 实验分析 ·· 57
2.7.3 小结 ··· 62

2.8 融合实体图像信息的知识表示学习 ··· 62
2.8.1 算法模型 ·· 63
2.8.2 实验分析 ·· 64
2.8.3 小结 ··· 68

2.9 本章总结 ··· 68

第 3 章 世界知识的自动获取 ·· 70

3.1 章节引言 ··· 70
3.2 相关工作 ··· 71
3.2.1 有监督的关系抽取模型 ·· 71
3.2.2 远程监督的关系抽取模型 ··· 72

3.3 基于选择性注意力机制的关系抽取 ··· 73
3.3.1 算法模型 ·· 74
3.3.2 实验分析 ·· 78
3.3.3 小结 ··· 82

3.4 基于关系层次注意力机制的关系抽取 ·· 83
3.4.1 算法模型 ·· 83

3.4.2　实验分析 ··· 86
　　　3.4.3　小结 ·· 89
　3.5　基于选择性注意力机制的多语言关系抽取 ··· 89
　　　3.5.1　算法模型 ·· 90
　　　3.5.2　实验分析 ·· 93
　　　3.5.3　小结 ·· 98
　3.6　引入对抗训练的多语言关系抽取 ··· 98
　　　3.6.1　算法模型 ·· 99
　　　3.6.2　实验分析 ··· 103
　　　3.6.3　小结 ··· 106
　3.7　基于知识图谱与文本互注意力机制的知识获取 ···································· 106
　　　3.7.1　算法模型 ··· 107
　　　3.7.2　实验分析 ··· 112
　　　3.7.3　小结 ··· 117
　3.8　本章总结 ·· 118

第 4 章　世界知识的计算应用

　4.1　章节引言 ·· 119
　4.2　细粒度实体分类 ·· 120
　　　4.2.1　算法模型 ··· 120
　　　4.2.2　实验分析 ··· 122
　　　4.2.3　小结 ··· 129
　4.3　实体对齐 ·· 129
　　　4.3.1　算法模型 ··· 129
　　　4.3.2　实验分析 ··· 132
　　　4.3.3　小结 ··· 135
　4.4　融入知识的信息检索 ··· 136
　　　4.4.1　算法模型 ··· 136
　　　4.4.2　实验分析 ··· 138
　　　4.4.3　小结 ··· 143

4.5　本章总结 ········ 143

第二篇　语言知识图谱

第 5 章　语言知识的表示学习 ········ 147
5.1　章节引言 ········ 147
5.2　相关工作 ········ 148
 5.2.1　词表示学习 ········ 148
 5.2.2　词义消歧 ········ 149
5.3　义原的表示学习 ········ 149
 5.3.1　算法模型 ········ 149
 5.3.2　实验分析 ········ 152
 5.3.3　小结 ········ 155
5.4　基于义原的词表示学习 ········ 156
 5.4.1　算法模型 ········ 156
 5.4.2　实验分析 ········ 159
 5.4.3　小结 ········ 164
5.5　本章总结 ········ 164

第 6 章　语言知识的自动获取 ········ 166
6.1　章节引言 ········ 166
6.2　相关工作 ········ 167
 6.2.1　知识图谱及其构建 ········ 167
 6.2.2　子词和字级 NLP ········ 167
 6.2.3　词表示学习及跨语言的词表示学习 ········ 167
6.3　基于协同过滤和矩阵分解的义原预测 ········ 168
 6.3.1　算法模型 ········ 168
 6.3.2　实验分析 ········ 171
 6.3.3　小结 ········ 175
6.4　融入中文字信息的义原预测 ········ 175
 6.4.1　算法模型 ········ 176

		6.4.2 实验分析	179
		6.4.3 小结	183
	6.5	跨语言词汇的义原预测	183
		6.5.1 算法模型	184
		6.5.2 实验分析	188
		6.5.3 小结	194
	6.6	本章总结	194

第 7 章 语言知识的计算应用 ... 195

7.1	章节引言	195
7.2	义原驱动的词典扩展	196
	7.2.1 相关工作	196
	7.2.2 任务设定	198
	7.2.3 算法模型	199
	7.2.4 实验分析	202
	7.2.5 小结	207
7.3	义原驱动的神经语言模型	207
	7.3.1 相关工作	208
	7.3.2 任务设定	209
	7.3.3 算法模型	210
	7.3.4 实验分析	213
	7.3.5 小结	219
7.4	本章总结	219

第 8 章 总结与展望 ... 220

8.1	本书总结	220
8.2	未来展望	221
	8.2.1 更全面的知识类型	221
	8.2.2 更复杂的知识结构	222
	8.2.3 更有效的知识获取	223
	8.2.4 更强大的知识指导	223

8.2.5　更精深的知识推理 ·· 224
8.3　结束语 ··· 224
相关开源资源 ··· 226
参考文献 ··· 228
后记 ··· 243

第 1 章
绪 论

"知识"二字,早在甲骨文中就已经出现:"知"造字本义是"谈论和传授狩猎作战的经验";"识"造字本义是"辨识指认武器"。后来《说文解字》将"知"释义为"从口从矢,知理之速,如矢之疾也",大意是"明白道理的人说话如同射箭一语中的"。古代"知识"尚指认识的人或事物,进入 20 世纪,"知识"有了现在的含义,《现代汉语词典》释义为"人们在社会实践中所获得的认识和经验的总和"。在中国文化中,人类的智慧从来与知识如影随形,"知"和"智"两字经常通用,孔子说"知之为知之,不知为不知,是知也",最后一个"知"即通"智"字。

知识是人类智能的象征。知识对人工智能而言同样具有重要意义。自 1956 年达特茅斯研讨会首次提出人工智能以来,在多年的发展历史中,知识一直是人工智能的核心命题。实际上,作为人工智能学科的思想来源之一,英国著名哲学家伯特兰·罗素等倡导创立的分析哲学,就致力于采用各种形式化手段来探讨人类对世界的认识(即知识),现在计算机科学的重要理论基础数理逻辑就起源于此。早期人工智能研究多关注通用搜索机制来解决智能问题,但 MIT 著名学者约翰·麦卡锡早在 1958 年就发布了"有常识的程序",首次在系统中考虑了关于世界的一般知识(即常识)。由于简单的搜索和规则方法无法解决大规模的困难和复杂问题,20 世纪 70 年代很多学者转而解决专门领域的智能任务,以斯坦福大学著名学者爱德华·费根鲍姆为首的学者通过收集领域专业知识研制了各类"专家系统",在分析化学、医疗诊断等领域取得了喜人成绩。费根鲍姆在 1977 年发表文章,正式提出"知识工程"的思想,从此,以知识表示、获取和应用为主要内容的知识智能成为人工智能的重要研究方向。

进入 21 世纪,人工智能在数据和计算的双重加持下突飞猛进。在知识智能方面,2012 年搜索引擎巨头谷歌(Google)发布了知识搜索产品——谷歌知识图谱(Google Knowledge Graph),提出"Things, Not Strings"的理念。对于用户输入的查询,谷歌搜索引擎将不止返回匹配查询关键词的相关网页,还会根据查询中提及的人名、地名、机构名等实体信息，展示这些实体的相关结构化信息。如图 1.1 所示，用户输入 "姚明" 时，谷歌搜索引擎不仅返回相关网页，而且会直接展示姚明的生日、身高等信息。在知识图谱的支持下，谷歌搜索引擎还能够回答用户提出的一些简单问题，如 "姚明的生日是哪天？" 等，显著提升搜索引擎的用户体验，因此微软必应、百度、搜狗等各大互联网公司纷纷推出知识搜索功能。与此同时，语音对话助手和智能音箱等新兴服务形态的出现，以及人工智能技术与医疗、教育、金融、法律等垂直领域的深度结合，点燃了人们对大规模知识图谱及在此之上的智能问答和推理等应用的旺盛需求，知识智能再次成为人工智能领域的热点方向。

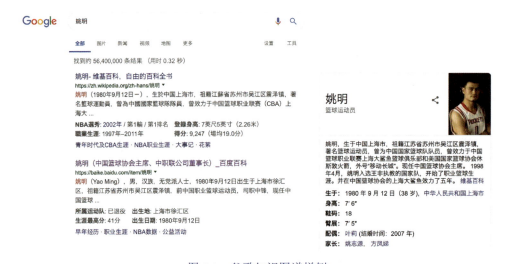

图 1.1　谷歌知识图谱样例

1.1　知识图谱简介

如前所述，"知识图谱" 本是谷歌知识搜索功能的产品名称，由于这个名字实在贴切上口，被学术界和工业界广泛使用，成为各类结构化知识库的统称。知识图谱，就是将人类知识结构化形成的知识系统，其中包含基本事实、通用规则和其他有关的结构化信息，可用于信息检索、推理决策等智能任务。知识图谱是人工智能研究和智能信息服务的基础核心技术，能够赋予智能体精准查询、深度理解与逻辑推理等能力，被广泛运用于搜索引擎、问答系统、智能对话系统及个性化推荐等知识驱动的任务。

为了高效地储存与利用结构化知识，人们结合专家手工标注与计算机自动标注等方式，面向开放领域和垂直领域构建了各种大规模知识图谱，如 WikiData[188]、Freebase[15]、DBpedia[4]、YAGO[81] 及 WordNet[133] 等经典的知识库。以 WikiData 为例，截至 2019 年年初，其已经包含 5 700 多万个实体。与此同时，国内外各大互联网公司也均有知识图谱产品，如谷歌（Google）知识图谱、百度知心、搜狗知立方和微软（Microsoft）Bing Satori 等。

如果按照类型划分，知识图谱可以包含语言知识、常识知识、世界知识、认知知识、专业知识等。例如，语言知识是使用人类语言应当具备的词法、句法、语义或语用等方面的知识，如 WordNet、HowNet 是典型的词法知识图谱；常识知识泛指普通人应当具备的基本知识信息，如 Cyc、ConceptNet 是典型的常识知识图谱；世界知识指的是现实世界中各实体间关系的事实知识，前述 WikiData、Freebase、DBpedia、YAGO 是典型的世界知识图谱；认知知识是人类理解世界所具备的知识，如隐喻知识等；专业知识则是各专业领域的特定知识，如化学、生物、医疗、金融、计算机等领域都有很多专业知识图谱。当然，这只是非常粗略的划分，并没有严格的界限，例如，HowNet 既包含词法级语言知识，也包含大量的常识知识。

知识图谱的特点是结构化，一般用三元组形式表示不同元素间的复杂关系，从而形成一个复杂的网络（图谱）。在本书中，我们主要关注与自然语言处理密切相关的两种类型知识，即世界知识与语言知识。图 1.2 所示是世界知识与语言知识样例。

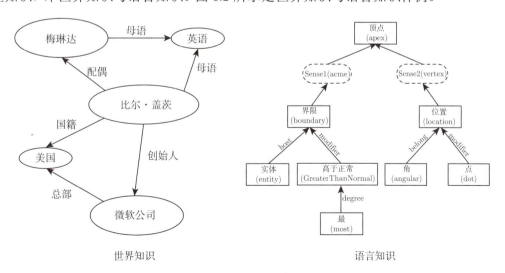

图 1.2 世界知识与语言知识样例

世界知识图谱将世界上的具象事物和抽象概念表示为实体（entity），将实体之间的联系表示为关系（relation），常以三元组事实（triple fact）的形式存储实体与实体之间的关系，类似于万维网联盟发布的资源描述框架（Resource Description Framework, RDF）。以"比尔·盖茨是微软公司创始人"的世界知识为例，知识图谱将该知识储存为（比尔·盖茨，创始人，微软公司），其中比尔·盖茨称为首实体（head entity），微软公司称为尾实体（tail entity），创始人称为关系（relation）。通过众多三元组构成的链接，世界知识图谱形成一张巨大的网络，其中网络节点是所有的实体，而节点之间的连边表示实体之间的关系。

语言知识图谱有很多不同的知识类型和标注方式。本书主要关注基于义原的词汇知识图谱 HowNet。在 HowNet 中，语言学家将语言的最小语义单位定义为义原（语义原子的意思），人工定义了一套包含 2 000 多个义原的集合，并用来标注每个词的词义。例如，"顶点"包含两个词义，分别是"最高点"（acme）和"三角形两条线的交点"（vertex），均可以用若干个义原及其依存关系来标注表示。这些结构化语言知识，也可以用三元组形式表示和存储，这些三元组构成的链接能够形成一个大的知识图谱。

以 Freebase、WikiData 为代表的世界知识图谱和以 HowNet、WordNet 为代表的语言知识图谱，过去已经在信息检索、自然语言处理等领域获得比较广泛的应用。进入深度学习时代，大数据及数据驱动深度学习技术成为推动人工智能发展的重要动力。这些大规模知识图谱是否依然有用，以及如何发挥作用，是我们接下来需要探讨的重要课题。

1.2 深度学习的优势和挑战

现在在人工智能领域，几乎无人不谈深度学习，这里以自然语言处理的发展趋势为代表来考察深度学习的优势和面临的挑战。

自然语言处理研究兴起于美国，在 20 世纪 50 年代电子计算机刚刚发明，人们就提出了利用计算机理解和处理人类语言的设想。当时，美国希望能够利用计算机将大量俄语材料自动翻译成英语，以监测苏联的科技发展情况。研究者最开始受到军事密码破译思想的启发，认为不同语言不过是对"相同语义"的不同编码而已，因此可以像译码技术破译密码那样来"破解"这些语言。1954 年，美国乔治敦大学和 IBM 公司成功将超过 60 句俄语自动翻译成英语，媒体纷纷报道认为这是一个巨大的进步，美国政府备受鼓舞,加大了对自然语言处理研究的资助。当时的研究者也自信地认为只要制定好各种翻译规则,在3~5年内就能够完全解决自动翻译问题。然而,事与愿违,理解人类语言要远比破译密码复杂得多,研究进展异常缓慢,1966年一份报告表明,自然语言处理经过十多年的研究结果远未达到预期,因此支持资金急剧下降,使自然语言处理特别是机器翻译陷入长达20年的低潮,这也标志着基于规则的理性主义思想在自然语言处理领域的败退。

直到20世纪90年代,随着电子计算机的计算能力的飞速提高和制造成本的大幅下降,研究者重新关注自然语言处理这个极富挑战的领域。此时研究者已经意识到简单语言规则的堆砌无法实现对人类语言的真正理解。同时人们发现,通过对大规模文本数据的自动学习和统计,能够更好地解决自动翻译等自然语言处理任务。这就是统计自然语言处理,标志着基于统计的经验主义思想在自然语言处理领域的兴起。

总结过去,人们主要探索了两种自然语言处理的思想,一种是基于规则的理性主义思想;另一种是基于统计的经验主义思想。理性主义思想认为,人类语言主要是由语言规则来产生和描述的,只要将人类语言规则整理出来,就能够理解人类语言并实现语言翻译等各种自然语言处理任务。经验主义思想则认为,可以从大规模语言数据中自动学习总结语言模型,只要有足够多的用于统计学习的语言数据,就能够理解人类语言。

近几十年来,互联网的普及在各领域积累下海量的唾手可得的大数据,计算机的存储和计算能力也在摩尔定律的支配下日新月异,为基于统计的经验主义思想提供了肥沃的发展土壤。深度学习则是统计学习方法的最新顶峰。深度学习是人工神经网络的复兴,在大数据和计算能力的支持下焕发了惊人的能量。与传统统计学习方法相比,深度学习有以下两个突出特点。

(1)分布式表示。在深度学习中,自然语言处理的对象,如词、句等语言单元的语义信息,都以分布式表示(distributed representation)的方式进行处理,即表示为实值、稠密、低维向量。这相当于将语言单元映射到一个低维向量空间中,在这个空间中,各种元素的距离代表它们之间的语义关系,距离越近就表示语义越相近。深度学习技术可以通过大规模文本数据自动学习这些语言单元的向量表示,提供了非常广阔的参数空间,可以习得自然语言中的复杂语义模式。传统自然语言统计模型则主要依赖以字词为起点的符号表示,如词袋模型(bag-of-words model)及其背后的独热表示(one-hot representation)思想,它们均假设所有词之间是语义独立的,极大地限制了传统模型的语义建模能力。

（2）深层架构。深度学习的另外一个强大的原因是其深层架构，无论是卷积神经网络（CNN）中多层的卷积和池化，还是循环神经网络（RNN）中的随序列循环的状态层，这些深层架构为自动学习自然语言及各种任务的复杂语义模式提供了强大的建模能力。

自 2013 年 word2vec 问世以来，深度学习在短短几年时间里覆盖自然语言处理的各类重要任务，在信息检索、机器翻译、智能问答、自动对话等领域均取得了显著进展。然而，随着更加深入的探索，人们发现深度学习作为数据驱动的经验主义方法，仍然存在很多局限，面临诸多挑战。其中最致命的是，深度学习的鲁棒性和可解释性较差：有学者发现，针对一个深度学习模型，可以很容易地精心构造一些对抗样例（adversarial example）来欺骗该模型。最常见的例子是，对一幅主体为熊猫的图片，通过添加非常少量的噪声，虽然对人类而言这幅图与原图几乎一模一样，深度学习模型会将其错误地划分为其他类别。即使人们做出很多尝试，如提出生成式对抗网络（GAN）以及其他数据增广技术，但仍然无法彻底解决深度学习的鲁棒性和可解释性问题。归根到底，深度学习仍然是对已有数据的拟合，缺乏对数据的真正理解能力，因此只能做到机械地"举百反一"，而不能像人类那样"举一反三"。最近兴起的零次/少次学习（zero/few shot learning）就在努力赋予深度学习"举一反三"能力。

如何才能让计算机（或深度学习）具备理解与思考能力呢？我们应当参考人脑的工作模式。仍然以自然语言理解为例，当人们看到一句话"这个夏天就像蒸笼一样"，会产生哪些理解呢？如图 1.3 所示，假如此人母语是英语，且并不懂汉语，如果我们给他一本中英文词典和语法书（注意这代表某种类型的语言知识），则他可以借助这些语言知识，很容易地将这个结构简单的句子翻译成英语；此人还需要利用已有的常识知识和认知知识，才能理解将"夏天"比作"蒸笼"，是形容这个夏天很热；如果此人掌握一些关于现实的世界知识，则他还会想到用某些品牌的空调或风扇帮助降温；如果此人还有一些金融领域的行业知识，则他就能推测这个夏天空调大卖，空调厂商效益提升，可以提前做投资布局。

即使现有自然语言处理服务可以处理的简单样例，同样面临类似的问题。例如，用户检索"北京到上海的高铁"时，商业搜索引擎可以匹配"北京""上海""高铁"等实体，匹配预先定义好的模板，然后根据该模板对应指令查询后台数据库返回相关车次信息。这像一个事先编排好的操作流程，一切按照剧本来运行，一旦超出事先定义的范围就束手无策。而人类看到"北京到上海的高铁"，则会调动各种类型的知识来实现对这句话的理解，会知道北京和上海是中国的两大直辖市，高铁是运行在陆地上的高速铁路，京沪高铁是连接北京和上海的最繁忙的铁路线。人类永远无法像搜索引擎那样记住繁多的京沪高铁车次，却能够利用有生以来不断积累的知识，轻而易举地理解这句话在现实世界中的意义，而不仅仅用来找到所有京沪高铁车次而已。只有真正理解这句话在现实世界中的全部意义，才是真正的智能；而专门为完成某种特定任务（搜索车次）研制的系统或算法，则无法做到随机应变。

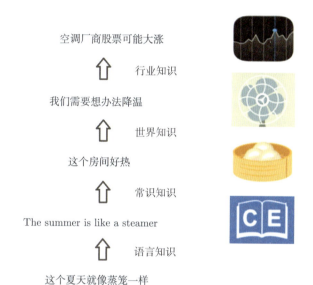

图 1.3 对同一句话 "这个夏天就像蒸笼一样"，在不同类型的知识支持下，实现不同程度的理解

可以看到，即使短短的一句话，只有在各种类型知识的支持下，人们才能进行不同层次的理解。这些知识是人类对包括自身在内的外部世界的认知，如同 Palm 发明人杰夫·霍金斯在他的 On Intelligence[①]中所描述的 "世界模型"，是人脑对这个世界形成的理性认知模型。只有将自然语言置入这个 "世界模型" 中，才能实现真正的理解。

对于数据驱动的深度学习技术而言也是如此，如果没有相关知识所结成的 "世界模型" 的支持，那么深度学习技术只能从数据中机械地学习完成特定任务的语义模式，既不具备鲁棒性和可解释性，也无法明白言外之意，通晓弦外之音，实现对语言的深层理解与推理。因此，我们认为要想实现鲁棒可解释的人工智能和自然语言处理能力，需要各种类型知识图谱的支持。

---

① 作者几年前有幸参与翻译过该书，中文译名为《智能时代》。

1.3　深度学习 + 知识图谱 = ∞

过去的实践表明，数据驱动的经验主义思想是实现数据智能的可行路径，以深度学习为代表的经验主义思想，仍然探索如何更充分地从大规模数据中学习和挖掘有用信息。例如，2018 年提出的 BERT 预训练语言模型[45]，就是利用大规模无标注文本数据学习一般的语言知识，2013 年 word2vec[130] 也是类似工作的典范，无疑它们对整个自然语言处理领域都产生了非常大的影响。近年来，机器翻译领域也在探索如何构建无监督机器翻译模型，也更充分地利用了无监督数据的做法。这些都属于数据驱动的方法。如何更充分地挖掘数据的价值，无论是有标注数据、弱标注数据，还是无标注数据，它们都是数据驱动方法的重要命题，仍然有很多开放问题等待解决，未来还会有更多的学习机制等待探索。

如前所述，单从数据学习无法实现有理解能力的人工智能。通往鲁棒可解释的人工智能之路，还需要人类知识的指导。为此，我们需要探索如何充分发挥实现经验主义思想和理性主义思想的优势，融合数据智能和知识智能。知识图谱是理性主义思想的最新成功实践。以自然语言处理为例，我们的目标就是，更好地将结构化知识图谱融入自然语言处理深度学习模型中。

实现深度学习与知识图谱的融合并非轻而易举，需要至少解决以下几个关键问题。

（1）**知识表示的问题**。深度学习采用分布式表示，而知识图谱采用符号表示，这两种表示方案难分轩轾，各有天地。如何在深度学习中充分利用大规模知识图谱，需要解决知识表示的问题。

（2）**知识获取的问题**。知识图谱形式丰富多样，根据历史实践经验，完全依靠手工标注费时费力，既极大地限制知识图谱的规模扩增，也无法有效保证知识图谱的内在一致性和可计算性。如何从互联网大规模的结构化数据、半结构数据和无结构数据中自动获取知识，辅以少量人工校验，是大规模知识图谱构建的必由之路，因此需要探索知识自动获取的技术。

（3）**知识计算的问题**。在面向大规模知识图谱建立了完善的知识表示后，需要系统探索如何面向不同自然语言处理任务和深度学习模型，将知识合理地嵌入与融合，实现知识指导的自然语言理解。

在过去几年中，我们系统探索了对自然语言理解至关重要的两类知识图谱即语言知识和世界知识的表示学习、自动获取和计算应用方法。接下来，我们以这两类知识为代表，分别简单介绍其在不同方面的研究问题与解决思路。

1.3.1 知识的表示学习

大规模知识图谱是人类理性知识的总结，主要以符号形式进行表示和存储。例如，世界知识图谱采用三元组形式存储实体的关系事实，无论是实体还是关系，都采用独一无二的符号来进行标识。原始符号表示的大规模知识图谱在计算利用上面临以下挑战。

（1）计算效率低下：基于图结构的知识表示虽然简洁直观，但是在利用知识图谱进行检索与多步推理时，常常需要设计专门的图算法以完成任务。这些图算法往往计算复杂度较高，在目前的大规模知识图谱上难以快速运行，且难以拓展至其他情况。

（2）数据稀疏性强：大规模知识图谱中的实体与关系往往也存在着长尾分布，有很多实体只存在着极少数的关系与之相连。对这些稀疏的实体和关系，往往很难有效理解与推理。

为了解决计算效率低下与数据稀疏性强这两个问题，近年来人们提出知识表示学习（Knowledge Representation Learning, KRL）的技术方案，并被广泛研究与运用。知识表示学习基于分布式表示[78]的思想，将实体（或关系）的语义信息映射到低维稠密实值的向量空间中，使得语义相似的两个对象之间的距离也相近。而传统对知识的符号表示其实相当于独热表示，即将知识表示成一个长向量，只有该知识对应的特定维度非零，而其他所有维度都为零。与独热符号表示相比，知识的分布式表示有以下优点。

（1）分布式表示学习到的是低维向量。这使得实体与关系之间的语义联系能够在低维空间中得以高速计算，显著提高计算效率。

（2）独热表示基于所有对象相互独立的假设，所有向量之间两两正交，丢失了大量对象之间的相似及关联信息。而分布式表示则能通过稠密低维向量之间的相似度计算表达对象之间的关系，较好地缓解了数据稀疏带来的问题。

（3）分布式表示能够将多源异质信息映射到同一语义空间中，建立多源跨模态的信息交互，且分布式表示也能更便捷地融入深度学习的模型框架中。近年来，知识表示学习在知识图谱补全、知识获取、融合与推理等任务上被广泛运用，显著地提高了知识驱动型应用的性能。

基于知识表示学习的思想，我们探索了一套融合知识的统一语义表示框架，如图 1.4 所示。我们选取了与文本理解最密切相关的语言知识和世界知识两种知识图谱，通过分布式表示学习的方式，将海量文本、语言知识和世界知识映射到统一的语义表示空间，实现数据与知识的融合计算。

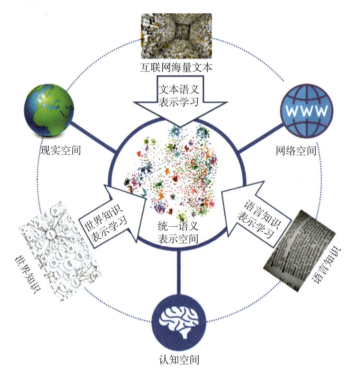

图 1.4 融合知识的统一语义表示框架

在融合语言知识的语言单元表示学习方面,我们探索了将 WordNet 词义知识、HowNet 义原知识等融入不同语言单元的表示学习,实现更加鲁棒有效的语义表示。在世界知识表示学习方面,我们系统探索了考虑各种外部信息来提升知识表示学习性能的可行性,如考虑复杂关系类型,考虑关系路径,考虑实体描述信息,综合考虑实体、属性与关系信息,考虑实体图像信息等。通过充分利用世界知识图谱和实体描述、类别和图像等外部信息,我们实现了高效知识表示学习,建立了低维语义表示空间与世界知识的关联。多粒度语言单元表示、融合语言知识的语言单元表示、世界知识表示形成了一套面向自然语言处理的统一语义表示体系,能够有力支持自然语言的深度学习与理解。

1.3.2 知识的自动获取

随着对这个世界探索的不断扩展与深入,人类知识日新月异。过去,人们主要依赖专家手工标注知识库，如 Cyc、WordNet、HowNet 等，虽然品质精良，但是在知识图谱的规模、一致性和可计算性方面面临巨大挑战。近年来，人们探索出一条从互联网大规模数据中自动获取知识的技术路线，如现在搜索引擎产品中广泛应用的大规模世界知识图谱，就是自动获取与人工校验结合产生的杰作。

以世界知识为例，人们探索了从互联网各种类型数据获取实体关系事实的方法，如结构化的表格和列表数据、半结构的维基百科页面，以及无结构的文本数据等。其中，如何从无结构文本数据中自动获取这些结构化知识是最具挑战的任务，而且由于文本数据是人类传递信息和知识的主要载体，该任务对构建世界知识图谱也至关重要。

关系抽取是从文本中自动获取实体间关系事实的代表任务。该任务的目标是，给定一个包含两个实体的句子，从中抽取出这两个实体之间的关系。例如，给定两个实体"比尔·盖茨"和"微软公司"，以及包含这两个实体的句子"比尔·盖茨建立并运营微软公司"，我们可以根据该句的语义信息，利用句子分类技术确定这两个实体之间是"创立者"关系。深度学习技术是目前解决关系抽取的最好方法，图 1.5 所示就是采用卷积神经网

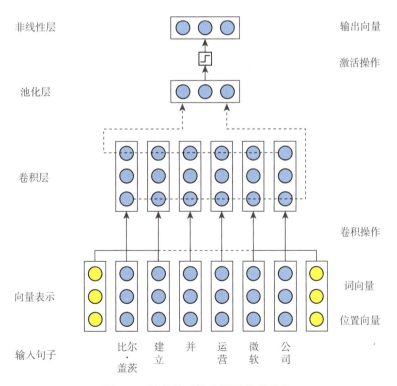

图 1.5　深度学习技术用于关系抽取

络（CNN）对句子语义进行编码表示用作分类特征的关系抽取示意图。当然这里还可以选用 LSTM、Transformer 等其他深度学习模型。

关系抽取作为典型的有监督分类任务，需要大规模标注数据来训练深度学习模型。由于为大规模知识手工标注训练数据费时费力，人们提出利用已有知识图谱自动标注大规模训练数据的思想，这种思想被称为远程监督，该思想假设包含某个实体对的所有句子都能够反映该实体对在知识图谱中的关系。如图 1.6 所示，远程监督认为同时包含 "比尔·盖茨" 和 "微软公司" 的 3 个句子都能够反映 "创立者" 的关系，会被自动标注为该关系的正例样本，作为关系分类训练数据。

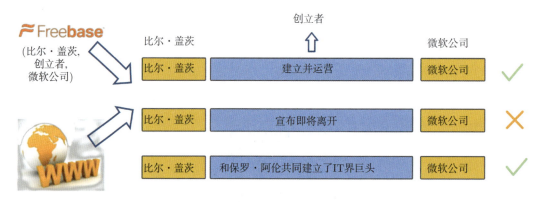

图 1.6　远程监督自动构建关系抽取训练数据集

但是远程监督会不可避免地引入噪声标注，例如图 1.6 中第二个句子的意思是 "比尔·盖茨" 将从 "微软公司" 退休，无法反映实体之间存在 "创立者" 的关系，这些噪声训练数据会显著影响关系抽取深度学习模型的性能。此外，如何充分利用已有知识图谱和文本数据进行关系抽取，如何充分利用多语言文本数据进行关系抽取，都是关系抽取深度学习模型面临的挑战性问题。

为了解决这些挑战性问题，我们提出利用注意力机制、对抗训练机制等技术来提升关系抽取深度学习模型的性能。例如，提出句级注意力机制缓解远程监督的噪声标注问题，提出跨语言注意力机制综合利用多语言数据进行关系抽取，提出知识注意力机制综合利用已有知识图谱和文本进行关系抽取，等等。综合这些改进方案，我们提出的关系抽取深度学习框架，能够面向典型数据信息自动获取高质量的结构化知识，通过进一步的知识融合和校验，可用于构建和扩展大规模知识图谱。

与上述世界知识的自动获取类似，我们也可以利用深度学习技术辅助进行语言知识的自动获取。我们面向 HowNet 的义原知识，也探索了一系列的技术，综合利用词的内部汉字、外部上下文及词典定义等信息，进行词汇的义原自动预测，可用于构建和扩展义原知识图谱。我们将在本书中分别介绍世界知识和语言知识的自动获取技术。

1.3.3 知识的计算应用

在构建完成大规模知识图谱后，我们关心如何在自然语言处理各种任务中充分利用这些知识。在进入深度学习时代之前，这些知识图谱往往采用以下使用方式。

（1）作为信息资源。以世界知识图谱为例，商业搜索引擎会将知识图谱作为展示信息的重要来源，根据用户查询提及的实体名称，展示相关实体的结构化信息，提升用户的检索体验。

（2）作为数据特征。以语言知识图谱为例，知识图谱中标注的词汇知识可以为词汇增加额外的特征信息，并作用于情感分析、文本分类等相关的自然语言处理任务上。

（3）利用网络结构。以世界知识图谱为例，可以利用网络结构完成问答任务，例如，回答诸如"梁启超的儿子的妻子是谁？"这样需要在知识图谱中进行多步跳转的问题；也可以利用网络结构建立不同关系之间的推理规则，例如，发现"儿子的儿子"是"孙子"这样的推理规则，可以用来自动获取新的知识；也可以利用网络结构，如最短路径等计算不同节点之间的相似度；等等。可以看到，过去由于受到知识图谱表示与存储的限制，只能基于离散符号的形式进行使用。

大规模知识图谱是实现自然语言深层理解的重要基础，因此我们认为，在知识表示学习等新兴技术的支持下，我们可以在自然语言处理深度学习模型中找到大规模知识图谱更广阔的应用天地。我们可以充分利用知识图谱为大规模文本中提及的词汇和实体提供丰富的外部信息，在探索改进深度学习的鲁棒性、可解释性、弱标注学习、少次学习等能力的过程中发挥关键作用。近年来，我们在语言模型、信息检索、关系抽取、实体分类、阅读理解、开放问答、词典扩展等自然语言处理任务上探索了将知识图谱与深度学习技术融合的可行性技术方案，提出了一套知识指导的自然语言处理框架，如图 1.7 所示。在本书中，我们将面向世界知识和语言知识两种类型的知识图谱，分别介绍融入深度学习模型的相关尝试。

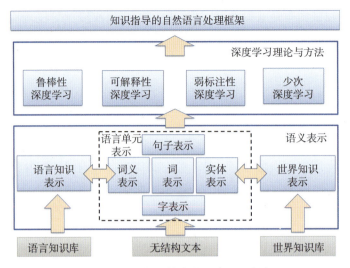

图 1.7　知识指导的自然语言处理框架

1.4　本书结构

本书第 1 章绪论整体阐述知识图谱和深度学习的研究背景和相关概念，介绍了新时期深度学习面临的关键挑战，以及将知识图谱与深度学习深度融合的重要意义和主要研究问题。

本书正文包括两大部分：本书第 1 篇包括第 2 章到第 4 章，主要面向以 Freebase 为代表的世界知识图谱，介绍世界知识的表示学习、自动获取与计算应用技术。本书第二篇包括第 5 章到第 7 章，主要面向以 HowNet 为代表语言知识图谱，介绍语言知识的表示学习、自动获取与计算应用技术。每个章节都会提供必要的研究背景和相关工作介绍，而主体内容是介绍我们在这些研究问题上的研究成果与思考。

在最后一章即第 8 章，我们对知识图谱与深度学习融合的未来发展方向进行了总结和展望，希望引起更多学者的兴趣，共同探索这个充满未知和希望的研究方向。

1.5　本章总结

我们认为，深度学习和知识图谱在未来将呈现一个不断互相增强、共同发展的态势。

如图 1.8 所示，一方面，深度学习技术的快速发展，使得从无结构文本自动抽取实体关系等结构化知识的性能显著提升，为大规模知识图谱的不断完善提供支持；另一方面，知识表示学习技术的兴趣与成熟，为将知识融入深度学习框架提供了可行性方案，能够进一步提升深度学习技术的鲁棒可解释能力，也有助于帮助深度学习技术克服远程监督的噪声标注问题及长尾分布数据的少次学习问题。

可以看到，深度学习和知识图谱的进步都会促进对方的进步，两者发展形成互利共生的技术体系，就如同巨人的双脚一样，互为支撑，协同进退，共同支持人工智能迈向鲁棒可解释的远大目标。

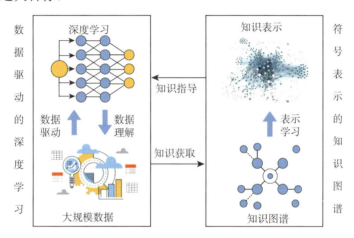

图 1.8　深度学习与知识图谱协同发展示意图

第一篇

世界知识图谱

世界知识图谱将现实世界中的具象事物与抽象概念表示为实体，将实体之间的联系表示为关系，并最终用以（头实体, 关系, 尾实体）三元组为基本元素的结构来表述知识。伴随着 20 世纪末互联网的蓬勃发展及 21 世纪初信息技术的大规模普及，在大量世界知识被整理进入知识图谱的同时，新的世界知识也在不断高速产生。而伴随着知识爆炸式增长这一现象而来的便是如何对这些知识进行体系化的学习、获取及应用的问题。

在本篇中，我们将就此展开，从世界知识的表示学习、自动获取、计算应用 3 个角度对相关领域的研究进行梳理，并对其中的关键性问题给出我们的探索与尝试。具体来说：

- 世界知识的表示学习关注研究世界知识图谱抽象过程中所面临的计算复杂度与数据稀疏性问题，通过算法将知识图谱嵌入低维度连续空间之中，以便计算机对知识图谱进行理解与操作。
- 世界知识的自动获取关注构建高效的知识获取系统，以便从以自由文本为中心的多源数据中自动抓取世界知识，并将所抓取知识用于知识图谱的组织和扩展。
- 世界知识的计算应用关注如何使用知识图谱中的世界知识来辅助下游任务。我们将在实体对齐、实体类型分类、文档排序和信息检索 4 个任务场景中展现世界知识的重要作用。

上述三个部分内容将在后续章节中详细介绍。

第 2 章
世界知识的表示学习

2.1 章节引言

通过挖掘现实文本中的实体与关系信息,我们能够将世界知识组织成结构化的知识网络,诸如 Freebase[15]、DBpedia[4]、YAGO[180] 等大规模的世界知识图谱蕴含着大量结构化世界知识。能够利用这些丰富的结构化信息将有助于我们在知识驱动下更好地完成各种场景下的具体任务。但是,正如我们在前文提到的那样,采用传统的特征提取方法来处理知识图谱将会面临计算效率低与结构稀疏等问题,这将在很大程度上影响知识图谱在具体任务场景上的部署与使用。因此,为了能够将知识图谱中丰富的结构化信息运用到下游应用中,对知识图谱进行表示学习,并进一步得到图谱中实体与关系的低维稠密向量表示是十分必要的。本章将主要介绍世界知识图谱的表示学习方法。

世界知识表示的核心在于对世界知识图谱中的实体与关系进行表示,并能够通过表示向量来捕捉实体与关系之间的关联。当下已有不少模型对世界知识图谱进行表示学习,其中平移模型 TransE[19] 作为其中极具代表性的模型,将实体和关系映射至同一个低维向量空间,并将实体与实体之间的关系表示为实体向量之间的平移操作,在结构简单的同时能够取得显著的效果。但从长期以来的世界知识图谱表示学习研究上来看,世界知识图谱的一些特性对其表示学习的效果具有重要影响,其中较为典型的特性如下。

(1) 实体和关系类型多样。世界知识图谱中的实体覆盖了现实世界的方方面面,实体之间体现的关系也多种多样,规模庞大。

(2) 实体和关系在现实中有多种形式的体现。现实中的文本、声音、图像等形式的信息均可能为实体和关系提供丰富的语义信息。

(3) 知识图谱具有高噪声、低完整度。由于现实中实体和关系的丰富多样,世界知识图谱通常很难兼顾高质量与高覆盖率,所以世界知识图谱通常具有很多不准确或缺失的信息。

上述 3 点特性在很大程度上为知识表示学习带来了巨大挑战。鉴于上述特性带来的问题,我们有针对性地在世界知识图谱表示学习方面进行了研究,这些研究主要从以下两个方面进行深入与展开。

(1)如何恰当地对世界知识图谱的结构进行建模,使实体和关系的表示能够充分融合知识图谱的结构信息,能够综合考虑世界知识图谱中关系与实体的复杂多样、图谱结构的稀疏与不完备,以及图谱构建过程带来的不准确信息。

(2)如何恰当地在表示学习中融入世界知识图谱之外的信息,尤其是世界知识在各种不同形式的信息载体中的信息,从而构建多信息来源的知识表示模型。

在具体介绍针对上述问题提出的解决方法之前,我们先来回顾知识表示学习领域的相关现有方法,并指出我们的工作与现有方法之间的关系与联系,并对知识表示学习方法的整体脉络进行梳理。

2.2 相关工作

在介绍相关工作之前,我们首先简要地介绍知识表示学习中的常用符号。知识图谱通常以实体、关系及事实三元组进行组织,其中,$\mathcal{E}$ 表示实体集合,$\mathcal{R}$ 表示关系集合,$\mathcal{T}$ 表示三元组集合。对于事实三元组中的任意事实,我们使用 (h, r, t) 进行表示,其中 h 代表头实体,t 代表尾实体,r 代表头尾实体之间的关系。根据定义,有 $h \in \mathcal{E}, t \in \mathcal{E}, r \in \mathcal{R}$,以及 $(h, r, t) \in \mathcal{T}$。知识表示学习旨在将实体与关系表示为低维连续空间之中的向量,在此使用粗体的符号 $\boldsymbol{h}, \boldsymbol{t}, \boldsymbol{r}$ 表示头尾实体与关系对应的表示向量。

2.2.1 知识表示学习经典模型

1. 结构向量模型

结构向量(Structured Embedding,SE)模型[20]是知识表示学习较早的尝试。在结构向量模型中,所有实体被投影至同一个低维的向量空间中。针对每一个关系 r,结构向量模型为头实体与尾实体分别设计了一个关系特化的映射矩阵 $\boldsymbol{M}_{r,1}$ 和 $\boldsymbol{M}_{r,2}$,这些映射

矩阵将会在训练过程中进行自动更新。模型对每个三元组 (h,r,t) 的评分函数定义为

$$E(h,r,t) = \|\boldsymbol{M}_{r,1}\boldsymbol{h} - \boldsymbol{M}_{r,2}\boldsymbol{t}\|_{L_1/L_2} \tag{2.1}$$

可以看出，结构向量模型将头实体与尾实体通过关系特化的映射矩阵投影至同一向量空间中，并希望映射后向量距离越小时三元组存在的可能性越高。

2. 语义匹配能量模型

语义匹配能量（Semantic Matching Energy，SME）模型[17]与结构向量模型不同，使用低维向量表示实体及关系。在此之上，模型使用矩阵映射、点乘等操作，对实体与关系的联系进行评估。具体地，语义匹配能量模型设计了线性形式与双线性形式两种对三元组的评分函数。

$$E(h,r,t) = (\boldsymbol{M}_1\boldsymbol{h} + \boldsymbol{M}_2\boldsymbol{r} + \boldsymbol{b}_1)(\boldsymbol{M}_3\boldsymbol{t} + \boldsymbol{M}_4\boldsymbol{r} + \boldsymbol{b}_2) \tag{2.2}$$

$$E(h,r,t) = ((\boldsymbol{M}_1\boldsymbol{h} \otimes \boldsymbol{M}_2\boldsymbol{r}) + \boldsymbol{b}_1)((\boldsymbol{M}_3\boldsymbol{t} \otimes \boldsymbol{M}_4\boldsymbol{r}) + \boldsymbol{b}_2) \tag{2.3}$$

其中，$\otimes$ 表示按位相乘；$\boldsymbol{M}_1$、$\boldsymbol{M}_2$、$\boldsymbol{M}_3$、$\boldsymbol{M}_4$ 表示待学习的映射矩阵；$\boldsymbol{b}_1$、$\boldsymbol{b}_2$ 表示偏置向量。此外，还有基于张量对语义匹配能量模型进行改进的模型[18]。

3. 隐变量模型

隐变量模型（Latent Factor Model，LFM）[90,183]将实体表示成低维向量，将关系表示为双线性变换矩阵 $\boldsymbol{M}_r$，在知识表示学习效果与计算复杂度方面都有显著改善。模型的评分函数为

$$E(h,r,t) = \boldsymbol{h}\boldsymbol{M}_r\boldsymbol{t} \tag{2.4}$$

此外，也有方法将关系矩阵限定为对角阵对隐变量模型进行改进的模型，在降低模型复杂度的情况下获得了更好的模型效果[210]。

4. 矩阵分解模型

矩阵分解模型基于矩阵分解的方式进行知识表示学习，其中以 RESCAL 模型[149,150]和 HolE 模型[148]为代表。RESCAL 模型使用一个三阶张量 $\boldsymbol{X} \in \mathbb{R}^{d \times d \times k}$ 表示三元组，

其中，d 是实体的数量；k 是关系的数量。如果 $\boldsymbol{X}_{htr} = 1$，则表示三元组 (h,r,t) 存在。设 $\boldsymbol{X} = \{\boldsymbol{X}_1,\cdots,\boldsymbol{X}_k\}$，则有矩阵分解

$$\boldsymbol{X}_i \approx \boldsymbol{A}\boldsymbol{R}_i\boldsymbol{A} \tag{2.5}$$

其中，$\boldsymbol{A}$ 表示实体向量形成的矩阵；$\boldsymbol{R}_i$ 表示第 i 个关系矩阵。HolE 模型则使用了循环相关运算改进 RESCAL 模型，进一步提升了计算效率与知识表示效果。

5. 神经张量网络模型

神经张量网络（Neural Tensor Network, NTN）模型[178]基于单层神经网络模型做出改进，使用双线性张量代替原模型中的线性变换层。神经张量网络模型对一个三元组 (h,r,t) 的评分函数为

$$E(h,r,t) = \boldsymbol{u}_r^\top \tanh(\boldsymbol{h}^\top \boldsymbol{M}_r \boldsymbol{t} + \boldsymbol{M}_{r,1}\boldsymbol{h} + \boldsymbol{M}_{r,2}\boldsymbol{t} + \boldsymbol{b}_r) \tag{2.6}$$

其中，$\boldsymbol{M}_r$ 是三阶张量；$\boldsymbol{M}_{r,1}$ 和 $\boldsymbol{M}_{r,2}$ 是投影矩阵；$\boldsymbol{u}_r$ 是一个针对关系 r 的特征表示；$\boldsymbol{b}_r$ 是偏置向量。神经张量网络模型更精确地刻画了实体与关系之间的联系，获得了更好的知识表示效果，但是复杂的模型也使得计算复杂度提高，同时对知识图谱的稠密程度有更高的要求。

由于计算复杂度较高，上述经典模型通常难以在大规模世界知识图谱中兼顾效率和结果，因此，近年来世界知识图谱表示学习的研究工作，包括本章详细讨论的工作，主要基于下面介绍的平移模型展开的。

2.2.2　平移模型及其拓展模型

平移模型（TransE）[19] 是 Bordes 等研究者在 2013 年提出的知识表示学习算法。平移模型将实体和关系映射至同一个低维向量空间，将实体与实体之间的关系表示为实体向量之间的平移操作。由于只考虑了向量之间的平移操作，平移模型的计算复杂度大大降低，并且学到的知识表示在知识图谱补全等任务方面的效果也得到了显著提升，在知识表示任务中被广泛运用。

平移操作的思想在其他任务中早有运用。Mikolov 等研究者于 2013 年提出了词表示学习模型——word2vec [127,130,131]，并发现 word2vec 学习到的词向量之间有着有趣的语

义平移现象，例如：

$$v(国王) - v(男人) \simeq v(王后) - v(女人) \tag{2.7}$$

其中，$v(x)$ 表示 x 的词向量。这种语义平移现象表明了词和词之间的隐含语义关系被成功地编码进了词向量中。

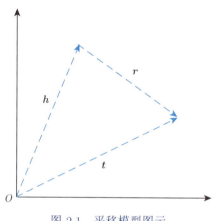

图 2.1 平移模型图示

受到词空间语义平移现象的启发，平移模型将这种隐含语义关系显式地用关系进行表示。具体地，对于给定的三元组 (h,r,t)，平移模型将关系向量 r 看作从头实体 h 到尾实体 t 的平移向量，如图 2.1 所示。基于以上平移假设，平移模型希望一个三元组内的实体与关系向量之间存在 $h+r \simeq t$ 的关系。形式化地，模型对三元组 (h,r,t) 定义了如下评分函数：

$$E(h,r,t) = \|h + r - t\|_{L_1/L_2} \tag{2.8}$$

在实际训练中，平移模型使用最大间隔方法，定义了如下评分函数进行优化：

$$\mathcal{L} = \sum_{(h,r,t)\in \mathcal{T}} \sum_{(h',r,t')\in \mathcal{T}'} \max(\gamma + E(h,r,t) - E(h',r,t'), 0) \tag{2.9}$$

其中，$\mathcal{T}$ 和 $\mathcal{T}'$ 分别是正例三元组与负例三元组的集合；γ 是正负例三元组得分的间隔距离。平移模型通过最大化正负例三元组之间的得分差来优化知识表示。

尽管平移模型很好地兼顾了效率和结果，并因此被广泛运用于知识表示学习任务中，但在世界知识图谱上，平移模型仍存在着以下改进与优化的空间。

(1) 过于理想化的平移假设,在对知识图谱中的复杂关系进行建模时往往存在问题。根据 Bordes 的定义,知识图谱中存在一对多、多对一甚至多对多的复杂关系[19]。以是……职业关系为例,有(莎士比亚,是……职业,作家)和(鲁迅,是……职业,作家)两条知识。但是莎士比亚和鲁迅仅应在谈论作家这一关系下有相似的表示,而在其他属性(如作品风格、年代、国籍等)关系上有较大区别。为了解决对复杂关系建模的问题,TransH 模型[195]、TransD 模型[91]等基于平移模型的改进方法相继被提出,使用向量空间投影与矩阵映射等方式,改进平移模型对复杂关系的建模效果。此外,TransG 模型[202]提出使用高斯混合模型描述实体之间的关系,将每种语义以一个高斯分布进行刻画。KG2E 模型[73]直接使用高斯分布表示实体和关系,以高斯分布的协方差表示实体与关系的不确定度。ManifoldE 模型[201]则使用流形对知识表示进行建模,显著提高了知识表示相关任务的性能。TransR 模型[113]通过关系特化的实体投影矩阵,在考虑不同关系的时候将实体映射到不同的语义空间中,使实体在不同关系中能够体现出不同的语义特征,从而增强了模型对复杂关系的处理能力。此外,KR-EAR 模型根据不同关系本身的语义和映射特点,从一般的关系中剥离出一类特殊的"属性"关系,对其单独使用分类模型建模,通过这种"分而治之"的方式改进了模型对复杂关系的处理。

(2) 平移模型仅仅关注知识图谱三元组的局部信息,而忽略了知识图谱网络的全局结构与关系之间的推理逻辑。知识图谱中的多步关系路径蕴含着丰富的信息,能够帮助我们进行知识推理。例如,如果我们知道(故宫,位于,北京)与(北京,是……首都,中国)两条知识,那么我们很容易能够推理出(故宫,位于,中国)这条知识。针对这个问题,KALE 模型[71]在知识表示学习中引入了逻辑规则,提高了平移模型的效果,而 PTransE 模型[111]则通过构建多步关系路径信息的低维嵌入表示来引入其中蕴含的知识推理信息。

(3) 平移模型只关注了知识图谱自身的网络结构信息,忽略了众多多源异质的丰富信息,如文本、实体类型与图像等信息。这些多源信息既能辅助知识表示学习模型更好地学习已有的结构化知识,也能提供在知识图谱结构信息之外的多模态信息。目前研究者对如何将多源信息融入知识表示学习的探索还仅仅处于初期阶段,我们在此方面提出了 DKRL、TKRL 和 IKRL 模型,创造性地给出了在知识表示学习中融入实体文本描述信息、实体层次类型信息和实体图像信息的方法。

在本章的剩余部分,将详细讨论这些改进工作。

2.3 基于复杂关系建模的知识表示学习

TransE 及其扩展模型通常将实体和关系映射到一个固定的共同空间中。在这样的设定下,两个不同的实体在该空间中的表示之间的距离在理想情况下应当能体现它们之间语义的相似性。然而,在世界知识中,同一个实体在不同的关系场景下具有的语义是有区别的,例如,"罗纳德·威尔逊·里根"既是美国总统,也是专栏作家及戏剧演员。由语义在不同场景中的复杂性可知,在固定空间中表示实体极大地限制了 TransE 及其扩展模型对实体语义的建模能力。

针对这一问题,我们提出了 TransR 模型。

2.3.1 算法模型

如图 2.2 所示,TransR 与传统模型的主要差异在于它为每种关系 r 定义了单独的语义空间,并使用不同的映射矩阵 M_r 定义从实体空间到各个关系空间的映射。具体地,对于一个给定的三元组 (h,r,t),TransR 首先使用关系特定的映射矩阵 M_r 将实体从实体空间映射到关系 r 所在的关系空间中,得到 h_r 和 t_r。

$$h_r = M_r h, \quad t_r = M_r t \tag{2.10}$$

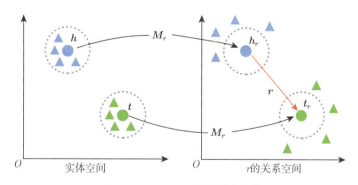

图 2.2 TransR 的简易示意图

在关系 r 所在的空间中,h_r 和 t_r 满足的关系转移约束与 TransE、TransH 相同,即使用类似的评分函数:

$$f_r(h,t) = \|h_r + r - t_r\|_{L_1/L_2} \tag{2.11}$$

此外，我们注意到，相同的关系在不同实体对中的语义通常具有一定的多样性。例如，关系"地区包含"可以出现在国家包含城市、城市包含大学和大洲包含国家等多种情形中。为了进一步增强模型对这种复杂关系的建模能力，我们又在 TransR 的基础上提出了 CTransR 模型。

CTransR 基于分段线性回归的思路，对 TransR 进行了进一步拓展。模型对头尾实体间的潜在关系进行聚类，并为每一个聚类的簇单独建立向量表示。具体地，对于特定的关系 r，所有训练数据蕴含这个关系的实体对 (h,t) 将会根据 $(h-t)$ 被聚类到若干组中，其中 h、t 为 TransE 得到的实体嵌入。我们假设同一组内的实体对所表现的关系 r 具有相近的特征，而不同组内表现的关系 r 可能有较大的差异。因而，对每一组实体对 c，CTransR 学习了一个单独的关系嵌入 r_c，评分函数也相应地被修改为

$$f_r(h,t) = \|\boldsymbol{h}_{r,c} + \boldsymbol{r}_c - \boldsymbol{t}_{r,c}\|_{L_1/L_2} + \alpha \|\boldsymbol{r}_c - \boldsymbol{r}\|_2^2 \tag{2.12}$$

其中，$\|\boldsymbol{r}_c - \boldsymbol{r}\|_2^2$ 用来约束聚类成的关系向量 r_c 与原始关系向量 r 之间的距离，使不同簇表现的同一个关系仍具有一定程度上的相似性，而 α 用于调节这个约束对损失函数的影响。

2.3.2 实验分析

我们采用 WN18、WN11、FB15K 和 FB13 数据集，在链接预测、三元组分类及文本关系抽取任务上对 TransR 和 CTransR 进行了实验。下面就实验结果展开讨论。

1. 链接预测

链接预测是用来预测三元组 (h,r,t) 中缺失实体 h 或 t 的任务，并且在一系列工作中被使用过[17,19,20]。在本任务中，对于每一个缺失的实体，模型将被要求用所有的知识图谱中的实体作为候选项进行计算，并进行排名，而不是单纯给出一个最优的预测结果。与之前的工作一样[19,20]，我们在 WN18 和 FB15K 上进行了实验。

在测试阶段，对于每个待测试三元组 (h,r,t)，我们用知识图谱中的除去 h 与 t 之外的其他实体作为候选项来替换头实体或尾实体，并且按大小顺序给出这些实体的评分函数 f_r。与 Bordes 等人的操作一样[19]，我们使用了两种评测方式：① 正确的实体评分函数的平均排名（mean rank）；② 正确的实体排名在前 10 的比例，即十命中率（hits@10）。一个优秀的链接预测模型应当获得较低的平均排名和较高的十命中率。

实际上，一个被人为构建的负例三元组有可能是存在于知识图谱中的，这不应当被视作负例。然而，上述的评测方法可能低估了这些三元组对评测结果的影响。因此，在对候选进行排名之前，我们先将这些三元组过滤掉，然后用上述的方法评测。我们将初始的评测方法称为 "原始"，而将之后过滤的评测方法称为 "过滤"。

因为采用了相同的数据集合，我们直接对比了模型与之前论文报告的结果。对于 TransR 和 CTransR 的实验，从 $\{0.1, 0.01, 0.001\}$ 中选择随机梯度下降算法 (SGD) 的学习率 λ；从 $\{1, 2, 4\}$ 中选择边界值 γ；从 $\{20, 50, 100\}$ 中选择实体和关系的维度 k 和 d；从 $\{20, 120, 480, 1\,440, 4\,800\}$ 中选择同一批次训练的数据规模 B。对于 CTransR，从 $\{0.1, 0.01, 0.001\}$ 中选择约束参数 α。通过验证集上的平均排名评分来决定最好的参数。对于 WN18，我们采用了 L_1 距离，最优的参数为 $\lambda = 0.001, \gamma = 4, k = 50, d = 50, B = 1\,440, \alpha = 0.001$。对于 FB15K，我们采用了 L_1 距离，最优的参数为 $\lambda = 0.001, \gamma = 1, k = 50, d = 50, B = 4\,800, \alpha = 0.01$。对于这两个数据集合，我们均训练 500 轮。

WN18 和 FB15K 上的评测结果被罗列在表 2.1 中，包括两种不同的负例采样算法——unif（均衡采样）和 bern（基于头尾实体分布伯努利采样）。

表 2.1　WN18 和 FB15K 上的评测结果

数据集	WN18				FB15K			
评测指标	平均排名		十命中率 (%)		平均排名		十命中率 (%)	
	原始	过滤	原始	过滤	原始	过滤	原始	过滤
unstructured	315	304	35.3	38.2	1 074	979	4.5	6.3
RESCAL	1 180	1 163	37.2	52.8	828	683	28.4	44.1
SE	1 011	985	68.5	80.5	273	162	28.8	39.8
SME (linear)	545	533	65.1	74.1	274	154	30.7	40.8
SME (bilinear)	526	509	54.7	61.3	284	158	31.3	41.3
LFM	469	456	71.4	81.6	283	164	26.0	33.1
TransE	263	251	75.4	89.2	243	125	34.9	47.1
TransH (unif)	318	303	75.4	86.7	211	84	42.5	58.5
TransH (bern)	401	388	73.0	82.3	212	87	45.7	64.4
TransR (unif)	232	219	78.3	91.7	226	78	43.8	65.5
TransR (bern)	238	225	**79.8**	92.0	**198**	77	48.2	68.7
CTransR (unif)	243	230	78.9	**92.3**	233	82	44	66.3
CTransR (bern)	**231**	**218**	79.4	**92.3**	199	**75**	**48.4**	**70.2**

从表 2.1 中，我们可以看出：

（1）TransR 和 CTransR 比包括 TransE 和 TransH 在内的其他模型均要表现突出。这表明 TransR 在效率和复杂程度上找到了一个更好的权衡。

（2）CTransR 比 TransR 要表现优异，这表明我们应当构建更细粒度的模型来解决同一个关系下子关系复杂的多样性和相关性。CTransR 只是一个初步的尝试，之后我们会在工作中尝试使用更精细的模型来解决这个问题。

（3）bern 采样的效果在 TransH 和 TransR 上都比之前的采样有所提升，尤其是在拥有更多关系的 FB15K 上。

在表 2.2 中，我们将关系分类并且分别呈现了实验结果。①在 FB15K 上，可以发现 TransR 在所有关系上都获得了最好的结果，尤其是：

（1）预测单对单关系时，TransR 为实体与关系的复杂相关性提供了更精确的表示，正如图 2.2 所示的那样。

（2）在预测单对多、多对单关系时，TransR 通过关系特定映射来区分相关实体的能力得到了充分体现，也取得了很大提升。

表 2.2　将关系分类后在 FB15K 上的评测结果

评测指标	头实体预测十命中率 (%)				尾实体预测十命中率 (%)			
关系类别	1-to-1	1-to-N	N-to-1	N-to-N	1-to-1	1-to-N	N-to-1	N-to-N
unstructured	34.5	2.5	6.1	6.6	34.3	4.2	1.9	6.6
SE	35.6	62.6	17.2	37.5	34.9	14.6	68.3	41.3
SME (linear)	35.1	53.7	19.0	40.3	32.7	14.9	61.6	43.3
SME (bilinear)	30.9	69.6	19.9	38.6	28.2	13.1	76.0	41.8
TransE	43.7	65.7	18.2	47.2	43.7	19.7	66.7	50.0
TransH (unif)	66.7	81.7	30.2	57.4	63.7	30.1	83.2	60.8
TransH (bern)	66.8	87.6	28.7	64.5	65.5	39.8	83.3	67.2
TransR (unif)	76.9	77.9	**38.1**	66.9	76.2	38.4	76.2	69.1
TransR (bern)	78.8	**89.2**	34.1	69.2	79.2	37.4	**90.4**	72.1
CTransR (unif)	78.6	77.8	36.4	68.0	77.4	37.8	78.0	70.3
CTransR (bern)	**81.5**	89.0	34.7	**71.2**	**80.8**	38.6	90.1	**73.8**

表 2.3 给出 FB15K 中"地区包含"关系的一些聚类示例。我们可以发现：聚类 1 是大洲包含国家，聚类 2 是国家包含城市，聚类 3 是区域包含城市，聚类 4 是国家包含大学。很明显，通过聚类，可以学习更精确和细粒度的关系嵌入，有助于进一步提高知识图谱的填充性能，这充分证实了我们在设计 TransR 与 CTransR 时的设想。

---

① 关系的映射方法遵循 Bordes 等人使用的规则 [19]。

表 2.3 〈头实体, 尾实体〉对于"地区包含"的聚类样例

	〈头实体, 尾实体〉
1	〈非洲, 刚果〉, 〈亚洲, 尼泊尔〉, 〈南美洲, 阿鲁巴岛〉, 〈大洋洲, 密克罗尼西亚联邦〉
2	〈美国, 坎卡基〉, 〈英国, 贝里圣埃德蒙兹〉, 〈英国, 达灵顿〉, 〈意大利, 佩鲁贾〉
3	〈佐治亚州, 查塔姆县〉, 〈爱达荷州, 博伊西〉, 〈阿肯色州, 波克县〉, 〈密苏里州, 杰克逊县〉, 〈内布拉斯加州, 卡斯县〉
4	〈瑞典, 隆德大学〉, 〈英国, 剑桥大学〉, 〈弗雷斯诺, 加州州立大学弗雷斯诺分校〉, 〈意大利, 米兰音乐学院〉

2. 三元组分类

三元组分类是一个判断给定三元组 (h,r,t) 正确与否的任务。这是一个二分类任务,已经在一系列工作中作为评测方式[178,194]。在这个任务上,我们采用 WN11、FB13 与 FB15K 来进行测试,并且与 Wang 等人的设置保持一致[194]。

我们需要负例三元组来进行二分类测试。在 NTN[178] 中,数据集合 WN11 和 FB13 已经有了负例三元组。但对于 FB15K 来说,却没有之前工作公开发布出的负例三元组,我们采用了 Socher 等人使用的负例生成算法[178] 进行负例构建。对于三元组分类,我们设置了一个特殊的阈值 δ_r。对于三元组 (h,r,t),如果评分函数的结果低于 δ_r,那么三元组将会被认为是正确的,反之则是错误的。δ_r 则是通过最大化验证集上的分类精度来进行优化的。

对于 WN11 和 FB13,我们比较了 TransR 与 CTranR 及 Wang 等人汇报的结果[194]。由于 FB15K 是根据 Socher 等人的策略自行生成的[178],因此评估结果无法直接与之前的结果进行比较。因此,我们自行实现 TransE 和 TransH,并使用 Socher 等人发布的 NTN 代码[178],在 FB15K 数据集上进行了评估与比较。

对于 TransR 的实验来说,我们从 $\{0.1, 0.01, 0.001, 0.0001\}$ 中为 SGD 选择学习率 λ;从 $\{1,2,4\}$ 中选择边界值 γ;从 $\{20,50,100\}$ 中选择实体和关系的维度 k 和 d;从 $\{20,120,480,1440,4800\}$ 中选择同一批次训练的数据规模 B。我们通过验证集的平均排名来决定最好的参数。对于 WN11,我们采用了 L_1 距离,最优的参数为 $\lambda = 0.001$, $\gamma = 4$, $k=20$, $d=20$, $B=120$, $\alpha = 0.001$。对于 FB13,我们采用了 L_1 距离,最优的参数为 $\lambda = 0.0001$, $\gamma = 2$, $k=100$, $d=100$, $B=480$, $\alpha = 0.01$。对于这两个数据集合,我们均训练 1 000 轮。

三元组分类的评估结果如表 2.4 所示。从表 2.4,我们观察到:

（1）在 WN11 上，TransR 显著优于包括 TransE 和 TransH 在内的方法。

（2）TransE、TransH 和 TransR 都不能超过 FB13 上最具表现力的模型 NTN。相比之下，在较大的数据集 FB15K 上，TransE、TransH 和 TransR 的性能要好于 NTN。结果可能与数据集的特征有关：FB15K 中有 1345 种关系类型，而 FB13 中只有 13 种关系类型。同时，两个数据集中的实体数量和三元组数量相近。正如 Wang 等人讨论到的 [194]，FB13 中的知识图谱比 FB15K 甚至 WN11 更稠密。某种程度上，最具表现力的模型 NTN 可以从 FB13 的稠密图中使用张量变换来学习复杂的相关性。相比之下，更简单的模型能够更好地处理 FB15K 这样的稀疏图，并具有良好的泛化能力。

（3）此外，bern 采样技术提高了 TransE、TransH 和 TransR 在所有数据集上的性能。

表 2.4　三元组分类的评测结果　　　　　　　　　　　　　　　　(%)

数据集	WN11	FB13	FB15K
SE	53.0	75.2	—
SME (bilinear)	70.0	63.7	—
SLM	69.9	85.3	—
LFM	73.8	84.3	—
NTN	70.4	**87.1**	68.5
TransE (unif)	75.9	70.9	79.6
TransE (bern)	75.9	81.5	79.2
TransH (unif)	77.7	76.5	79.0
TransH (bern)	78.8	83.3	80.2
TransR (unif)	85.5	74.7	81.7
TransR (bern)	**85.9**	82.5	83.9
CTransR (bern)	85.7	—	**84.5**

3. 文本关系抽取

关系抽取旨在从大规模文本中提取关系事实，这是丰富知识图谱的重要信息来源。当前，大量的方法 [82,134,159,182] 通过知识图谱作为远程监督信号，对大量文本语料库中的句子进行自动标注，然后提取文本特征来构建关系分类器。这些方法只使用纯文本来推断新的关系事实。与之不同的是，知识图谱表示学习则基于现有的知识图谱结构进行链接预测来拓展新的关系事实。

所以，同时利用纯文本和知识图谱来推断新的关系事实是很直接的想法。在 Weston 等人的工作中 [196]，模型将 TransE 和基于文本的提取模型相结合，对候选事实进行评分排序，取得了十分明显的提升效果。在 TransH[194] 的工作中也发现了类似的效果改进。在本节中，我们将结合文本关系抽取模型来研究 TransR 的性能。

我们使用了 NYT+FB 数据集合，这个数据集合也被用在 Weston 等人[196] 的工作中。在这个数据集中，纽约时代周刊文本内容（*New York Times Corpus*）中的实体用 Stanford NER 来注释并链接到 Freebase 的实体之上。

在本实验中，我们实现了 Weston 等人[196] 提出的基于文本的提取模型（命名为 Sm2r）。对于知识图谱部分，Weston 等人[196] 使用了近 400 万个实体的 Freebase 子集，同时有 23 000 个关系类型。由于 TransH 尚未发布数据集，且 TransR 将需要花费很长时间才能从 400 万个实体的数据中学习到嵌入表示。因而，我们自行生成了一个较小的数据集 FB40K，其中包含 NYT 中的所有实体和 1 336 个关系类型。为了测试公平，我们从 FB40K 中删除了出现在测试集中的所有三元组。与之前工作的结果[194,196] 相比，我们发现使用 FB40K 进行学习并不会显著降低 TransE 和 TransH 的有效性。因此，我们可以安全地使用 FB40K 来证明 TransR 的有效性。

采用与 Weston 等人[196] 相同的处理方法，我们将基于文本的关系抽取模型获得的预测评分与知识图谱表示获得的预测评分相加来进行排序，并获得 TransE、TransH 与 TransR 的精度–召回率曲线。我们将嵌入维度 $k, d = 50$，学习率 $\lambda = 0.001$，边界距离 $\gamma = 1.0$，$B = 960$，并且采用了 L_1 距离。精度–召回率曲线如图 2.3 所示。从图 2.3 中可

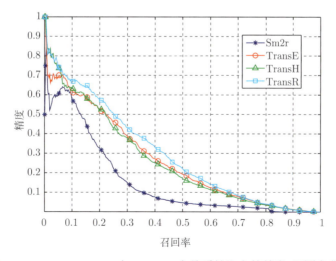

图 2.3 TransE、TransH 与 TransR 在关系抽取上的精度–召回率曲线

以观察到,当召回范围为 [0, 0.05] 时,TransR 优于 TransE,与 TransH 相当;当召回范围为 [0.05, 1] 时,TransR 的表现超越了所有的模型,包括 TransE 和 TransH。

2.3.3 小结

在本节中,我们提出了一种基于复杂关系建模的知识表示模型——TransR。TransR 将实体和关系嵌入不同的空间中,并通过每个关系特定的映射矩阵,将实体投影到关系空间中来学习嵌入表示。此外,我们还提出了 CTransR,其引入了分段线性回归的思想来处理每个关系类型内部的复杂相关性,可以进一步细化原有模型的关系表示。在实验中,我们在 3 个任务上进行了模型评估,包括链接预测、三元组分类与文本关系抽取。实验结果表明,与 TransE 和 TransH 相比,TransR 取得了显著的提升效果。

2.4 基于关系路径建模的知识表示学习

TransE 及其扩展模型往往只考虑了实体之间的直接关系,但事实上,知识图谱中的实体之间的多步关系路径蕴含了丰富的语义信息,考虑关系路径的特征对我们更好地进行知识表示具有重要意义。例如,关系路径 $h \xrightarrow{\text{出生地}} e_1 \xrightarrow{\text{城市归属}} e_2 \xrightarrow{\text{省份归属}} t$ 隐含了 h 和 t 之间的国籍 关系,亦即 $(h, 国籍, t)$。由此,我们提出 PTransE 模型,将知识图谱中的关系路径融入知识表示学习模型中。

2.4.1 算法模型

TransE 与 PTransE 的简易示意图如图 2.4 所示。可以看到,PTransE 仍然基于 TransE 的平移假设,但以关系路径取代了 TransE 中的单个关系三元组,即 PTransE 为关系三元组定义的评分函数考虑了实体间的多步关系路径信息:

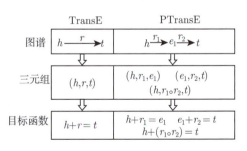

图 2.4 TransE 与 PTransE 的简易示意图

$$G(h, r, t) = E(h, r, t) + E(h, P, t) \quad (2.13)$$

其中,$E(h, r, t)$ 用直接关系三元组刻画了关系和实体之间的相关性,如 TransE 中定义的

$$E(h, r, t) = \|\boldsymbol{h} + \boldsymbol{r} - \boldsymbol{t}\|_{L_1/L_2} \quad (2.14)$$

而 $E(h,P,t)$ 是 PTransE 模型的与众不同之处,它通过多步路径来刻画关系层面的推理信息。由于一对实体 h,t 在知识图谱中可能存在多个不同的关系路径(记实体间关系路径集合为 $P(h,t)$),不同的关系路径在体现实体间联系方面的可靠性可能各不相同,我们定义 $E(h,P,t)$ 为各关系路径下评分函数根据其可靠性加权平均的结果:

$$E(h,P,t) = \frac{1}{Z} \sum_{p \in P(h,t)} R(p \mid h,t) E(h,p,t) \tag{2.15}$$

其中,$Z = \sum_{p \in P(h,t)} R(p \mid h,t)$ 是归一化因子,而 $R(p \mid h,t)$、$E(h,p,t)$ 分别衡量了关系路径可靠性和关系路径下实体对的能量。PTransE 模型设计的主要挑战便在于后两者的定义,即

- 如何评估关系路径 p 的可靠程度。
- 如何得到一条关系路径 p 的嵌入表示 $\boldsymbol{p}$。

针对第一个挑战,我们提出了一种对路径进行约束的资源分配算法(Path-Constraint Resource Allocation, PCRA)来衡量关系路径的可靠性,其基本思想是:假设存在一定数量的资源,从头部实体 h 流出,且将沿着给定路径 p 流动,使用最终流向尾部实体 t 的资源总量来衡量路径 p 作为 h 和 t 之间连接路径的可靠性。从 h 开始,沿着关系路径 p,可以将流动路径写为 $S_0 \xrightarrow{r_1} S_1 \xrightarrow{r_2} \cdots \xrightarrow{r_l} S_l$,其中 $S_0 = \{h\}$ 且 $t \in S_l$。对于任意实体 $m \in S_i$,将它在关系 r_i 上的直接前驱记作 $S_{i-1}(\cdot, m)$。流向 m 的资源被定义为

$$R_p(m) = \sum_{n \in S_{i-1}(\cdot, m)} \frac{1}{|S_i(n,\cdot)|} R_p(n) \tag{2.16}$$

其中,$S_i(n,\cdot)$ 是 $n \in S_{i-1}$ 在关系 r_i 上的直接后继,$R_p(n)$ 是从实体 n 获取的资源。

由于两个实体间的关系路径数量可能非常庞大,我们在实验中仅考虑长度不超过 3、可靠度大于一个阈值的关系路径。

针对第二个挑战,我们尝试了 3 种不同的方法得到关系路径的表示。

- 和:$\boldsymbol{p} = \boldsymbol{r}_1 + \boldsymbol{r}_2 + \cdots + \boldsymbol{r}_l$。
- 积:$\boldsymbol{p} = \boldsymbol{r}_1 \boldsymbol{r}_2 \cdots \boldsymbol{r}_l$。
- 循环神经网络 (RNN):$\boldsymbol{p} = \boldsymbol{c}_l$,其中 $\boldsymbol{c}_l$ 是 RNN 在序列 $\boldsymbol{r}_1, \boldsymbol{r}_2, \cdots, \boldsymbol{r}_l$ 上产生的最后一个状态。

$\boldsymbol{p}$ 可以被看作根据多步关系路径信息得到的对实体间关系的近似,因而,我们定义 PTransE 的评分函数 $E(h,p,t)$ 为 $\boldsymbol{p}$ 与 $\boldsymbol{r}$ 的接近程度,即

$$E(h,p,t) = \|\boldsymbol{p} - \boldsymbol{r}\|_{L_1/L_2} \tag{2.17}$$

2.4.2 实验分析

我们在实体预测、关系预测及文本中的关系抽取 3 个任务上对不同设置下的 PTransE 模型和基线模型进行了实验。

1. 实体预测

在实体预测这一子任务中，这里同样遵循 Bordes 等人[19]的实验设置。我们使用两种测量标准作为评价指标：① 正确的实体评分函数的平均排名（mean rank）；② 正确的实体排名在前 10 的比例，即十命中率（hits@10）。

理想情况下，PTransE 可以找到给定实体和所有候选实体之间的关系路径。然而，这是相当耗时且很难实际操作的。因为在这样的操作下，我们必须为每一个测试三元组迭代遍历 $\mathcal{E}$ 中的每一个候选实体，并寻找相应的关系路径。这里，我们采用一种重排序方法：首先根据 TransE 计算的得分对所有候选实体进行排名，然后对排名在前 500 的实体使用 PTransE 进行评分，并重新排名。对于 PTransE 而言，根据验证集中的平均排名来找到最佳超参数。PTransE 的最佳参数配置是 $\lambda = 0.001$，$\gamma = 1$，$k = 100$，采用 L_1 距离。在训练时，限定训练轮数为 500 轮。

实体预测的评测结果如表 2.5 所示。基线模型有 RESCAL[149]、SE[20]、SME（线性）[17]、SME（双线性）[17]、LFM[90]、TransE[19]、TransH[194] 和 TransR[113]。对于

表 2.5 实体预测的评测结果

评测指标	平均排名		十命中率 (%)	
	原始	过滤	原始	过滤
RESCAL	828	683	28.4	44.1
SE	273	162	28.8	39.8
SME (linear)	274	154	30.7	40.8
SME (bilinear)	284	158	31.3	41.3
LFM	283	164	26.0	33.1
TransE	243	125	34.9	47.1
TransH	212	87	45.7	64.4
TransR	**198**	77	48.2	68.7
TransE (Our)	205	63	47.9	70.2
PTransE (ADD, 2-step)	200	**54**	**51.8**	83.4
PTransE (MUL, 2-step)	216	67	47.4	77.7
PTransE (RNN, 2-step)	242	92	50.6	82.2
PTransE (ADD, 3-step)	207	58	51.4	**84.6**

PTransE，我们考虑关系路径表示的 3 种组合操作：加法（ADD）、乘法（MUL）和递归神经网络（RNN）。在实验中，我们考虑至多两步或三步的关系路径。我们也自发实现了 TransE，在相同的参数配置下，实现的 TransE 性能显著高出 Bordes 等人[19] 在论文中报告的结果。

从表 2.5 中，我们观察到：

（1）PTransE 显著优于包括 TransE 在内的其他基线模型。这表明关系路径为知识图谱的表示学习提供了一个很好的信息补充，并且这些知识图谱中的关系路径已经被 PTransE 成功嵌入低维空间之中。例如，乔治·沃克·布什和亚伯拉罕·林肯都是美国的总统，其在 TransE 中展现出类似的嵌入。这可能会扰乱 TransE 对劳拉·威尔士·布什配偶的预测。相反，由于 PTransE 刻画了关系路径，它可以利用乔治·沃克·布什和劳拉·威尔士·布什之间的关系路径信息，并据此做出更准确的预测。

（2）对于 PTransE，加法操作在均值排名和十命中率中均优于其他组合运算。原因是，加法操作同时符合 TransE 和 PTransE 的学习目标。以 $h \xrightarrow{r_1} e_1 \xrightarrow{r_2} t$ 为例，两个直接关系的优化目标 $h + r_1 = e_1$ 和 $e_1 + r_2 = t$ 可以很容易地导出路径的目标 $h + r_1 + r_2 = t$。

（3）最多考虑两步和三步关系路径的 PTransE 能达到可比拟的结果，这表明考虑过长的关系路径对最终的结果影响不大。

我们对关系进行分类，分为单对单（1-to-1）、单对多（1-to-N）、多对单（N-to-1）、多对多（N-to-N）4 类，并对 PTransE 和一些基线模型在四类关系上的结果进行了更细致的评测，结果如表 2.6 所示。观察结果同样表明，在所有的关系类型中，PTransE 显著且一致地取得了提升效果。

2. 关系预测

关系预测旨在预测给定的两个实体之间的关系。我们同样在 FB15K 上进行该项评测。由于我们实现的 TransE 已经在实体预测的所有基线模型比较中取得了最佳性能，所以我们直接将 PTransE 与我们自发实现的 TransE 进行比较。评估结果如表 2.7 所示。因为与实体相比，关系的数量要小得多，且 TransE 和 PTransE 的十命中率指标均超过了 95%，因而列举一命中率而不是十命中率来进行比较。在表 2.7 中，我们给出了诸多模型的结果，包括不含逆向关系的 TransE（TransE）、含有逆向关系的 TransE（+Rev）、简单考虑关系路径的 TransE（+Rev+Path）。针对 PTransE，我们也对去除图谱结构信息（−TransE）与去除路径信息（−Path）两种情况进行了相应测试。用于关系预测的

PTransE 的最佳参数配置与用于实体预测中最佳参数是一致的：$\lambda = 0.001$，$\gamma = 1$，$k = 100$，且采用了 L_1 距离。

表 2.6 对关系分类后在 FB15K 上的评测结果

评测指标	头实体预测十命中率 (%)				尾实体预测十命中率 (%)			
关系类别	1-to-1	1-to-N	N-to-1	N-to-N	1-to-1	1-to-N	N-to-1	N-to-N
SE	35.6	62.6	17.2	37.5	34.9	14.6	68.3	41.3
SME (linear)	35.1	53.7	19.0	40.3	32.7	14.9	61.6	43.3
SME (bilinear)	30.9	69.6	19.9	38.6	28.2	13.1	76.0	41.8
TransE	43.7	65.7	18.2	47.2	43.7	19.7	66.7	50.0
TransH	66.8	87.6	28.7	64.5	65.5	39.8	83.3	67.2
TransR	78.8	89.2	34.1	69.2	79.2	37.4	**90.4**	72.1
TransE (Our)	74.6	86.6	43.7	70.6	71.5	49.0	85.0	72.9
PTransE (ADD, 2-step)	**91.0**	**92.8**	**60.9**	83.8	**91.2**	**74.0**	88.9	86.4
PTransE (MUL, 2-step)	89.0	86.8	57.6	79.8	87.8	71.4	72.2	80.4
PTransE (RNN, 2-step)	88.9	84.0	56.3	84.5	88.8	68.4	81.5	86.7
PTrasnE (ADD, 3-step)	90.1	92.0	58.7	**86.1**	90.7	70.7	87.5	**88.7**

从表 2.7 中，我们观察到：

表 2.7 关系预测的评测结果

评测指标	平均排名		一命中率 (%)	
	原始	过滤	原始	过滤
TransE (Our)	2.8	2.5	65.1	84.3
+Rev	2.6	2.3	67.1	86.7
+Rev+Path	2.4	1.9	65.2	89.0
PTransE (ADD, 2-step)	**1.7**	**1.2**	69.5	93.6
−TransE	135.8	135.3	51.4	78.0
−Path	2.0	1.6	**69.7**	89.0
PTransE (MUL, 2-step)	2.5	2.0	66.3	89.0
PTransE (RNN, 2-step)	1.9	1.4	68.3	93.2
PTransE (ADD, 3-step)	1.8	1.4	68.5	**94.0**

（1）PTransE 在关系预测上要显著优于 TransE+Rev+Path，预测错误率下降了 41.8%。

（2）即使 TransE 本身，考虑关系路径的 TransE+Rev+Path 与不考虑路径的 TransE+Rev 相比，在测试中也可以减少 17.3% 的预测错误率。这表明对关系路径进行建模有利于关系预测。

（3）仅考虑关系路径而没有图谱特征的模型（PTransE-TransE）的答案平均排名非常高。考虑其中的原因，主要是测试三元组中并非所有实体对之间都有关系路径，这将导致模型对关系进行随机猜测，正确答案的排名期望值为 $|\mathcal{R}|/2$。与之相对的是 PTransE-TransE 的一命中率结果比较合理，这说明建模关系路径对知识图谱表示学习是具有重要意义的。与 TransE 相比，不考虑图谱特征的 PTransE-TransE 还是具有劣势的，这表明虽然建模关系路径有利于获取实体之间的关系，但图谱本身的实体表示为关系预测提供了关键信息，是必不可少的特征。

3. 文本关系抽取

文本关系抽取旨在从纯文本中提取关系事实以丰富现有知识图谱。已有的工作主要立足于使用大规模知识图谱作为远程监督信号，自动地给句子打标签以获得训练实例，进而用自动标注的数据训练关系分类器。所有这些方法仅基于纯文本来推理新的事实。TransE 曾被用来与基于文本的关系抽取模型进行结合，并取得了显著的效果[196]，TransH[194] 和 TransR[113] 也进行了同样的工作。在此任务中，我们探索利用 PTransE 与文本关系抽取模型进行结合，从文本中提取实体之间的关系。

我们使用 Riedel 等人[159] 发布的纽约时报语料库（NYT）作为训练实测和测试数据。NYT 将 Freebase 与《纽约时报》的文章对齐，其中有 53 类关系（包括无关系，记作 NA 和 121 034 个用于训练的实体对。我们在 NYT 与 Freebase 对齐的基础上，对图谱进行了拓展，构建出 FB40K，其中包括 NYT 中提及的所有实体和 1 336 种关系。

在实验中，我们实现了 Weston 等人[196] 提出的关系抽取模型 Sm2r，并将其作为基线方法。将 TransE 和 PTransE 用于学习时，我们设置实体与关系的维度为 $k = 50$，学习率为 $\lambda = 0.001$，训练边界值为 $\gamma = 1.0$，并采用了 L_1 距离。我们还与 Surdeanu 等人[182] 提出的 MIMLRE 模型进行比较，这是使用远程监控的经典算法。各模型在关系抽取任务上的精度–召回率曲线如图 2.5 所示。

从图 2.5 中，我们可以看到：

通过与基于文本的模型 Sm2r 相结合，PTransE 的精度明显优于 TransE，且高于朴素的 Sm2r 算法的结果。这表明编码关系路径对从文本中提取关系也具有效果。需要注意的是，此处使用的 TransE 没有考虑逆向关系和关系路径，因此性能提升不明显。我们认为，导致这种现象的主要原因如下：在知识图谱补全任务中，每个测试实体对之间至少含有一个有效关系。相反，在这个任务中，许多的测试实体对之间没有关系（即关系为 NA），但这些无关系实体对之间存在若干关系路径。TransE 在训练阶段并不会如 PTransE 一般对关系路径进行编码，这会在测试阶段考虑关系路径时导致预测无关系的性能更差，抵消了对于确实存在关系的三元组的改进。这表明对关系路径进行编码并非十分容易，同时证实了 PTransE 的有效性。

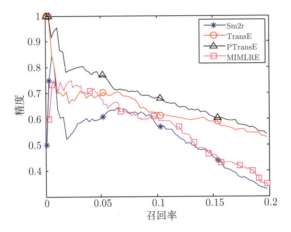

图 2.5　各模型在关系抽取任务上的精度-召回率曲线

4. 关系推理的个案研究

实验结果表明，PTransE 可以实现高性能的知识图谱补全和文本关系抽取。在本节中，我们给出一些在关系路径上进行关系推断的例子。如图 2.6 所示，两个实体阿甘正传

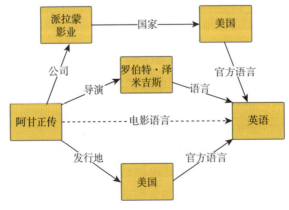

图 2.6　Freebase 中的一个推理例子

和英语通过 3 条关系路径连接起来，这使我们更有把握预测两个实体之间的关系——电影语言。

2.4.3 小结

在本节中，我们提出了 PTransE，这是一种知识图谱的新型表示学习方法。PTransE 通过编码关系路径将实体和关系嵌入一个低维空间之中。为了利用关系路径，我们提出了路径约束的资源分配算法来衡量关系路径可靠性，并且使用关系的语义复合算法来表示路径以便对模型进行优化。我们评估了 PTransE 在知识图谱补全任务和文本关系抽取任务上的表现。实验结果表明，与 TransE 和其他基线模型相比，PTransE 表现出了一致且显著的改进效果，验证了基于关系路径建模的知识表示学习模型的有效性。

2.5 基于属性关系建模的知识表示学习

TransE 模型的最大局限是无法准确地建模一对多、多对一和多对多关系，这促使我们认真审视知识图谱关系的多样性特征，以寻求针对此问题的改进方案。通过观察发现，在许多大规模知识图谱中，关系可以划分为两大类，一类关系指示实体的特征（尾实体通常是抽象概念，如性别和职业），而另一类关系则指示实体之间的联系（头尾实体都是真实世界的物体），我们将二者分别命名为**属性**和**关系**。一些典型的属性、关系与它们相应的映射属性之间的关系如表 2.8 所示。表 2.8 同时还列出了每个头实体对应的尾实体的期望数量及每个尾实体对应的头实体的期望数量。

表 2.8　一些典型的属性、关系与它们相应的映射属性之间的关系

关系类型	关系	尾实体期望数量	头实体期望数量
属性	国籍	1.05	1 551.90
	性别	1.00	637 333.33
	种族	1.12	41.52
	宗教	1.09	107.40
关系	父母	1.58	1.67
	首都	1.29	1.42
	作者	1.02	2.17
	成立者	1.37	1.31

如表 2.8 所示，属性是一对多关系和多对一关系的主要来源。例如，在属性性别中，属性值男性是一个与数百万表示人的实体相关的存在。对于这些关系，TransE 及其扩展（如 TransH[195] 和 TransR[113]）是无法在实体及其属性值之间充分构建位移的，这也是之前模型对于一对多关系和多对一关系效果始终欠缺的因素之一。因此，我们认为将两种类型的实体关系用不同的方法分别建模将有助于知识表示模型对复杂关系的建模能力。在此思想的引导下，我们提出了 KR-EAR 模型。

2.5.1 算法模型

如图 2.7 所示，A_1 和 A_2 是两个属性，分别有值域 V_1 和 V_2。在传统知识表示模型中 [图 2.7(a)]，属性 A_1 和 A_2 被视作普通的关系 r_a 和 r_b，而与此不同的是，KR-EAR [图 2.7(b)] 将属性预测视作分类问题。

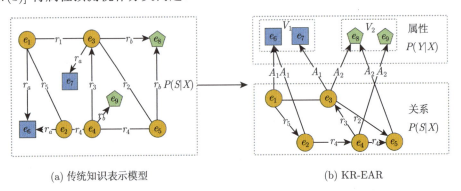

(a) 传统知识表示模型　　　　　(b) KR-EAR

图 2.7　传统知识表示模型和 KR-EAR 的例子

具体地，一般的实体关系集合被划分为关系集合 $\mathcal{R}$ 和属性集合 $\mathcal{A} = \{A_1, A_2, \cdots, A_{|\mathcal{A}|}\}$，其中每个属性集合 A_i 对应一个值域集合 V_i，训练集也被划分为关系三元组集 $S \subseteq \mathcal{E} \times \mathcal{R} \times \mathcal{E}$ 和 $\mathcal{Y} \leqslant \mathcal{E} \times \mathcal{A} \times \mathcal{V}$。假设给定嵌入 $\boldsymbol{X}$ 时关系三元组和属性三元组条件独立，则训练集上的似然值为

$$P(S, Y \mid \boldsymbol{X}) = P(S \mid \boldsymbol{X}) P(Y \mid \boldsymbol{X})$$
$$= \prod_{(h,r,t) \in S} P((h,r,t) \mid \boldsymbol{X}) \prod_{(e,a,v) \in Y} P((e,a,v) \mid \boldsymbol{X}) \tag{2.18}$$

大量现有表示学习模型可以直接被用于建模关系三元组部分的条件概率 $P((h,r,t)|\boldsymbol{X})$，包括 TransE、TransR、TransD、TranSparse、KG2E、PTransE 等。我们在实验中尝试了

TransE 和 TransR 两种模型，在此我们不做过多赘述。

而 $P((e,a,v) \mid \boldsymbol{X})$ 使用分类模型进行建模，即

$$P((e,a,v) \mid \boldsymbol{X}) \propto P(v \mid e, a, \boldsymbol{X}) = \frac{\exp(h(\boldsymbol{e},\boldsymbol{a},\boldsymbol{v}))}{\sum_{\hat{v} \in V_a} \exp(h(\boldsymbol{e},\boldsymbol{a},\hat{\boldsymbol{v}}))} \quad (2.19)$$

其中，评分函数为

$$h(\boldsymbol{e},\boldsymbol{a},\boldsymbol{v}) = -\|f(\boldsymbol{W_a e} + \boldsymbol{b_a}) - \boldsymbol{V}_{av}\|_{L_1/L_2} + b \quad (2.20)$$

其中，$\boldsymbol{e}$、$\boldsymbol{V}_{av}$ 分别为实体和属性值的嵌入，$f()$ 为非线性激活函数。

属性和关系的划分方便了对属性之间关联的建模。我们在实验中尝试了将 $P((e,a,v) \mid \boldsymbol{X})$ 替换为

$$P((e,a,v) \mid \boldsymbol{X}) \propto P(v \mid e, a, \boldsymbol{X}) P((e,a,v) \mid Y(e)) \quad (2.21)$$

其中，$P((e,a,v) \mid Y(e))$ 为在给定实体 e 的其他属性时属性三元组 (e,a,v) 的概率，它被定义为 Softmax 函数。

$$P((e,a,v) \mid Y(e)) = \frac{\exp(z(\boldsymbol{e},\boldsymbol{a},\boldsymbol{v}, Y(e)))}{\sum_{\hat{v} \in V_a} \exp(z(\boldsymbol{e},\boldsymbol{a},\hat{\boldsymbol{v}}, Y(e)))} \quad (2.22)$$

其中，$z()$ 是一个衡量属性间预测相关性的得分函数。它综合了 (e,a,v) 与每一个包含在 $Y(e)$ 中的属性三元组之间的相关性。

$$z(\boldsymbol{e},\boldsymbol{a},\boldsymbol{v},Y(e)) \propto \sum_{(e,\hat{a},\hat{v}) \in Y(e)} P((a,v) \mid (\hat{a},\hat{v}))(\boldsymbol{A}_a \cdot \boldsymbol{A}_{\hat{a}}) \quad (2.23)$$

其中，$(\boldsymbol{A}_a \cdot \boldsymbol{A}_{\hat{a}})$ 是 $\boldsymbol{A}_a$ 与 $\boldsymbol{A}_{\hat{a}}$ 的点积，表示属性 A_a 与 $A_{\hat{a}}$ 之间的相关程度。$P((a,v) \mid (\hat{a},\hat{v}))$ 是由训练数据的每个实体得到的在给定 $(\hat{a},\hat{v})$ 时属性值 (a,v) 的条件概率，表示属性值 (a,v) 和 $(\hat{a},\hat{v})$ 间的相关性。

2.5.2 实验分析

我们使用数据集 FB24K 评估我们的模型和基线模型在知识图谱补全任务中的表现。我们将知识图谱补全分为实体预测、关系预测和属性预测 3 个子任务，并分别对其展示和讨论实验结果。

1. 实体预测

我们沿用了文献 [19] 中的两种评测指标：所有正确实体的平均排名（mean rank）和排名前十的候选实体中正确实体的比例 (hits@10)。值得一提的是，对于一个特定的三元组 (h,r,t)，其负采样的三元组也可能存在于知识图谱中，其也应被视为有效。对于将其他有效三元组排得比 (h,r,t) 更高的可能性，上述两种评测指标可能是不公平的。因此，我们在进行排序前过滤掉了所有其他有效三元组。同文献 [19] 一样，我们将经过了过滤的版本命名为 "过滤"，将未经过滤的版本命名为 "原始"。实体预测的评测结果如表 2.9 所示。从表 2.9 中，我们观察到：

（1）KR-EAR 在平均排名指标下稳定地显著优于基线方法，包括 TransE、TransH 和 TransR。这表明 KR-EAR 为实体和关系学习更加好的嵌入表达。

（2）在十命中率指标下，KR-EAR（TransE）优于 TransE，KR-EAR（TransR）优于 TransR。这表明 KR-EAR 可以很好地利用传统的知识表示模型。

表 2.9 实体预测的评测结果

属性	头实体预测				尾实体预测				合计			
评测指标	平均排名		十命中率 (%)		平均排名		十命中率 (%)		平均排名		十命中率 (%)	
	原始	过滤	原始	过滤	原始	过滤	原始	过滤	原始	过滤	原始	过滤
TransE	385	277	20.2	39.2	134	124	51.4	66.7	259	200	35.8	53.0
TransH	416	309	17.7	35.4	147	138	50.0	65.0	282	224	33.9	50.2
TransR	394	285	20.5	41.2	125	116	53.4	71.0	260	200	37.0	56.1
KR-EAR(TransE)	295	198	22.7	39.6	77	69	54.2	69.5	186	133	38.5	54.5
KR-EAR(TransR)	**268**	**170**	**23.4**	**43.0**	**75**	**66**	**55.7**	**71.5**	**172**	**118**	**39.5**	**57.3**

2. 关系预测

关系预测旨在推断两个给定实体之间的可能关系。对每一个测试三元组 (h,r,t)，我们用知识图谱中每个可能的关系 $\hat{r}$ 替换它的关系 r，并计算得分。之后，我们按照得分升序计算知识图谱中所有候选关系的名次。类似地，我们使用了平均排名和一命中率两种评测指标。Krompass 等人 [103] 的研究显示，通过潜在变量模型，类型约束通常可以支持多关系数据建模。我们认为实体的类型信息是实体属性的特例。在 KR-EAR 中，我们可以很容易地采用头尾实体的属性之间的约束进行关系预测，这被称为 CRA。关系预测的评估结果如表 2.10 所示。

表 2.10 关系预测的评测结果

评测指标	平均排名		一命中率 (%)	
	原始	过滤	原始	过滤
TransE	3.1	2.8	65.9	83.8
TransH	3.4	3.1	64.9	84.1
TrasnR	3.4	3.1	65.2	84.5
KR-EAR(TransE)	2.4	2.1	67.9	86.2
+ CRA	**1.8**	**1.6**	70.9	88.7
KR-EAR(TransR)	2.6	2.2	66.8	89.0
+ CRA	1.9	**1.6**	**71.5**	**90.4**

从表 2.10 中，我们观察到：

（1）KR-EAR 在平均排名和一命中率下再次优于基线方法，而 TransE、TransH 和 TransR 在这个子任务中取得了接近的结果。

（2）对于 KR-EAR（TransE）和 KR-EAR（TransR），CRA 可以进一步将一命中率提高 2.5% 和 1.4%，同时可以降低平均排名。这证明了在关系预测中考虑实体属性的有效性。

3. 属性预测

属性预测的目标是预测实体的缺失属性。这个任务在先前的一些研究中被当作实体预测的一部分[19,113,195]。对于每个测试三元组 (e, a, v)，我们用每个可能的属性值 $\hat{v}$ 替代 v，并计算相应得分 $\sigma(h(\boldsymbol{e}, \boldsymbol{a}, \hat{\boldsymbol{v}}))$。之后，我们按照得分升序计算知识图谱中所有候选值的名次。

注意到，通过将属性值按照 $\sigma(h(\boldsymbol{e}, \boldsymbol{a}, \hat{\boldsymbol{v}}))$、$\sigma(z(\boldsymbol{e}, \boldsymbol{a}, \hat{\boldsymbol{v}}, Y(e)))$ 排序，KR-EAR 还可以加入对属性相关性 (AC) 的考虑。我们使用两种属性预测的评估指标：平均排名和一命中率。属性预测的评测结果如表 2.11 所示。

从表 2.11 中，我们可以看出：

（1）KR-EAR 仍然明显优于基线方法。这验证了在传统知识表示模型中将属性预测建模为分类而不是位移的必要性。

（2）对于 KR-EAR（TransE）和 KR-EAR（TransR），考虑属性相关性可以分别将一命中率提升 1.4% 和 1.0%。这表明属性相关性在属性预测中是有效的。

表 2.11 属性预测的评测结果

评测指标	平均排名		一命中率 (%)	
	原始	过滤	原始	过滤
TransE	10.7	5.6	36.5	55.9
TransH	10.7	5.6	38.5	57.9
TrasnR	9.0	3.9	42.7	65.6
KR-EAR(TransE)	8.3	3.2	47.2	69.0
+AC	**7.5**	**3.0**	49.4	70.4
KR-EAR(TransR)	8.3	3.2	47.6	69.8
+AC	**7.5**	**3.0**	**49.8**	**70.8**

表 2.12 给出了一些 KR-EAR 在 FB24K 训练集上得到的属性相关性的例子。可以发现，在给定一个属性时，预测得到的相关属性常常反映符合常理的相关性。这表明 KR-EAR 可以有效捕获属性之间的相关性。

表 2.12 属性相关性的例子

属性	相关属性
职业	婚姻状况，国籍，性别，语言，种族
电影发行地	电影的国家，电影的语言，电影的发行日期，电影的类型
地区的时区	地区所属国家，地区通行货币

2.5.3 小结

在本节中，我们将现有的知识图谱关系分为属性和关系，并提出了一个具有实体、属性和关系的新的知识表示模型（KR-EAR）。另外，我们还在 KR-EAR 中对实体、属性之间的相关性进行了编码。在实验中，我们对模型在 3 个子任务（预测实体、关系和属性）中的表现进行了评估。通过显式地建模，KR-EAR 在 3 个子任务中都稳定地显著优于最新的知识表示模型。

2.6 融合实体描述信息的知识表示学习

实体描述是对实体自身信息的浓缩精练的文字性介绍，通常由几句话或者一个段落组成。实体描述的来源十分丰富，既可以在知识图谱构建过程中由人工填写，也可以提取自百科类数据库的既有信息，还能从丰富的网页文本中抽取。实体描述蕴含着丰富的实体信息，这些信息能够作为知识图谱中置信度较高的结构化信息的辅助信息，帮助模型构建更准确的知识表示。图 2.8 给出了在维基百科中关于威廉·莎士比亚的一段实体描述节选。从图中我们可以看到，威廉·莎士比亚的实体描述中蕴含了该实体各个方面的丰富信息，如国籍、职业、作品、出生地等，这种实体描述可以很好地作为知识图谱中已有结构化信息的辅助与补充，提供更加深入的细节描述，甚至能挖掘知识图谱中可能遗漏的新知识。可以想到，如果我们能够将此部分信息智能地抽取并融入知识表示学习中，知识表示的性能将会得到明显的提升。

威廉·莎士比亚

> 威廉·莎士比亚……是英国文学史上最杰出的戏剧家，是西方文艺史上最杰出的作家之一，也是全世界最卓越的文学家之一。他流传下来的作品包括38部戏剧、2首长叙事诗、154首十四行诗和其他诗歌……莎士比亚于雅芳河畔斯特拉特福出生并长大，在18岁时与安妮·哈瑟ъ结婚，共生育了三个孩子……莎士比亚崇尚高尚情操，常常描写牺牲与复仇，包括《李尔王》《奥赛罗》《哈姆雷特》和《麦克白》等，其被认为是英语最佳范例。

图 2.8 实体描述节选示例

我们从上述思路出发，围绕以下两个主要挑战，提出了融合实体描述的知识表示学习（Description-embodied Knowledge Representation Learning, DKRL）模型。

- 如何从实体描述中自动抽取高质量的实体相关知识。实体描述往往在长度、有效信息、噪声形式、描述质量等方面存在较多差异，这要求模型考虑差异化的文本输入，自动从实体描述中获取高质量的知识信息，同时减少文本中无用信息的干扰。
- 当模型抽取到高质量的实体相关知识后，如何将这些基于实体描述的文本信息与基于知识图谱三元组的结构化信息融合，即如何实现文本空间与知识空间的对齐与联合训练。

2.6.1 算法模型

图 2.9 给出了 DKRL 模型整体架构的简单图示。如图 2.9 所示，DKRL 模型以实体描述为输入，通过实体描述编码器得到实体基于描述的表示。在顶层，基于描述的表示与基于结构的表示在统一的平移模型框架下进行学习。

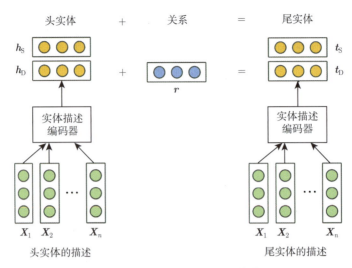

图 2.9 DKRL 模型整体架构的简单图示

DKRL 沿用了 TransE 中的平移假设思想。为了对文本空间与知识空间的表示进行联合训练，DKRL 的能量函数对二者进行了融合：

$$E(h,r,t) = \alpha_1\|\boldsymbol{h}_S + \boldsymbol{r} - \boldsymbol{t}_S\| + \alpha_2\|\boldsymbol{h}_S + \boldsymbol{r} - \boldsymbol{t}_D\| \\ + \alpha_3\|\boldsymbol{h}_D + \boldsymbol{r} - \boldsymbol{t}_S\| + \alpha_4\|\boldsymbol{h}_D + \boldsymbol{r} - \boldsymbol{t}_D\| \tag{2.24}$$

其中，α_1、α_2、α_3、α_4 是控制各项权值的超参数，下标 S、D 用于区分基于知识图谱和基于实体描述文本的实体表示。在能量函数中，$\|\boldsymbol{h}_S + \boldsymbol{r} - \boldsymbol{t}_S\|$ 部分与平移模型的能量函数类似，而 $\|\boldsymbol{h}_S + \boldsymbol{r} - \boldsymbol{t}_D\|$、$\|\boldsymbol{h}_D + \boldsymbol{r} - \boldsymbol{t}_S\|$ 和 $\|\boldsymbol{h}_D + \boldsymbol{r} - \boldsymbol{t}_D\|$ 3 项则加入了基于描述的实体向量影响。这样，通过混合项的软限制，DKRL 模型将实体的两种向量映射到了同一语义空间中，并共享相同的关系向量。

在训练过程中，DKRL 使用随机生成负例，使用最大间隔方法，定义如下优化目标函数：

$$\mathcal{L} = \sum_{(h,r,t)\in\mathcal{T}} \sum_{(h',r',t')\in\mathcal{T}'} \max(\gamma + E(h,r,t) - E(h',r',t'), 0) \tag{2.25}$$

其中，$\mathcal{T}$、$\mathcal{T}'$ 分别为知识图谱中的关系三元组正例集和正例三元组随机替换任一元素得到的三元组负例集。

在模型中尝试使用了如下两种不同的实体描述信息表示模型。

- 连续词袋模型（CBOW）：根据经典的文本特征，如词频、TF-IDF 值等，筛选出实体描述中最具信息量的 k 个关键词，将它们词向量的平均值作为实体的文本空间表示。
- 卷积神经网络模型（CNN）：如图 2.10 所示，实验中使用两层卷积层与对应的池化层及非线性层对实体描述进行建模，最后一层池化层将信息编码为一个固定长度的向量。我们在第一个池化层使用了最大池化策略，而在第二层使用了平均池化策略，这是由于我们认为第一层对应句子内的局部特征，需要更强的去除冗余和噪声的能力，而第二层对应文本描述全局的特征，需要每个句子都对最终结果产生贡献。

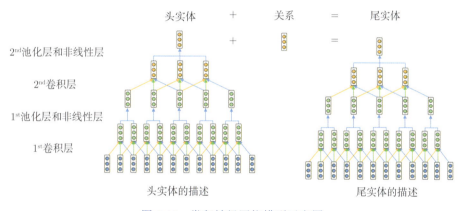

图 2.10　卷积神经网络模型示意图

2.6.2　实验分析

我们使用 FB15K[19] 作为实验所用的知识图谱数据。为了测试 DKRL 模型在零样本场景下的知识表示构建效果，我们在 FB15K 的基础上使用 Freebase 对测试集进行扩展，构建了 FB20K 数据集。FB20K 的关系集、训练集、验证集与 FB15K 相同，但测试集包括了大量训练集中未出现的实体。我们将 FB20K 的测试样例分为 4 组：$e-e$ 组表示头实体和尾实体都在训练集中；$d-e$ 组表示仅尾实体出现在训练集中；$e-d$ 组表示仅头实体出现在训练集中；$d-d$ 组表示头实体和尾实体都未出现在训练集中。

我们使用两种实体描述编码器对实体描述进行建模，使用连续词袋的模型记录为 DKRL(CBOW)，使用卷积神经网络的模型记录为 DKRL(CNN)。对于连续词袋模型，使用 TF-IDF 值作为各关键词的评分进行排序，并选择前 20 个关键词构建实体表示（如果描述长度少于 20，则选择描述中全部的词作为关键词）。

为了充分展示 DKRL 模型学到的基于描述的知识表示的效果，我们还探索了模型在零样本环境下的知识表示学习任务表现。零样本学习（zero-shot learning）是人工智能，特别是深度学习领域的研究热点之一，着重关注于对新样例的建模。在大数据时代，文字、图像或知识等领域上的模型通常是数据驱动的，而这往往需要在训练时对某类样例进行成百上千的学习。例如，在知识表示学习任务上，以往的模型大多要求测试集中的实体曾出现在训练集中，以学得实体的知识表示。然而，在信息爆炸时代，每天都有新实体与新知识的出现，传统知识表示模型无法自动获得新实体的表示，可拓展性差。我们提出的 DKRL 模型能够根据实体的描述信息（实体描述信息广泛存在于互联网文本中），构建知识图谱中没有的新实体基于描述的知识表示，是零样本知识表示学习的新思路。

我们使用 FB20K 数据集模拟零样本知识表示学习的环境，在知识图谱补全与实体类型分类两个任务上进行零样本环境的评测。FB20K 与 FB15K 有着相同的训练集与验证集，而在测试集中，FB20K 有着 5 019 个训练集中未出现的新实体。对于这些新实体，我们使用其基于描述的表示作为知识表示。在知识图谱补全任务中，我们主要关注对存在新实体的三元组的补全情况。在实体类型分类任务中，我们主要关注新实体的分类情况。

1. 知识图谱补全结果与分析

知识图谱补全是知识表示学习的经典评测任务[17,19,113]，可以看作知识图谱上的链接预测任务。具体地，知识图谱补全任务要求模型在给定三元组 (h, r, t) 的某一实体或关系丢失的情况下，利用另外两个对象正确预测出丢失的实体或关系。根据具体丢失的对象，知识图谱补全可以细分为实体预测与关系预测两个任务。知识图谱补全任务旨在验证所学知识表示的准确性，同时与现实中问答系统的实际任务相呼应。例如，补全三元组（？，编写，哈姆雷特），即相当于回答"谁编写了《哈姆雷特》这本书？"这个问题。

我们使用 DKRL 模型和基线模型在训练集上学习到的知识向量，对测试集样例进行知识图谱补全。对于测试集中的每个三元组，我们分别隐藏其头实体、关系和尾实体来进行实体预测和关系预测。由于 DKRL 模型和基线模型都基于平移假设，所以我们直接使用评分函数 $S(h, r, t) = \|\boldsymbol{h} + \boldsymbol{r} - \boldsymbol{t}\|$ 进行补全。例如，给定三元组的 h 和 r，我们首先

使用 $h+r$ 得到一个向量，然后在所有实体集合 $\mathcal{E}$ 中按照和 $h+r$ 向量的距离进行排序，得到预测结果。为了更好地展示两种实体表示的效果，在评测中，DKRL(CBOW) 模型和 DKRL(CNN) 模型均只使用实体基于描述的表示进行预测，而 DKRL(CNN)+TransE 模型使用实体基于描述和基于结构的两种知识表示联合进行预测。

在评测中，我们参考了 Bordes 论文中提出的评测方法，使用了平均排名和 N 命中率两个指标进行评测[19]。其中，平均排名表示所有测例中正确答案的平均排序，关注知识表示的整体效果；而 N 命中率表示排名前 N 的答案中有正确答案的测例比例，关注在实际任务中模型补全的实用性。特别地，我们在关系预测任务中使用一命中率，在实体预测任务中使用十命中率对模型进行评测。评测结果分别如表 2.13 和表 2.14 所示。

表 2.13　FB15K 上实体预测的评测结果

评测指标	平均排名		十命中率 (%)	
	原始	过滤	原始	过滤
TransE	210	119	48.5	66.1
DKRL(CBOW)	236	151	38.3	51.8
DKRL(CNN)	200	113	44.3	57.6
DKRL(CNN)+TransE	**181**	**91**	**49.6**	**67.4**

表 2.14　FB15K 上关系预测的评测结果

评测指标	平均排名		一命中率 (%)	
	原始	过滤	原始	过滤
TransE	2.91	2.53	69.5	90.2
DKRL(CBOW)	2.85	2.51	65.3	82.7
DKRL(CNN)	2.91	2.55	**69.8**	89.0
DKRL(CNN)+TransE	**2.41**	**2.03**	**69.8**	**90.8**

从结果中，我们可以得到以下一些结论。

（1）在实体预测与关系预测两个任务上，DKRL(CNN)+TransE 模型在所有评测指标上都取得了最好的结果。这个结果说明了实体描述确实蕴含着丰富的文本信息，而这些文本信息能有助于构建更好的知识表示。同时，这也说明了卷积神经网络编码器能够智能地选择实体描述中有信息量的特征，自动过滤可能的噪声。具体地，平均排名评测指标上的提升，说明 DKRL 模型学到的知识表示整体效果较好；而 N 命中率评测指标上的提升，则说明 DKRL 模型对于知识图谱的补全任务的推荐质量更高。

（2）对比两种实体描述编码器的模型结果，发现 DKRL(CNN) 模型的结果在实体预测的平均排名、十命中率指标及关系预测的一命中率指标上都显著地优于 DKRL(CBOW) 模型。在关系预测的平均排名指标上，二者的结果也是相近的。这是因为与连续词袋模型相比，卷积神经网络不仅抓住了词级别的语义信息，而且通过卷积操作获得了局部的词序信息。另外，最大池化操作使得编码器能够更关注局部特征的强信号，避免长篇描述中的噪声干扰。综上所述，虽然 DKRL(CBOW) 模型更加简单快速，但 DKRL(CNN) 模型能够在知识图谱补全任务上获得更好的效果。

（3）进一步地，我们还通过样例分析证实了有时仅通过结构信息是难以抓住实体相关的知识细节的。例如，如果知识图谱中没有直接提及，我们很难仅通过有限的三元组信息回答一个球员到底是前锋还是守门员这种细节问题；而如果通过实体描述，我们就可以在文字信息中挖掘可能相关的知识细节（如球员在比赛中的表现），从而给出正确的回答。

（4）融合实体描述的知识表示在某些评测指标上，相比基线模型的提升似乎不太明显。这是因为对于一些三元组的补全任务，仅依靠结构信息就能达到不错的效果。另外，由于实体描述中存在较长的文本，仅使用卷积神经网络还是很难智能地抓住实体相关的每个细节信息。使用更好的实体描述编码器，或者使用更好的实体基于描述的表示方法，可能会是模型未来的提升点。除此之外，DKRL 模型在新实体的零样本知识表示构建任务上展示出了它的能力，而这是传统基于结构信息的知识表示学习模型难以做到的。

2. 实体类型分类结果与分析

实体类型分类任务旨在预测一个实体的所有类型，可以看作一个多标签分类的问题，在以往的工作中也常被研究[142]。目前，大多数大规模百科或知识图谱都维护有自己的实体类型（entity type）信息。例如，在 Freebase 中，莎士比亚这个实体即有作家、艺术家和获奖提名人等实体类型。实体类型分类任务能够从实体类型的粒度上证明知识表示的有效性。

我们首先从 Freebase 中抽取 FB15K 训练集中所有实体的全部实体类型，共得到 4054 个实体类型。由于这些类型分布具有长尾性，有相当的实体类型仅仅出现了很少的次数，所以我们按照这些实体类型在对应数据集实体中出现的频次从高到低排序，选择频次前 50 的实体类型作为待分类的实体类型集（去除了话题这个类型，因为它几乎出现在所有实体的类型列表中）。前 50 的实体类型覆盖了 13 445 个实体，随机将这些实体分为训练集与测试集，其中训练集含有 12 113 个实体，测试集含有 1 332 个实体。FB15K 中部分实体类型及其对应频次如表 2.15 所示。

表 2.15 FB15K 中实体类型及其对应频次

排名	实体类型	频次
1	人	4507
2	奖项提名者	4042
3	获奖者	3571
4	电影演员	3381
5	地点	3184

在训练时，我们使用基线模型和 DKRL 模型训练得到的知识表示作为实体的特征向量，使用逻辑斯蒂回归算法（logistic regression）作为分类器，并使用一对其他（one-versus-rest）的训练策略训练多标签分类的逻辑斯蒂回归分类器。在评测中，DKRL(CBOW) 模型和 DKRL(CNN) 模型同样只使用实体基于描述的表示作为特征向量。为了充分显示 DKRL 模型的优势，我们还实现了一个基于文本的经典词袋模型（BOW）作为补充基线模型。这个模型基于词袋模型，使用实体描述中词的 TF-IDF 值构建特征向量，然后使用回归算法进行分类。

在评测指标上，我们参考相关工作的设定，使用平均准确率均值（Mean Average Precision, MAP）作为评测指标[142]。MAP 是多标签分类任务中常用的评测指标之一，在信息检索等领域被广泛使用，其公式为

$$\mathrm{MAP} = \frac{\sum_{i=1}^{|Q|} \mathrm{AveP}(i)}{|Q|} \tag{2.26}$$

其中，$|Q|$ 是测试集的样例数，$\mathrm{AveP}(i)$ 是第 i 个测试样例的平均准确率，有

$$\mathrm{AveP}(i) = \frac{\sum_{k=1}^{n}(P_i(k) \times \mathrm{correct}_i(k))}{m_i} \tag{2.27}$$

其中，n 是候选类型的个数，m_i 是第 i 个测试样例真实拥有的实体类型数。在计算 $\mathrm{AveP}(i)$ 时，首先将各候选类型的得分从高到低排序；然后依序判断是否是正确答案。$P_i(k)$ 是第 i 个测试样例截至第 k 个候选类型时的准确率，而 $\mathrm{correct}_i(k)$ 函数是一个指示函数，当且仅当第 k 个候选类型是正确答案时 $\mathrm{correct}_i(k)$ 为 1，其余情况下为 0。

FB15K 上实体类型分类的评测结果如表 2.16 所示，我们分析 DKRL 模型在 FB15K 数据集上的结果，得到了以下结论。

（1）DKRL(CBOW) 模型和 DKRL(CNN) 模型在 MAP 评测指标上均能显著超过两个基线模型。这个结果从另一个侧面证明了实体描述中的丰富文本信息能够帮助模型建立更好的知识表示，从而为实体类型分类任务提供更加准确的指导信息。我们认为 DKRL 模型在实体类型任务上的优势主要来源于联合知识图谱的结构信息与实体描述的文本信息。这是由于与 DKRL 模型相比，TransE 模型使用的知识表示中仅编码了知识图谱三元组的结构信息，而 BOW 模型也仅编码了实体描述中的文本信息，所以 DKRL 模型学习到的知识表示在类型分类任务上更加有效。

（2）DKRL(CNN) 模型在实体类型分类任务上的表现优于 DKRL(CBOW) 模型。这个结果进一步证明了卷积神经网络模型能够更准确地对实体描述信息进行编码与表示。在实验过程中，我们发现，对于一些描述较长的测试样例，使用 DKRL(CNN) 模型的准确率通常要高于 DKRL(CBOW)。

表 2.16　FB15K 上实体类型分类的评测结果

评测指标	MAP
TransE	87.9
BOW	86.3
DKRL(CBOW)	89.3
DKRL(CNN)	**90.1**

3. 零样本知识图谱补全

在零样本知识图谱补全任务中，我们仅关注测试集中存在新实体的三元组的结果，即 FB20K 数据集中的 $d-e$、$e-d$ 和 $d-d$ 3 类三元组。由于传统的平移模型无法对新实体进行表示，所以我们仅测试了 DKRL(CBOW) 模型和 DKRL(CNN) 模型的表示效果。在测试时，对于所有新实体，我们均使用其基于描述的表示作为知识表示，而对于测试集中出现在训练集中的实体，我们使用其两种表示分别进行测试。综上所述，我们在测试中一共使用了 4 种模型设定，其中 CBOW 表示测试中所有实体均使用基于描述的表示，而 Partial-CBOW 表示在训练集中有的实体使用基于结构的表示。同理，CNN 和 Partial-CNN 也分别表示在卷积神经网络模型下使用实体基于描述和基于结构的表示的模型。我们在实体预测与关系预测任务上分别进行了测试，并且展示的不同三元组类的十命中率（对实体）和一命中率（对关系）的实验结果。

FB20K 上零样本实体预测的评测结果如表 2.17 所示，FB20K 上零样本关系预测的评测结果如表 2.18 所示。

表 2.17 FB20K 上零样本实体预测的评测结果   (%)

三元组类型	$d-e$	$e-d$	$d-d$	总计
Partial-CBOW	26.5	20.9	67.2	24.6
CBOW	27.1	21.7	66.6	25.3
Partial-CNN	26.8	20.8	69.5	24.8
CNN	**31.2**	**26.1**	**72.5**	**29.5**

表 2.18 FB20K 上零样本关系预测的评测结果   (%)

三元组类型	$d-e$	$e-d$	$d-d$	总计
Partial-CBOW	49.0	42.2	0.0	46.2
CBOW	52.2	47.9	0.0	50.3
Partial-CNN	56.6	52.4	4.0	54.8
CNN	**60.4**	**55.5**	**7.3**	**58.2**

从这些结果中，我们可以得到以下结论。

（1）在实体预测与关系预测两个任务上，基于 CNN 的模型在整体结果与各个子分类上均取得了最佳结果。对于训练集中未出现的新实体，仅依靠其基于描述的表示，即能在关系预测任务上达到将近 60% 的准确率。这说明 DKRL 模型学得的基于描述的表示即使在零样本情境下也能获得不错的效果，体现了实体描述文本信息的重要性。需要指出的是，$d-d$ 类三元组中的头实体和尾实体均为新实体，是理论上最为困难的测试样例类。然而 $d-d$ 类在零样本实体预测任务中取得远超其他三元组分类的准确率。这是因为 $d-d$ 类中有很大部分是自环型的关系，即实体自身相连的关系，所以实体预测反而更加容易。

（2）CNN 模型在两个任务上的表现均优于 CBOW 模型。具体地，CNN 模型在实体预测任务上比 CBOW 模型提高约 4.2%，在关系预测任务上提高约 7.9%。这说明卷积神经网络模型与连续词袋模型相比考虑了词序信息，能够更好地抓住实体描述中关键的文本信息。

（3）Partial-CBOW 模型和 Partial-CNN 模型在两个任务上也得到了不错的效果。这是因为 DKRL 模型的能量函数是由实体两种表示的四种组合联合形成的。通过 $\|h_S + r - t_D\|$、$\|h_D + r - t_S\|$ 两个混合项的软限制，实体基于描述和基于结构的表示倾向被学习到同一个语义空间中，理想状态下能够相互替换。我们在实验过程中尝试过

使用更为严格的限制（如强制实体的两种知识表示相等）强化这种语义空间的可替代性，但是这会使得模型在其他任务上的表现效果下降。最后我们在模型中仅保留了混合项的软限制，在确保知识表示质量的前提下，一定程度维护了实体两种表示的可替代性。

4. 零样本实体类型分类

在零样本实体类型分类实验中，仿照上一节实体类型分类的实验设计，将前 50 类型覆盖的全部 13 445 个实体（这些实体在 FB20K 的训练集中出现过）作为训练集，使用实体基于描述的表示作为实体特征向量，采用逻辑斯蒂回归训练分类器。将 FB20K 中的 4 050 个被前 50 类型覆盖的新实体作为测试集，依旧使用 MAP 作为评测指标。我们测试了 DKRL(CBOW) 模型和 DKRL(CNN) 模型，由于平移模型无法对新实体进行表示，我们依然沿用了上一节的 BOW 模型作为基线模型。

FB20K 上实体类型分类的评测结果如表 2.19 所示。从结果中可以发现，DKRL(CNN) 模型取得了最佳结果，比 DKRL(CBOW) 模型和 BOW 模型分别提高了 9.9% 和 4.4%。这个结果再次验证了卷积神经网络构建的基于描述的实体表示较好地对结构信息与文本信息进行了编码。

表 2.19　FB20K 上实体类型分类的评测结果　(%)

评测指标	MAP
BOW	57.5
DKRL(CBOW)	52.0
DKRL(CNN)	**61.9**

2.6.3　小结

在本节中，我们提出的 DKRL 模型实现了融合实体描述的知识表示学习任务。我们基于平移模型的思想建立知识表示学习框架，并创新性地为每个实体设置了两种知识表示——基于结构的表示与基于描述的表示。我们使用连续词袋模型与卷积神经网络模型两种实体描述编码器对实体描述进行建模，从实体描述中学习实体基于描述的知识表示。模型在知识图谱补全和实体类型分类等任务上进行了评测，均取得了超过基线模型的效果，同时在零样本情境下验证了模型对新实体的表示能力。实验结果充分证明了实体描述蕴含的丰富文本信息有助于建立更好的知识表示，同时说明融合实体描述的知识表示学习模型能够准确地对实体描述和三元组结构信息进行联合建模。

2.7 融合层次类型信息的知识表示学习

传统的知识表示方法 (如 TransE 及其扩展模型) 仅使用知识图谱之间的关系信息作为监督信号对实体嵌入施加约束，但实际上实体层次类型也能够为表示学习提供大量重要的信息，加深模型对实体与三元组的理解。由于实体层次类型信息往往具有人工定义的结构化体系，它可以被看作一种较为准确的先验知识。一些广泛使用的大规模知识图谱 (如 Freebase、DBpedia 等) 及常见的百科类数据库 (如维基百科等) 都维护着一套自己的实体层次类型信息。

因此，我们尝试将实体层次类型信息应用在世界知识表示学习中。我们认为，特定关系下的实体应该有更需要突出的实体类型，而实体在突出不同类型时应该有不同的知识表示。在图 2.11 所示的 Freebase 实体层次类型信息样例中，我们发现在写作这个关系下，威廉·莎士比亚更应突出书籍作者这个类型，而《罗密欧与朱丽叶》更应突出书籍作品这个类型，这些相对重要的实体类型在图 2.11 中以实线进行连接。所以，对于图 2.11 中的三元组，应该由威廉·莎士比亚在书籍作者上的知识表示与《罗密欧与朱丽叶》在书籍作品上的知识表示进行交互。为了利用实体的类型信息指导知识表示学习，使实体在不同的情境下具有不同的嵌入表示，我们提出了融合实体层次类型信息的知识表示学习模型（TKRL）。

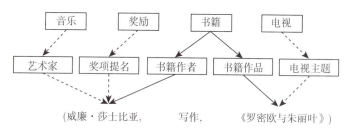

图 2.11 Freebase 实体层次类型信息示例

2.7.1 算法模型

如图 2.12 所示，类似 TransR，TKRL 基于平移假设思想，将实体以不同的方式投影到各自的关系空间中，但不同的是，TKRL 对各个实体的投影矩阵可能不同，且投影矩阵的构建受到实体层次类型指导，这可以从 TKRL 的能量函数中看出。

$$E(h,r,t) = \|\boldsymbol{M}_{r,h}\boldsymbol{h} + \boldsymbol{r} - \boldsymbol{M}_{r,t}\boldsymbol{t}\| \qquad (2.28)$$

其中，$\boldsymbol{M}_{r,h}$、$\boldsymbol{M}_{r,t}$ 为关于关系 r 为头尾实体 h、t 构建的投影矩阵，它们由层次类型编码器根据层次类型信息给出。具体地，对于三元组 (h,r,t)，根据知识图谱中关系特化的实体类型信息，h 在关系 r 下的头实体位置所应该突出的类型集合为 $C_{r,h} = \{c_{r,h}^1, c_{r,h}^2, \cdots, c_{r,h}^n\}$，则

$$\boldsymbol{M}_{r,h} = \frac{1}{n}\left(\boldsymbol{M}_{c_{r,h}^1} + \boldsymbol{M}_{c_{r,h}^2} + \cdots + \boldsymbol{M}_{c_{r,h}^n}\right) \qquad (2.29)$$

其中，$\boldsymbol{M}_c$ 为层次类型 c 的投影矩阵。层次类型编码器为尾实体 t 构建的投影矩阵可以同理得到。

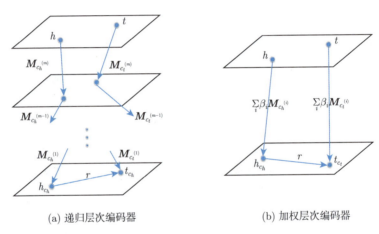

(a) 递归层次编码器　　　　(b) 加权层次编码器

图 2.12　融合层次类型信息的知识表示学习模型图

假设有层次类型 $c = \{c^{(k-1)} \to \cdots \to c^{(1)}\}$，其在层次类型结构中对应了一条由子类型构成的链，其中从粒度最细到粒度最粗的子类型依次为 $c^{(1)}$、$c^{(2)}$、$\cdots$、$c^{(k-1)}$，其对应的投影矩阵分别为 $\boldsymbol{M}_{c^{(i)}}$，我们尝试使用以下两种策略在 TKRL 中构建层次类型 c 的投影矩阵 $\boldsymbol{M}_c$。

- 递归层次编码：$\boldsymbol{M}_c = \prod\limits_{i=1}^{k-1}\boldsymbol{M}_{c^{(i)}} = \boldsymbol{M}_{c^{(1)}}\boldsymbol{M}_{c^{(2)}}\cdots\boldsymbol{M}_{c^{(k-1)}}$；
- 加权层次编码：$\boldsymbol{M}_c = \sum\limits_{i=1}^{k-1}\beta_i\boldsymbol{M}_{c^{(i)}} = \beta_1\boldsymbol{M}_{c^{(1)}} + \cdots + \beta_{k-1}\boldsymbol{M}_{c^{(k-1)}}$，其中 β_i 为子类型 $c^{(i)}$ 的权重，随 i 增大等比例减小，即 $\beta_i = \beta_1\lambda^{i-1}, \sum\limits_{i}^{k-1}\beta_i = 1, 0 < \lambda < 1$，粒度越粗的子类型，其权重越低。

子类型的投影矩阵被作为模型的参数直接学习得到。

2.7.2 实验分析

1. 知识图谱补全结果与分析

在实验中,我们使用了两种层次类型编码器对实体类型的层次结构进行建模,使用递归层次编码器的模型记录为 TKRL(RHE),使用加权层次编码器的模型记录为 TKRL(WHE)。我们将训练中使用了软类型限制的模型加上 (+STC) 的标志,将测试中使用了类型限制的模型加上 (+TCE) 的标志。

我们使用融合实体层次类型的知识表示学习模型和基线模型在训练集上学到的实体与关系向量,对测试集中的三元组样例进行知识图谱补全。对于测试集中的每个样例,我们分别隐藏其头实体、关系和尾实体,用于进行实体预测和关系预测。在测试时,将全部实体(或关系)作为候选集,根据各模型的能量函数为每一个候选三元组进行评分。具体地,对于平移模型,使用 $E(h,r,t) = \|h + r - t\|$ 的评分函数;对于 TransR 模型,我们使用 $E(h,r,t) = \|M_r h + r - M_r t\|$ 的评分函数;而对于 TKRL 模型,我们使用 $E(h,r,t) = \|M_{r,h,1} h + r - M_{r,t,2} t\|$ 的评分函数。该实验仍然使用平均排名和 N 命中率作为评测指标。我们在实体预测与关系预测两个任务上进行了测试,FB15K 上实体预测的评测结果如表 2.20 所示。FB15K 上关系预测的评测结果如表 2.21 所示。

表 2.20　FB15K 上实体预测的评测结果

评测指标	平均排名		十命中率 (%)	
	原始	过滤	原始	过滤
RESCAL	828	683	28.4	44.1
SE	273	162	28.8	39.8
SME(linear)	274	154	30.7	40.8
SME(bilinear)	284	158	31.3	41.3
LFM	283	164	26.0	33.1
TransE	238	143	46.4	62.1
TransR	199	77	47.2	67.2
TKRL(RHE)	**184**	**68**	49.2	69.4
TKRL(WHE)	186	**68**	49.2	69.6
TKRL(RHE+STC)	202	89	**50.4**	73.1
TKRL(WHE+STC)	202	87	50.3	**73.4**

分析实体预测与关系预测的评测结果,我们可以得到以下结论。

(1) 在实体预测与关系预测中,TKRL(RHE) 模型与 TKRL(WHE) 模型在所有评测指标上超过了所有的基线模型。这说明实体层次类型蕴含着丰富信息,能够帮助模型学到更加准确的知识表示,同时说明我们设计的递归层次编码器与加权层次编码器能够很好地对实体类型的层次结构进行建模,将实体层次类型信息顺利地融入知识表示中。

表 2.21　FB15K 上关系预测的评测结果

评测指标	平均排名		一命中率 (%)	
	原始	过滤	原始	过滤
TransE	2.79	2.43	68.4	87.2
TransR	2.49	2.09	70.2	91.6
TKRL(RHE)	**2.12**	**1.73**	**71.1**	**92.8**
TKRL(WHE)	2.22	1.83	70.8	92.5
TKRL(RHE+STC)	2.38	1.97	68.7	90.7
TKRL(WHE+STC)	2.47	2.07	68.3	90.6

(2) 我们将 TKRL 模型与同样基于平移假设的基线模型进行比较。与 TransE 模型相比,TKRL 模型在所有评测指标上的提升效果都十分显著。这从侧面证实了实体在不同类型下应该有不同知识表示的假设,一定程度上解决了平移模型框架对于复杂关系建模难的问题。另外,TKRL 模型与 TransR 模型相比也获得了不少提升。TransR 模型使用了关系特化的映射矩阵,使实体在不同关系下拥有不同的表示,而使用模型充分利用了实体层次类型信息及关系特化的类型信息,使得各个层次类型之间能通过层次结构和共享的子类型产生关联。实体预测的实验结果也证明,这种基于类型先验知识的映射矩阵融合了更多的信息,从而在实体表示上取得了更好的结果。

(3) TKRL(WHE+STC) 模型在实体预测十命中率(过滤)的评价指标上取得了最好的实验结果,在 TKRL(WHE) 模型的基础上又提升了约 3.8%。而训练中的软类型限制方法在递归层次编码器模型上也能带来相似的提升效果。这是因为在训练时,软类型限制能够增大拥有同类型的实体被选中组成负例三元组的概率。这样的训练方式与之前的方法相比,能够使得拥有相同类型的实体向量之间的差异度更高,从而在测试时得以对相似实体进行更精确的区分。然而,使用软类型限制的方法在平均排名指标上会稍稍下降。这是因为类型限制方法不可避免地减弱了相似实体在向量空间中的聚类现象,增加了极端错误的可能性,而平均排名指标较容易受到极端错误结果的影响,最终导致了排名指标结果的降低。

（4）比较基于递归层次编码器和基于加权层次编码器的模型，我们发现，前者在关系预测上表现较好，而后者在实体预测上表现较好，但是两者相差较小。这一部分是因为我们在实验中使用的是基于 Freebase 的实体类型层次结构，而这些层次结构大多较浅，无法充分体现两种层次编码器的差别。但是在运行速度上，基于加权层次编码器的模型明显快于基于递归层次编码器的模型。

2. 测试中的实体类型限制分析

测试中的实体类型限制也能提高模型在知识图谱补全任务上的性能。由于测试中的实体类型限制方法受限于实体类型的完整度与准确度，为了显示模型的鲁棒性，我们仅将此部分结果单独作为辅助实验，并对测试中实体类型限制的效果进行详尽分析。

我们在 TKRL(RHE+STC) 模型和 TKRL(WHE+STC) 模型上加入测试中的实体类型限制，并相应地得到了 TKRL(RHE+STC+TCE) 模型和 TKRL(WHE+STC+TCE) 模型。需要注意的是，与 krompaß 等研究者的测试设定不同 [103]，我们在测试中仍使用实体集合中的全部实体作为候选集（即与传统知识表示学习的测试设定相同）。为了更充分地展示我们模型的优势，我们为基于平移假设的基线模型也增加了训练和测试中的实体类型限制。测试中的实体类型限制在实体预测上的效果如表 2.22 所示。

表 2.22 测试中的实体类型限制在实体预测上的效果

评测方法	平均排名		十命中率 (%)	
	原始	过滤	原始	过滤
TransE+TCE	212	116	46.9	63.4
TransR+TCE	182	60	47.9	68.6
TransE+STC+TCE	203	104	49.8	69.9
TransR+STC+TCE	185	63	48.5	71.7
TKRL (RHE+STC+TCE)	**169**	56	**51.4**	75.4
TKRL (WHE+STC+TCE)	170	**55**	51.3	**75.6**

将表 2.22 的结果与表 2.20 中对应模型的结果进行比较，我们可以得到以下结论。

（1）包括 TKRL 模型、平移模型和 TransR 模型在内的所有模型，在加入测试中的实体类型限制时，实体预测的效果都有提升。在十命中率上，TKRL(WHE+STC+TCE) 模型的过滤评测指标上达到了 75.6%，比不使用测试时类型限制的模型进一步提升了 2.2%。这是因为测试中的实体类型限制去除了违反类型限制的候选实体，在实体类型较完整与准确时，能够缩小候选范围并较少地引入错误，从而提升实体预测的效果。

（2）对于基于平移假设的基线模型，在训练中使用软类型限制能够进一步提升测试中类型限制的效果。以 TransE 模型为例，使用测试中的类型限制能够使得 TransE 模型在十命中率 (过滤) 评测指标上的结果提高 1.3%。而再加上训练时的软类型限制，TransE+STC+TCE 模型能够进一步提高 6.5%。这是因为训练中的软类型限制能够使得相似实体间的差异明显化，在联合使用测试中的实体类型限制时能够获得更好的效果。

（3）对比所有使用了训练/测试中实体类型限制方法的模型，TKRL 模型仍然能够取得最佳的结果。这充分说明了根据实体层次类型建立类型特化映射矩阵的重要性与使用模型的鲁棒性。

3. 长尾分布数据上的结果与分析

由于真实世界中的知识图谱往往具有长尾分布，所以我们构造了 FB15K+ 数据集，用以测试模型在长尾分布下实体预测与关系预测的效果。与 FB15K 相比，FB15K+ 中增加了 510 个关系，而这些关系往往都具有较低频次。我们根据各关系在 FB15K+ 的三元组中出现的频次对测试集划分成组，展示了模型在实体预测与关系预测中各组测试集的 N 命中率 (过滤) 评测指标的结果。为了便于展示，我们仅对 TransE 模型、TransR 模型与 TKRL(WHE) 模型的结果进行比较。其结果如表 2.23 所示。

表 2.23　长尾分布数据集 FB15K+上的实体预测与关系预测结果

关系频次	实体预测十命中率 (%)			关系预测一命中率 (%)		
	TransE	TransR	TKRL(WHE)	TransE	TransR	TKRL(WHE)
⩽10	28.0	32.4	38.1 (+5.7)	13.2	17.0	21.5 (+4.5)
⩽100	49.9	54.5	57.9 (+3.4)	45.7	50.5	54.3 (+3.8)
⩽1 000	66.1	69.1	71.6 (+2.5)	70.9	75.4	77.8 (+2.4)
全部	61.9	67.2	69.2 (+2.0)	80.4	88.8	89.7 (+0.9)

从表 2.23 我们可以得到以下结论。

（1）TKRL(WHE) 模型在所有频次测试组中的实体预测和关系预测结果均好于 TransE 模型和 TransR 模型，这充分证明了融合实体类型信息的知识表示学习模型在真实的长尾分布数据上相对于基线模型也具有显著优势，也进一步说明了模型的有效性与鲁棒性。

（2）通过观察发现，TKRL(WHE) 模型在低频关系下实体预测和关系预测的结果相比高频提升更大。在表 2.23 中，TKRL(WHE) 模型的结果后面标注了其相对 TransR 模型的提升结果。在关系频次小于等于 10 的分组下，TKRL(WHE) 模型在实体预测和关系预测上分别比 TransR 模型提高了 5.7% 和 4.5%；而在全部测试集上的结果，TKRL(WHE) 模型在实体预测和关系预测上仅比 TransR 模型提高了 2.0% 和 0.9%。这是因为尽管 TKRL 模型与 TransR 模型都使用了映射矩阵的方法构建实体在不同情境下的表示，但是 TKRL 的构建基于实体层次类型，而 TransR 的构建基于关系。在对拥有低频关系的实体进行建模时，TransR 模型较容易受到数据稀疏及训练不充分的影响；而 TKRL 模型能够充分利用实体层次类型之间的联系，对低频关系下的实体也能较好地建立表示。

4. 三元组分类结果与分析

使用 FB15K 的测试集进行三元组分类的评测，然而知识图谱中并没有显式的负例三元组。我们参考 Socher 等研究者在三元组分类任务上的设定[178]，基于测试集自动构建负例。具体地，对于测试集中每一个正例三元组 (h,r,t)，随机替换掉其中的头实体或者尾实体，组成负例三元组 (h',r,t) 或者 (h,r,t')。为了使三元组分类任务更具挑战性，更大程度上展示模型的性能差异，我们使用了实体类型限制的方法，强制要求替换的负例实体和被替换的原实体拥有相同的类型。例如，（莎士比亚，写作，哈姆雷特）的负例中头实体应该也是一位作家，因为拥有错误类型的负例三元组很容易会被知识表示学习模型检测出来，从而失去评测意义。在实验中，对于验证集和测试集中的每一个三元组，我们以均等概率随机替换头实体或尾实体，产生对应的负例，这保证了三元组分类任务中正负例的数量一致。

我们使用 TransE 模型和 TransR 模型作为基线模型，与 TKRL 模型进行比较。在评测时，我们仍然使用在知识图谱补全任务中各模型对应的三元组评分函数 $E(h,r,t)$ 进行判定。具体地，我们会为每一种关系设定一个阈值 δ_r。当 $E(h,r,t) > \delta_r$ 时，三元组被判断为负例；当 $E(h,r,t) < \delta_r$ 时，三元组被判断为正例。我们在验证集上进行优化，得到各关系所对应的阈值 δ_r，用于对测试集进行评测。FB15K 上三元组分类的评测结果如表 2.24 所示。

从结果中，我们可以发现以下结论。

（1）TKRL 模型的准确率超过了所有的基线模型，其中 TKRL(WHE+STC) 模型得到了最好的结果。这从另一个角度说明了融合实体类型的知识表示学习模型能够学到更准确的知识表示，从而帮助三元组分类等任务。

（2）加上训练中的软类型限制方法后，递归层次编码器模型和加权层次编码器模型都能获得进一步的提升。这说明了软类型限制能够学习到相似实体之间的差异，从而在三元组分类任务上获得更加精确的结果。

表 2.24　FB15K 上三元组分类的评测结果

模型	准确率 (%)
TransE	85.7
TransR	86.4
TKRL(RHE)	86.9
TKRL(WHE)	87.1
TKRL(RHE+STC)	88.4
TKRL(WHE+STC)	**88.5**

2.7.3　小结

在本节中，我们提出了 TKRL 模型，融合实体层次类型信息辅助知识表示学习。我们在平移模型的思想上做出改进，提出实体在不同类型下应该具有不同知识表示的假设，构建类型特化的映射矩阵，并使用递归层次编码器和加权层次编码器对类型的层次结构进行建模。我们还提出了软类型限制的策略，并在训练与测试中分别使用了类型限制的方法，进一步提高知识表示的精确度。模型在知识图谱补全和三元组分类等任务上进行了评测，均取得了超过基线模型的效果，同时在具有长尾分布的数据集上验证了模型对低频关系的表示效果。实验结果充分证明了实体层次类型蕴含了丰富的信息，能够帮助建立更精确的知识表示，同时说明提出的融合实体层次类型信息的知识表示学习模型能够有效地联合编码并学习到实体类型的知识。

2.8　融合实体图像信息的知识表示学习

图像信息是人类能够自然接收并认知的信息之一，以图像形式储存的信息往往更加灵活和丰富。研究结果表明，人类每日从外界进行的信息获取与交互行为中，很大一部分是通过视觉来完成的。通过图像信息的帮助，我们往往得以从多角度全方位地理解实体在文字或结构化信息之外的知识细节。主体部分描述指定实体的实体图像能够提供对应实体自身外形、行为和其他相关实体的视觉信息。实体图像信息来源十分丰富，一些世界知识图谱（如维基百科等）往往会有对应实体的图像信息，而专门的图像数据集更是储存着海量的实体相关图像信息。

受此启发,我们提出了融合实体图像信息的知识表示学习模型(IKRL)。如图 2.13 所示,对于一个三元组,IKRL 模型以其头实体和尾实体的所有实体图像作为输入,经过实体图像编码器得到各个图像在知识空间的表示。由于一个实体往往有多张质量良莠不齐的图像,IKRL 使用注意力机制自动评估图像的质量,并根据各图像的质量对它们的嵌入表示进行整合得到实体基于图像的表示。

图 2.13 融合实体图像信息的知识表示学习模型流程图

2.8.1 算法模型

类似 DKRL,IKRL 也需要融合两种不同的信息以实现图像空间和知识空间的对齐和联合训练,故 IKRL 也采用了类似式 2.24 的能量函数。

$$E(h,r,t) = \alpha_1\|\bm{h}_\mathrm{S}+\bm{r}-\bm{t}_\mathrm{S}\| + \alpha_2\|\bm{h}_\mathrm{S}+\bm{r}-\bm{t}_\mathrm{I}\| + \\ \alpha_3\|\bm{h}_\mathrm{I}+\bm{r}-\bm{t}_\mathrm{S}\| + \alpha_4\|\bm{h}_\mathrm{I}+\bm{r}-\bm{t}_\mathrm{I}\| \quad (2.30)$$

其中,下标 S、I 用于区分基于知识图谱和基于实体图像的实体表示。同时,IKRL 采用了与 DKRL 相同的带间隔的目标函数(见式 2.25)。

对于实体 e_k,为了从其实体图像集合 $I_k = \{\mathrm{img}_1^{(k)}, \mathrm{img}_2^{(k)}, \cdots, \mathrm{img}_n^{(k)}\}$ 得到基于图像的实体表示,IKRL 首先使用图 2.14 所示的图像编码器对每个图像 $\mathrm{img}_i^{(k)}$ 分别进行编码得到 $\bm{p}_i^{(k)}$,然后应用基于注意力机制的多实例学习(MIL)方法,将多个图像得到的编码

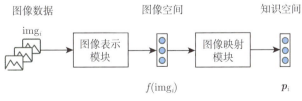

图 2.14 实体图像编码器示例图

$\boldsymbol{p}_1^{(k)}, \boldsymbol{p}_2^{(k)}, \cdots, \boldsymbol{p}_n^{(k)}$ 整合为最终的嵌入表示 $\boldsymbol{e}_I^{(k)}$，即

$$\boldsymbol{e}_I^{(k)} = \sum_{i=1}^{n} \frac{\text{att}(\boldsymbol{p}_i^{(k)}, \boldsymbol{e}_S^{(k)}) \cdot \boldsymbol{p}_i^{(k)}}{\sum_{j=1}^{n} \text{att}(\boldsymbol{p}_j^{(k)}, \boldsymbol{e}_S^{(k)})} \tag{2.31}$$

其中

$$\text{att}(\boldsymbol{p}_i^{(k)}, \boldsymbol{e}_S^{(k)}) = \frac{\exp(\boldsymbol{p}_i^{(k)} \cdot \boldsymbol{e}_S^{(k)})}{\sum_{j=1}^{n} \exp(\boldsymbol{p}_j^{(k)} \cdot \boldsymbol{e}_S^{(k)})} \tag{2.32}$$

其中，$\boldsymbol{e}_S^{(k)}$ 表示 $e^{(k)}$ 基于知识图谱的表示。$\boldsymbol{e}_S^{(k)}$ 与 $\boldsymbol{e}_I^{(k)}$ 均将被用于式 (2.30) 中进行实体表示的训练。

2.8.2 实验分析

1. 知识图谱补全结果与分析

为了对 IKRL 模型的效果进行实验，我们自己构建了一个包含丰富实体图像信息的知识图谱数据集。为了保证构建数据集的三元组和图像质量，我们选择从 ImageNet 中获取实体图像，并从 WN18 数据集中选择头实体和尾实体均在 ImageNet 中有实体图像的三元组，构建 WN9-IMG 跨模态知识图谱数据集。

由于 IKRL 模型为每个实体构建了基于结构和基于图像的两种实体表示向量，在测试时，我们根据使用实体表示的不同报告了 3 种不同设定下的结果：IKRL(SBR) 模型代表测试时仅使用基于结构的表示进行预测；IKRL(IBR) 模型代表测试时仅使用基于图像的表示进行预测；与前两者不同，IKRL(UNION) 模型代表测试时使用简单的加权策略，联合使用两种实体表示进行预测。WN9–IMG 上实体预测的评测结果如表 2.25 所示。

表 2.25　WN9-IMG 上实体预测的评测结果

评测指标	平均排名		十命中率 (%)	
	原始	过滤	原始	过滤
TransE	143	137	79.9	91.2
TransR	147	140	80.1	91.7
IKRL(SBR)	41	34	**81.1**	92.9
IKRL(IBR)	29	22	80.2	93.3
IKRL(UNION)	**28**	**21**	80.9	**93.8**

从结果中，我们可以得到以下结论。

（1）所有的 IKRL 模型在全部评测指标上的实体预测结果都超过了基线模型，其中 IKRL(UNION) 模型得到了最好的结果。这说明实体图像中的丰富视觉信息能够帮助我们更深入地理解实体，同时说明我们的模型能够成功地将这些信息编码进实体表示中，提升实体预测的性能。

（2）IKRL(SBR) 模型和 IKRL(IBR) 模型在所有评测指标上都超过了基线模型。IKRL(IBR) 模型基于实体图像信息直接构建实体的表示向量，融合了实体视觉信息与实体在知识图谱中的结构信息，因此表示效果与基线模型相比得到了提升。而 IKRL(SBR) 模型虽然使用的是基于结构的实体表示，但是这些表示向量通过能量函数中两种表示的混合项训练，也间接学习到了一部分图像信息，从而使其表示能力得到提高。

（3）所有的 IKRL 模型在平均排名评测指标上都得到了显著的提升。这是因为平均排名评测指标关注实体表示在向量空间中的整体效果，对错误样例比十命中率指标更加敏感。传统基于平移假设的模型仅考虑了知识图谱的结构信息，当所预测的信息丢失时很容易错得比较离谱。而我们使用的模型通过融合实体图像信息，能够间接地发现知识图谱中没有直接提出的实体潜在关系，从而使得知识表示的整体效果得到提高。

（4）实验中 IKRL 模型是基于原始的平移模型框架进行训练的，但其在实体预测上的效果仍优于 TransR 模型，这反映了 IKRL 模型的有效性和鲁棒性。融合实体图像也能较容易地运用于基于平移模型的改进模型上。

2. 注意力机制的影响与分析

为了更深入地展示注意力机制在模型中起到的作用，我们还具体分析了在构建基于图像的表示时 3 种不同策略的影响。我们使用 IKRL(ATT) 表示使用注意力机制加权图像表示的策略（即表 2.25 中给出的模型），使用 IKRL(MAX) 表示仅考虑注意力最大的图像表示的策略，使用 IKRL(AVG) 表示使用所有图像表示均值的策略。为了更全面地进行比较，我们展示了在以上 3 种策略下基于结构的表示和基于图像的表示在实体预测任务上的评测结果。WN9-IMG 上各组合策略的实体预测结果如表 2.26 所示。

从结果中，我们可以得到以下结论。

（1）IKRL(ATT) 模型的两种表示在所有评测指标上都得到了最好的结果。这是由于注意力机制能够智能地从多个实体图像中选择高质量的图像样例，构建实体基于图像的表示，在充分利用实体图像多样性的同时，保证实体表示尽可能少地受到低质量图像的噪声影响。

表 2.26　WN9-IMG 上各组合策略的实体预测结果

表示类型	基于图像的表示				基于结构的表示			
评测方法	平均排名		十命中率 (%)		平均排名		十命中率 (%)	
	原始	过滤	原始	过滤	原始	过滤	原始	过滤
IKRL(MAX)	59	52	79.8	92.1	62	55	81.0	92.3
IKRL(AVG)	**29**	**22**	79.3	92.9	43	36	80.7	92.8
IKRL(ATT)	**29**	**22**	**80.2**	**93.3**	41	34	81.1	92.9

（2）尽管使用了简单的 IKRL(MAX) 策略和 IKRL(AVG) 策略，融合实体图像信息的知识表示模型仍然能超过表 2.25 中基线模型的结果。这进一步说明实体图像信息对知识表示构建的重要性及 IKRL 模型编码图像信息的鲁棒性。

（3）IKRL(AVG) 策略比 IKRL(MAX) 策略的整体结果更好，在平均排名指标上尤其如此。这是因为 IKRL(AVG) 策略综合考虑了所有的实体图像信息，虽然不可避免地会引入一些噪声，但是仍比仅考虑质量最高图像的 IKRL(MAX) 策略具有优势。

（4）通过比较可以发现，和 IKRL(AVG) 策略相比，IKRL(ATT) 策略的优势似乎并不特别明显。这是由于我们构建评测数据集时，为了保证实体图像的质量，选择从 ImageNet 中直接抽取实体图像的缘故。WN9-IMG 数据集中的图像质量整体较高，一定程度上导致了基于注意力机制的策略优势不明显，因为几乎所有图像都能提供实体相关的正确信息，彼此应得的注意力相当。为了充分展示注意力机制对模型的正面影响，我们在结果样例分析中进一步探索，给出了注意力机制从多个实体图像中成功分辨出高信息量图像的实例。

3. 三元组分类结果与分析

我们在 WN9-IMG 数据集上进行三元组分类的评测。在测试时，我们依靠验证集上的分类效果为每一种关系设置一个关系特化的阈值 η_r。以 IKRL 模型为例，当其三元组的评分函数 $\|h+r-t\| > \eta_r$ 时，三元组被判断为负例；而当 $\|h+r-t\| < \eta_r$ 时，三元组被判断为正例。其他模型也按照自己的评分函数进行分类判断。为了使比较充分，我们测试了 IKRL(MAX)、IKRL(AVG)、IKRL(ATT)3 种策略下的实验结果。WN9-IMG 上三元组分类的评测结果如表 2.27 所示。

表 2.27　WN9-IMG 上三元组分类的评测结果

模型	准确率 (%)
TransE	95.0
TransR	95.3
IKRL (MAX)	96.3
IKRL (AVG)	96.6
IKRL (ATT)	**96.9**

从结果中，我们可以发现：

（1）所有 IKRL 模型都获得了比基线模型更好的效果，这从另一个角度重新证实了实体图像信息的重要性，也说明 IKRL 模型能够联合编码实体结构信息与视觉信息，具有较高的鲁棒性。

（2）在 3 种组合策略中，IKRL(ATT) 策略获得了最好的结果。这说明注意力模型能够自动选取信息量更高的实体图像组成基于图像的实体表示，在保证图像质量的前提下充分利用实体图像的多样性，获得实体相关更完整的视觉信息。而 IKRL(AVG) 策略也获得了比 IKRL(MAX) 策略更好的效果，说明综合考虑多个实体图像带来了模型效果的提升。

4. 图像–知识空间的语义平移规则

word2vec 模型得到的是有趣的语义平移规则，受此工作启发，我们尝试探索 IKRL 模型学到的跨模态知识表示是否也具有这种语义平移现象。具体地，我们使用实体基于图像的表示进行了语义平移规则的探索。实验结果表明，在跨模态的图像–知识空间中，语义平移规则是普遍存在的。图像–知识空间的语义平移规则示例如图 2.15 所示。

图 2.15　图像–知识空间的语义平移规则示例

以图 2.15 所示的示例为例，设 IBR(x) 表示实体 x 的基于图像的表示，我们首先计算 IBR(柜子)–IBR(抽屉)+IBR(琴键)，得到一个向量，然后以整个实体集为候选，根据实体与此向量的距离进行排序，发现最相近的实体向量是 IBR(钢琴)。与之前的工作不同，由于我们是在跨模态图像–知识空间进行的测试，实体之间的向量差 IBR(柜子)–IBR(抽屉)、IBR(钢琴)–IBR(琴键) 与真实的关系属于成功对应，将语义平移规则中隐藏的联系显式地表现出来，展示了 IKRL 模型的有效性。

2.8.3　小结

在本节中，我们提出了融合实体图像信息的知识表示学习模型——IKRL 模型，以构建知识的跨模态表示。特别地，模型为每个实体设置了基于结构的表示和基于图像的表示，在平移模型的学习框架下进行联合训练。我们使用基于深度神经网络的图像表示模块抽取实体图像的特征，然后将图像特征映射到知识空间中，并针对实体图像的多样例学习提出基于注意力的模型，最终构建实体基于图像的表示。模型在知识图谱补全和三元组分类等任务上进行了测试，实验结果验证了实体图像蕴含的丰富视觉信息的重要性，也说明我们的模型能够较好地从多实例实体图像中智能准确地抽取实体的相关知识以构建实体表示。我们还结合实例分析，探索了图像–知识空间的语义平移现象和注意力机制对模型的影响。

2.9　本章总结

本章介绍了针对世界知识图谱的表示学习方法。由于世界知识图谱具有信息复杂、规模庞大、完整度低的特点，我们在平移模型的基础上，从世界知识图谱结构建模和多源信息融合两个不同的角度为世界知识图谱的表示学习提供了解决的思路。

在世界知识图谱结构建模方面：

（1）TransR 模型和 CTransR 模型通过为每种关系定义单独的语义空间、允许同一个实体在不同关系场景下具有不同的语义，增强了对复杂关系的建模能力。

（2）PTransE 模型通过引入知识图谱中实体间的多步关系路径，更加充分地利用了知识图谱的结构信息。

（3）KR-EAR 模型根据关系自身的特点将一般意义下的关系分为了属性和关系两类，并通过为属性这类关系设计特殊的模型，改善了知识表示学习对一对多和多对一关系处理效果欠佳的问题。

在多源信息融合方面：

（1）DKRL 和 IKRL 分别对实体的描述文本和图像进行了编码，通过在能量函数中进行知识空间和文本/图像空间的对齐将描述和图像信息引入知识表示学习。

（2）TKRL 使用知识图谱中实体的层次类型信息来构建实体的投影矩阵并根据特定关系突出不同的实体类型，将实体类型信息引入知识表示学习。

通过一系列实验，我们验证了对关系进行深入建模的有效性，也展示了不同类型的外部信息在知识表示学习中发挥的突出作用，这些都将有助于更好地表示知识图谱中的世界知识。

第 3 章
世界知识的自动获取

3.1 章节引言

近些年来,包括 Freebase[15]、DBpedia[4]、YAGO[180]在内的诸多大型知识图谱逐渐形成体系,并被广泛地应用于问答系统、文本检索等诸多自然语言处理任务上,取得了显著的效果。然而,尽管现有的大型知识图谱已经富含海量的世界知识,但与现实世界中近乎无穷无尽的知识量相比,其距离完善仍有很大距离。为了尽可能地为知识图谱获取更加丰富的世界知识,研究者们投入了诸多努力来探寻可以自动获取世界知识的方法,进而完善世界知识图谱的构建。在世界知识的自动获取上,关系抽取是其中的核心,也是完成这一任务的必由之路。本章以关系抽取为切入点,从关系抽取的视角出发来介绍世界知识的自动获取。

关系抽取旨在从未经标注的自由文本中抽取实体间的关系,进而将实体与关系结构化为世界知识,并相应地扩充到知识图谱之中。传统的关系抽取方法主要立足于构建有监督的抽取系统,其训练与部署极度依赖大规模的人工标记数据,这带来了巨大的时间与人力耗费。因此,Mintz 等人[134]通过对齐知识图谱中已有的世界知识和未经标注的自由文本来自动生成训练数据,构建出基于远程监督的关系抽取系统,从而让利用大规模数据训练出可用的抽取模型成为可能。在当下,远程监督已经成为关系抽取研究中的重要一环,其很好地弥补了传统有监督模型存在的问题,但该方法本身也面临着一些核心难题亟待解决。

(1)数据噪声问题。远程监督通常采用假设极强的启发式规则来自动标注数据,其获取的训练数据往往存在大量噪声。

(2)数据长尾问题。依靠外接的知识图谱来进行远程监督,其自动获取的数据往往呈现幂律分布，大量的长尾实体对及其关系难以通过远程监督来获取数据。

无论是噪声数据还是长尾数据，均为训练抽取系统带来了困难，也限制了远程监督场景下关系抽取系统的性能。针对这些挑战性问题，我们对基于远程监督的关系抽取进行了研究与探索，并从以下两个方面进行深入展开和探讨。

（1）如何利用远程监督获取大规模训练数据，同时规避其中噪声数据带来的负面影响，进而得到更鲁棒的抽取系统。

（2）如何考虑多源的外部信息，引入更多的优质数据，缓解长尾数据带来的影响，进而得到覆盖面更大的抽取系统。

上述研究方向均有利于获取性能优异的关系抽取系统以支持世界知识的自动获取。

在具体介绍上述方向上的研究细节之前，我们会先回顾世界知识获取领域的相关现有方法，并着重对关系抽取领域的发展脉络进行梳理，指出我们的工作与现有方法之间的关联。

3.2 相关工作

在介绍相关工作之前，我们首先简要介绍关系抽取中的常用符号。我们将一个知识图谱表示为 $\mathcal{G} = \{\mathcal{E}, \mathcal{R}, \mathcal{T}\}$，其中 $\mathcal{E}$、$\mathcal{R}$、$\mathcal{T}$ 分别表示实体、关系和事实的集合。$(h, r, t) \in \mathcal{T}$ 表示 $h, t \in \mathcal{E}$ 之间存在关系 $r \in \mathcal{R}$。对于给定的实体对 (h, t)，关系抽取旨在从包含 (h, t) 的若干语句中挖掘语义从而最终获取 (h, t) 的关系 r。这些包含 (h, t) 的句子则被聚集为实体对的实例包 $\mathcal{S}_{(h,t)} = \{s^1_{(h,t)}, s^2_{(h,t)}, \cdots\}$，包中的每个实例 $s^i_{(h,t)}$ 代表一个由词组成的序列 $\{w_1, w_2, \cdots\}$。

3.2.1 有监督的关系抽取模型

关系抽取是自然语言处理领域中的重要任务之一，也是获取世界知识的必由之路。之前的研究人员已经在关系抽取方面做出了诸多工作，尤其是有监督的关系抽取系统的构建。传统的有监督关系抽取模型主要基于统计方法，包括特征工程方法[72, 92, 97, 145]、核函数方法[29, 44, 136, 193, 223, 224, 227]、图模型方法[163, 164, 169, 216]、特征嵌入方法[63, 160, 196]。尽管上述统计关系抽取模型已被广泛研究，但它们仍面临一些挑战。特征工程方法的核心是设计准确有效的特征，这需要诸多工作来细致观察语言现象并分析它们对提取关系的贡献。

与特征工程方法中的复杂特征提取相比,核函数方法中的核函数设计更加简单,但是,这仍然需要大量的工作来精心设计核函数。图模型方法和特征嵌入方法在一定程度上实现了无须过多人为干预的有效特征的构建和关系预测,然而,这些结构简单的模型的拟合能力十分有限,难以取得令人满意的结果。

近年来,随着深度学习的快速发展,有监督的神经关系抽取模型得到了广泛的关注与研究。与传统的统计模型相比,这些神经抽取模型无须进行明确的语言分析就能够精准捕获文本信息。除了能够摆脱复杂易错的特征工程,神经模型本身的模型性能也十分强大。相较于传统的图模型方法与特征嵌入方法,神经模型能够更好地拟合数据。有监督的神经关系抽取模型的研究主要集中在引入各种神经网络以从文本中提取语义特征并对关系进行分类。受计算机视觉任务中各种卷积神经网络的启发,卷积神经网络首先被用于关系抽取,并被扩展到诸多变种模型 [87, 116, 147, 168, 219]。之后,为了更好地建模自然语言的序列性特征,递归神经网络也被引入 [146, 189, 203, 221, 225, 228]。从语言结构分析的角度出发,基于依存关系的神经模型 [30, 120, 179, 206, 207, 208] 也被提出,通过语义依存分析来进行关系抽取。

3.2.2 远程监督的关系抽取模型

尽管有监督的关系抽取模型取得了可观的效果,但这些方法大多需要大量的标注数据,而构建大规模的标注数据需要耗费大量的时间与人力物力。为了解决这个问题,Mintz 等人 [134] 通过远程监督方法将纯文本与知识图谱进行对齐,并自动标注训练数据。远程监督通常以一个极强的启发式条件来进行数据获取,具体来说:如果两个实体在知识图谱中有关系,那么包含这两个实体的所有句子都将被视为其语义足以表达这种关系。例如,(微软公司,创建者,比尔·盖茨)是世界知识图谱中的关系事实。远程监督将包含这两个实体的所有句子视为创建者这个关系的训练实例。虽然这是自动标记训练数据的有效策略,但其过强的设定不可避免地会产生错误标注的问题。例如,"比尔·盖茨转向慈善事业与微软公司在美国与欧盟遇到的反托拉斯问题有关。"这句话并不表达创建者层面的关系,但仍将被标注为创建者这个关系的一个训练实例。

为了解决远程监督中不可避免的错误标注问题,不少工作着力于引入多实例学习方法来缓解噪声问题。早期的多实例学习方法可以同时考虑每个实例标注的准确性,进而共同作用于最终的结果预测,并在预测药物活性等训练数据标注过于模糊的问题上取得了不错的效果。Bunescu 等人 [28] 将弱监督学习与多实例学习相结合,并将其扩展到关系抽取上。Riedel 等人 [159] 将基于远程监督的关系抽取问题形式化为多实例单标签问题，之后 Hoffmann 与 Surdeanu 等人 [82, 182] 更进一步地形式化为多实例多标签学习问题。

上述方法均基于人工特征提取，并强烈依赖于自然语言处理工具来生成特征，所以在数据标注错误之外也受到了特征提取错误的附带影响。如我们在有监督的关系抽取模型中提到的那样，伴随着深度学习广泛应用于各个领域，许多研究人员着手尝试使用神经网络来提取特征用于关系抽取。Zeng 等人 [218] 相对应地将多实例学习与神经网络模型相结合以进行基于远程监督的关系抽取。尽管基于远程监督的神经关系抽取模型很好地兼顾了鲁棒性与有效性，并被广泛运用于知识获取任务之中，但仍然存在诸多问题。

（1）Zeng 等人假设每个实体对所对应的实例集合中只有一个实例是有效的。因此，这样的机制将损失大量包含在被忽略实例中的丰富信息。针对这样的问题，我们提出面向多实例的语句级别注意力机制，该方法在规避噪声的同时仍然可以充分利用所有实例的信息进行关系抽取。对于信息量丰富的实例，我们的注意力机制可以赋予其更高的权重，而对于信息量较少及错误标注的实例，我们的注意力机制将赋予其较低的权重以减少其对模型训练的影响。

（2）以往的关系抽取模型均对各个关系独立进行考虑，对每类关系，常常使用一个单独的模型来从含有噪声的数据中选择关系相关的实例。这些方法忽略了关系之间丰富的语义关联信息。为了利用关系间丰富的关联信息，我们利用关系的层次结构包含的丰富语义关联，提出了一个崭新的层次注意力机制，在关系层次的每一层上对实例进行权重评定，从而完成不同粒度的降噪。与此同时，关系层次可以帮助考虑关系间的关联信息，进而利用高频关系数据帮助训练低频长尾关系。

（3）现有的关系抽取系统只关注从文本中直接抽取实体之间的关系，因而难以应对训练数据中的长尾问题。引入多源的额外信息流，将有助于缓解长尾数据带来的问题。对此，我们研究如何将丰富的额外信息与文本结合来加强关系抽取效果。我们在此方面着重研究如何结合外部的知识图谱及多语言丰富语料来进行抽取系统的训练。

本章的剩余部分将详细讨论我们的改进工作，并给出更多的细节。

3.3 基于选择性注意力机制的关系抽取

为了综合利用包含同一实体对的实例信息进行关系抽取，本节将介绍一种基于语句级别选择性注意力机制的神经网络模型（ATT），用于构建基于远程监督的关系抽取系统。如图 3.1 所示，该模型使用卷积神经网络来提取语句实例的语义特征并以语义向量的形式来呈现。为了充分利用包含同一实体对的所有实例的信息，以及解决远程监督带来的错误标注问题，该模型在这些实例的语义向量上构建语句级别的注意力机制，从而动态地减少噪声实例所对应的权重，同时提升有效实例所对应的权重。最后，将利用注意力机制计算的权重与对应实例向量的加权求和作为特征向量来进行关系抽取。

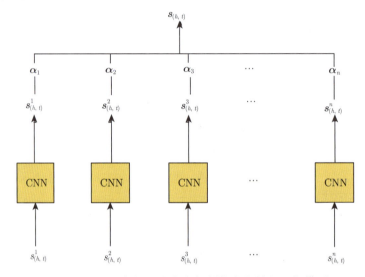

图 3.1　基于语句级别注意力机制的卷积神经网络模型

注：其中，$s^i_{(h,t)}$ 和 $\boldsymbol{s}^i_{(h,t)}$ 分别表示原始的实例语句与它对应的经过卷积神经网络后的向量化表示，α_i 是由注意力机制模型分配给这个实例的权重，$\boldsymbol{s}_{(h,t)}$ 表示这对实体对对应的实例集合的最终向量化表示。

3.3.1　算法模型

给定实体对 (h,t) 及包含实体对的实例集合 $\mathcal{S}_{(h,t)} = \{s^1_{(h,t)}, \cdots, s^n_{(h,t)}\}$，本节介绍的模型将预测 (h,t) 与每个关系 $r \in \mathcal{R}$ 形成世界知识的概率。整体模型主要分为以下两个部分。

- **语句编码器**　给定一个实例及其包含的两个目标实体，ATT 用一个卷积神经网络来提取句子的向量表示。
- **选择性注意力机制**　当获取到所有实例的向量表示后，ATT 使用语句级别的选择性注意力机制来选择那些能够真正表达对应关系的语句，并赋予其更高的权重。

1. 语句编码器

如图 3.2 所示，ATT 通过卷积神经网络将给定的句子 $s = \{w_1, \cdots, w_m\}$ 转换成它所对应的分布式表示向量 s。

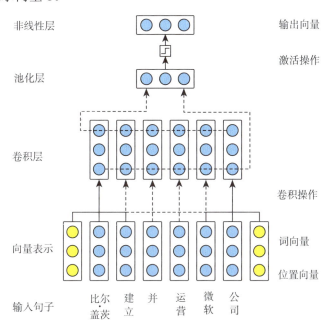

图 3.2 语句编码器的卷积神经网络结构

1）输入表示

这部分分为词向量与位置向量两部分。卷积神经网络 CNN 输入的是句子 s 的单词序列。ATT 首先使用词嵌入矩阵将每个输入单词变换成对应的词向量。在词向量之外，为了刻画实体对在句子中所处的位置，ATT 还对所有单词到实体的相对位置进行了向量化表示。

（1）**词向量**。词向量旨在将离散字符形式的单词转换为连续向量空间中的分布式表示，从而捕捉到单词所对应的语义信息。给定一个句子 s 及其包含的 m 个单词 $s = \{w_1, \cdots, w_m\}$，每个单词 w_i 将由一个实值向量所表示，即其所对应的词向量。

（2）**位置向量**。在关系抽取任务中，一般情况下越靠近目标实体的单词越具有信息量，并对最终确定目标实体对的关系具有帮助。类似于 Zeng[218] 的处理方法，ATT 将各单词到目标实体对的相对距离向量化，以此来帮助神经网络去观察每个单词相对于目标实体的相对距离。例如，在句子"比尔·盖茨是微软公司的创始人"中，"是"距离头实体比尔·盖茨与尾实体微软公司的相对距离分别为 −1 与 1，ATT 将 −1 与 1 进行了向量化。位置向量最终被定义为单词相对于头尾实体的距离向量组合。

如图 3.2 所示，最终每个单词的词向量与位置向量被拼接起来作为神经网络的输入。上述词向量与位置向量是关系抽取中的基本设定，在后续的相关工作介绍中，我们将不再一一展开其细节。

2）**编码层**

在将句子 $s = \{w_1, \cdots, w_m\}$ 转化为输入向量 $\{\boldsymbol{w}_1, \cdots, \boldsymbol{w}_m\}$ 之后，ATT 模型使用卷积操作来汇总所有这些输入特征。在卷积层中，一个长度为 l 的滑动窗口在所有句子上提取局部特征。在图 3.2 所展示的例子中，其滑动窗口的大小 l 为 3。

在这里，卷积操作被定义为一个输入向量序列和卷积核矩阵 $\boldsymbol{W}$ 间进行的矩阵乘法操作。我们定义 $\hat{\boldsymbol{w}}_i$ 为第 i 个滑动窗口内的单词输入向量的拼接，则有

$$\hat{\boldsymbol{w}}_i = [\boldsymbol{w}_{i-\frac{l-1}{2}}; \cdots; \boldsymbol{w}_i; \cdots; \boldsymbol{w}_{i+\frac{l-1}{2}}] \tag{3.1}$$

由于在滑动窗口从左至右滑动时，可能会超出句子的范围（因为句子的长度是不确定的），所以对于超出的范围，我们统一使用填充向量来进行空白位填充。卷积层的第 i 个卷积输出则为

$$\boldsymbol{h}_i = f(\boldsymbol{W}\hat{\boldsymbol{w}}_i + \boldsymbol{b}) \tag{3.2}$$

其中，$\boldsymbol{b}$ 是一个偏置向量，$f(\cdot)$ 是激活函数，常用的如双曲正切函数。

句子的最终表示则通过如下最大池化操作得到：

$$[\boldsymbol{s}]_i = \max_{1 \leqslant j \leqslant m} [\boldsymbol{h}_j]_i \tag{3.3}$$

其中，$[\cdot]_i$ 表示向量的第 i 维数值。此外，Zeng 等人[218] 提出了卷积神经网络的一种变体 PCNN，采用了分段池化操作来进行关系抽取。卷积层输出结果被头实体和尾实体分成了 3 部分，最大池化操作也相应地在 3 部分上分别进行，即

$$\begin{cases} [\boldsymbol{s}_1]_j = \max_{1 \leqslant i \leqslant i_1} [\boldsymbol{h}_i]_j \\ [\boldsymbol{s}_2]_j = \max_{i_1+1 \leqslant i \leqslant i_2} [\boldsymbol{h}_i]_j \\ [\boldsymbol{s}_3]_j = \max_{i_2+1 \leqslant i \leqslant n} [\boldsymbol{h}_i]_j \end{cases} \tag{3.4}$$

其中，i_1 和 i_2 是头尾实体的句中位置，最后的句子向量为三部分池化结果的拼接，即

$$\boldsymbol{s} = [\boldsymbol{s}_1; \boldsymbol{s}_2; \boldsymbol{s}_3] \tag{3.5}$$

由于卷积神经网络 CNN 及其变种 PCNN 也被广泛应用于关系抽取模型中进行编码，在后续的模型介绍中，我们对该部分内容也不再赘述。

2. 面向多实例的选择性注意力机制

假设有一个集合 $\mathcal{S}_{(h,t)}$ 包含了 n 个句子实例，每个实例都包含实体对 (h,t)，即 $\mathcal{S}_{(h,t)} = \{s_{(h,t)}^1, \cdots, s_{(h,t)}^n\}$。在预测 h 与 t 之间是否存在关系 r 时，为了充分利用所有实例的信息，我们的模型将集合 $\mathcal{S}_{(h,t)}$ 表示成一个统一的特征向量来进行预测。很显然，这个统一特征向量依赖于所有实例的表示 $\{s_{(h,t)}^1, \cdots, s_{(h,t)}^n\}$，并且每个实例的表示 $s_{(h,t)}^i$ 都或多或少地含有一些信息有助于判定头尾实体 (h,t) 是否存在关系 r。对此，一个很直接的想法便是通过实例向量 $s_{(h,t)}^i$ 的加权平均来计算得到 $\mathcal{S}_{(h,t)}$ 的统一表示向量，即

$$s_{(h,t)} = \sum_i \alpha_i s_{(h,t)}^i \tag{3.6}$$

其中，α_i 表示实例向量 $s_{(h,t)}^i$ 的权重。在本章介绍的模型中，一种语句级别选择性注意力机制被引入来定义 α_i。此时 α_i 也就相应地被定义为

$$\alpha_i = \frac{\exp(e_i)}{\sum_k \exp(e_k)} \tag{3.7}$$

其中，e_i 是一个能量函数。通过该函数，我们可以刻画输入的语句 $s_{(h,t)}^i$ 和想要预测的关系类型 r 在多大程度上是匹配的。e_i 越高表示语句 $s_{(h,t)}^i$ 越能够表述关系 r 的语义。经过大量实验比较，ATT 选择了双线性函数作为计算 e_i 的函数：

$$e_i = \bm{q}_r^\top \bm{A} \bm{s}_{(h,t)}^i \tag{3.8}$$

其中，$\bm{A}$ 是计算双线性函数的矩阵，$\bm{q}_r$ 是注意力机制中关系 r 的特征向量。考虑到远程监督不可避免地会带来错误标注，采用上述的注意力机制可以有效地减少含有噪声的句子所对应的权重值，同时兼顾综合利用所有句子信息的优势。

最后我们通过一个 Softmax 层来计算条件概率，即

$$P(r \mid \mathcal{S}_{(h,t)}, \bm{\theta}) = \frac{\exp([o]_r)}{\sum_{k=1}^{|\mathcal{R}|} \exp([o]_k)} \tag{3.9}$$

其中，θ 是整体模型的参数，$|\mathcal{R}|$ 是关系类型的总数量，o 是神经网络的最终输出向量，它表示对所有关系类型的预测评分，具体定义如下所示：

$$o = Ms_{(h,t)} + d \tag{3.10}$$

其中，d 是偏置向量，M 是所有关系类型的表示矩阵（即所有关系类型对应的特征向量所构成的矩阵）。

3.3.2 实验分析

1. 数据集和评测指标

在关系抽取任务中，Riedel 等人[159]开发的数据集被全世界研究者广泛应用，所以本节模型也在该数据集上验证模型效果。该数据集是通过将 Freebase 知识图谱中的世界知识与《纽约时报》语料库（NYT）中的语料进行对齐而生成的。整个数据集合包含 53 种关系类型，包括一种特殊类型关系——NA，其表示头尾部实体之间没有明确定义关系。与之前的工作类似[134]，本节通过比较模型在测试集中挖掘出的世界知识与 Freebase 中的世界知识的重合度来评估关系抽取效果。而具体的模型性能则通过精度–召回率曲线和最高置信度预测精度（P@N）来体现。

2. 实验设置

遵循以前的研究工作，我们使用训练集上的三折交叉验证来调整我们的模型。我们使用网格搜索来确定最优参数，并在 $\{0.1, 0.01, 0.001, 0.0001\}$ 中选择学习率，滑动窗口大小的选择范围为 $\{1, 2, \cdots, 8\}$，语句嵌入向量的维度大小在 $\{50, 60, \cdots, 300\}$ 中选择，以及在 $\{40, 160, 640, 1280\}$ 中选择训练批次大小。对于其他参数，因为它们对结果影响不大，所以我们按照 Zeng 等人[218]使用的参数值进行设置。对于训练，我们将所有训练数据的迭代次数设置为 25。在表 3.1 中，我们具体展示了实验使用的所有超参数。

表 3.1　模型超参数设置

卷积窗口大小	3
句子表示维度	230
词向量维度	50
位置向量维度	5
训练批次大小	160
学习率	0.01

3. 选择性注意力机制的有效性验证

为了证明语句级别选择性注意力机制的有效性，我们选择 Zeng 等人[218]中提出的卷积神经网络模型 CNN 及其变种模型 PCNN 作为句子编码器。我们将两种不同类型的卷积神经网络分别与句子级别注意力机制 ATT、ATT 的基线版本 AVE（在该版本中，每个实例集合的向量表示为集合内部实例的平均向量）及 Zeng 等人[218]提出的多实例学习方法 ONE 进行了结合，并比较了它们的表现。

从图 3.3，我们可以得到如下观察结果。

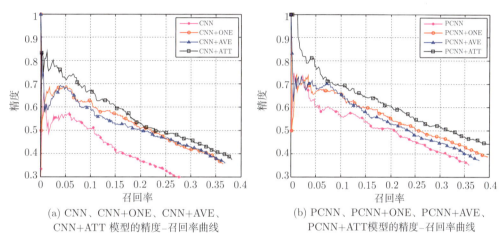

(a) CNN、CNN+ONE、CNN+AVE、CNN+ATT 模型的精度–召回率曲线

(b) PCNN、PCNN+ONE、PCNN+AVE、PCNN+ATT 模型的精度–召回率曲线

图 3.3　各模型的精度–召回率曲线

（1）对于 CNN 和 PCNN，ONE 方法与 CNN/PCNN 相比具有更好的性能。原因在于原始的基于远程监督得到的训练数据包含大量的噪声数据，而噪声数据会损害关系抽取的性能。ONE 方法引入多实例学习，这在一定程度上减缓了该问题。

（2）与 CNN/PCNN 相比，AVE 方法对关系抽取模型的效果提升是有作用的。这表明考虑更多的实例有利于关系抽取，因为噪声信息可以通过信息的互补来减少负面影响，更多的实例也带来了更多的信息。

（3）对于 CNN 和 PCNN，AVE 方法与 ONE 方法相比具有相似的性能。这说明，尽管 AVE 方法引入了更多的实例信息，但由于它将每个句子赋予同等的权重，它也会从错误标注的语句中得到负面的噪声信息，从而损害关系抽取的性能。所以 AVE 方法与 ONE 方法难以分出优劣。

（4）对于 CNN 和 PCNN，与包括 AVE 方法在内的其他方法相比，ATT 方法在整个召回范围内实现了最高的精度。它表明，我们所提出的选择性注意力机制是有益的。它可以有效地滤除无意义的句子，解决基于远程监督的关系抽取中的错误标注问题，并尽可能地充分利用每一个实例的信息进行关系抽取。

4. 实例数量的影响分析

由于选择性注意力机制的优势在于处理包含多个实例的实体对，所以实验比较了 CNN/PCNN+ONE、CNN/PCNN+AVE，以及采用了注意力机制的 CNN/PCNN+ATT 在具有不同实例数量的实体对集合上的表现。具体有以下 3 个实验场景。

- **One**：对于每个测试实体对，随机选择其对应的实例集合中的一个实例，并将这个实例用作关系预测。
- **Two**：对于每个测试实体对，随机选择其对应的实例集合中的两个实例，并将这两个实例用作关系预测。
- **All**：对于每个测试实体对，使用其对应的实例集合中的所有实例进行关系预测。

值得注意的是，在训练过程中，我们使用了所有实例。我们将汇报所有预测中评分最高的 N 项预测的预测精度 P@N，具体有 P@100、P@200、P@300 及它们的平均值。各模型在实体对拥有不同实例数目情况下的 P@N 的效果对比如表 3.2 所示。

表 3.2　各模型在实体对拥有不同实例数目情况下的 P@N 的效果对比

实验设置	One				Two				All			
P@N(%)	100	200	300	Mean	100	200	300	Mean	100	200	300	Mean
CNN+ONE	68.3	60.7	53.8	60.9	70.3	62.7	55.8	62.9	67.3	64.7	58.1	63.4
+AVE	75.2	67.2	58.8	67.1	68.3	63.2	60.5	64.0	64.4	60.2	60.1	60.4
+ATT	**76.2**	65.2	60.8	67.4	76.2	65.7	62.1	68.0	**76.2**	68.6	59.8	68.2
PCNN+ONE	73.3	64.8	56.8	65.0	70.3	67.2	63.1	66.9	72.3	69.7	64.1	68.7
+AVE	71.3	63.7	57.8	64.3	73.3	65.2	62.1	66.9	73.3	66.7	62.8	67.6
+ATT	73.3	**69.2**	60.8	67.8	**77.2**	**71.6**	66.1	**71.6**	**76.2**	**73.1**	67.4	**72.2**

从表 3.2 中，我们可以观察到：

（1）对于 CNN 和 PCNN，ATT 方法在所有测试设置中均达到最佳性能。它表明了句子级选择性注意力机制对于多实例学习的有效性。

（2）对于 CNN 和 PCNN，AVE 方法在 One 测试设置下，效果与 ATT 方法相当。然而，当每个实体对的测试实例数量增加时，AVE 方法的性能几乎没有改善。随着实例的增加，它甚至在 P@100、P@200 中逐渐下降。原因在于，由于 AVE 方法对每个实例同等看待，实例包含的不表达任何关系的噪声数据对于关系抽取的表现会产生负面影响。

（3）在 One 测试设置下，CNN+AVE 和 CNN+ATT 与 CNN+ONE 相比有 5～8 个百分点的改进。每个实体对在这个测试设置中只有一个实例，这些方法的唯一区别来自训练方式的不同。因此，实验结果表明利用所有的实例会带来更多的信息，尽管这也可能带来一些额外的噪声。这些附带的信息在训练过程中提升了模型效果。

5. 与基于人工特征工程的方法的性能比较

为了验证我们所提出的方法，我们选择了以下 3 种基于人工特征的方法来进行性能比较。

- Mintz[134] 是一个传统的基于远程监督的模型。
- MultiR[82] 提出了一个概率图模型用于多实例学习，它的特点在于可以处理关系类型之间的重合。
- MIML[182] 同时考虑了多实例和多关系类型两种情况（即每个实体对可能有多个句子，也可能有多个关系类型）。

我们通过这些作者发布的代码，实现了这些模型。每个方法的精度–召回率曲线如图 3.4 所示。

从图 3.4 中，我们可以观察到：

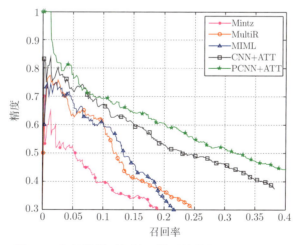

图 3.4　各统计模型与神经模型的精度–召回率曲线

（1）在整个召回率范围内，CNN/PCNN+ATT 显著优于所有基于人工特征的方法。当召回率 > 0.1 时，基于特征的方法的性能迅速下降。相比之下，在召回率达到约 0.3 之前，我们的模型都具有合理的准确率。这表明人工设计的特征不能简洁地表达实例的语义含义，而自然语言处理工具带来的错误则会损害关系抽取的性能。相比之下，可以自主学习每个实例向量表示的 CNN/PCNN+ATT 模型可以很好地表达每个实例的语义信息。

（2）在整个召回率范围内，PCNN+ATT 与 CNN+ATT 相比表现要好得多。这意味着选择性注意力机制可以很好地考虑所有实例的全局信息，但无法使模型对于单个实例的理解和表示变好。因此，如果有更好的句子编码器，那么模型的性能可以进一步提高。

6. 案例分析

NYT 语料上选择性注意力机制的例子如表 3.3 所示。对于每个关系，表 3.3 展示了其对应的拥有高注意力权值的句子和拥有低注意力权值的句子，并且对每个实体对都进行了加粗显示。通过表 3.3，可以发现：第一个例子是与关系员工相关的。拥有低注意力权值的句子并没有很好地表达两个实体间的关系，然而拥有高注意力权值的句子可以很好地表达梅尔·卡尔马津是天狼星 XM 卫星广播公司的执行主席。第二个例子是与关系出生地相关的。拥有低注意力权值的句子表达了恩斯特·海弗里格在哪里去世，而不是像拥有高注意力权值的句子所表达的他在哪里出生。

表 3.3　NYT 语料上选择性注意力机制的例子

关系名	员工
低注意力权值句子	在霍华德·斯特恩正准备跟着他之前的老板**梅尔·卡尔马津**给**天狼星 XM 卫星广播公司**制作脱口秀节目的时候，霍兰德尔评价道……
高注意力权值句子	**天狼星 XM 卫星广播公司**的执行主席**梅尔·卡尔马津**打了一个电话……
关系名	出生地
低注意力权值句子	瑞士男高音……**恩斯特·海弗里格**在一个周六逝世于瑞士的**达沃斯**……
高注意力权值句子	**恩斯特·海弗里格**在 1919 年 7 月 6 日生于**达沃斯**，并在神学院接受了教育……

3.3.3　小结

在本节中，我们提出了基于语句级别选择性注意力机制的神经网络模型。该模型可以充分利用包含同一实体对的所有实例的信息，并在一定程度上解决远程监督带来的错误标注问题。在实验中，基于语句级别选择性注意力机制的神经网络模型相比于目前主要的特征工程方法及神经网络方法具有显著优势，取得了显著且一致的性能提升效果。

3.4 基于关系层次注意力机制的关系抽取

为减轻远程监督中错误标注带来的影响,已有大量工作致力于从噪声数据中识别有效实例,尤其是基于选择性注意力机制的方法。尽管如此,大多数方法孤立地考虑各类关系,即对每类关系使用单独的模型来从噪声数据中选择特定关系的潜在实例。然而,关系之间往往具有丰富的语义关联,这些关联对关系抽取具有深远影响。

为了利用关系间丰富的关联信息,本章介绍一种崭新的层次注意力机制(HATT)。如图 3.5 所示,类似于基本选择性注意力方法,该方法根据每个实例在表达特定关系上的重要程度来计算一个注意力得分。不过,很大的不同在于,层次注意力机制在关系层次上逐层为包含同一实体对的实例进行权重计算。与以往的模型相比,层次注意力机制可以在不同的层次上提供不同粒度的信息选择与噪声处理能力,底层的注意力计算能够捕捉更特定化的关系特征,具有与传统注意力机制类似的细粒度实例选择能力。顶层的注意力计算只能提供粗粒度的实例选择能力,但是其能够捕捉关系间的关联信息。考虑到顶层的注意力往往覆盖多种关系,有更充足的训练数据,因此其能够增强处理长尾关系的能力。

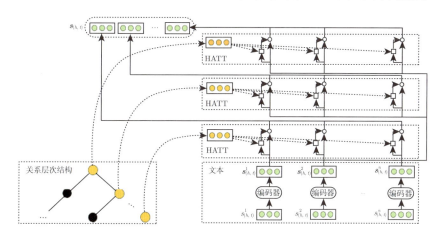

图 3.5 基于关系层次注意力机制的关系抽取模型

3.4.1 算法模型

给定实体对 (h,t) 及其实体对包 $\mathcal{S}_{(h,t)} = \{s^1_{(h,t)}, \cdots, s^n_{(h,t)}\}$,HATT 将预测 (h,t) 与每个关系 $r \in \mathcal{R}$ 形成世界知识的概率。如图 3.5 所示,模型的总体框架包括句子编码器和

层次注意力机制。对每个句子 $s^i_{(h,t)} \in \mathcal{S}_{(h,t)}$，该模型使用句子编码器将其语义嵌入 $\boldsymbol{s}^i_{(h,t)}$ 中。由于本节模型的句子编码器为卷积神经网络，该部分内容已在之前的章节中有过详细说明，因而这里不再就此进行过多赘述。

并非 $\mathcal{S}_{(h,t)}$ 中的所有实例都能为预测 (h,t) 之间的关系做出积极贡献。HATT 使用层次注意力机制来为每个实例 $s^i_{(h,t)}$ 计算实例权重，并通过实例向量的加权和来构建全局表示 $\mathcal{S}_{(h,t)}$ 以进行关系抽取。

1. 选择性注意力机制

首先我们回顾下选择性注意力机制。选择性注意力机制为每个实例 $s^i_{(h,t)}$ 计算注意力得分 α_i，以衡量实例在表达实体间关系方面的信息量。具体来说，注意力机制为每类关系 $r \in \mathcal{R}$ 分配一个查询向量 $\boldsymbol{q}_r$，并对 $\mathcal{S}_{h,t} = \{s^1_{(h,t)}, \cdots, s^n_{(h,t)}\}$ 中每个实例的注意力定义如下：

$$e_i = \boldsymbol{q}_r^\top \boldsymbol{A} s^i_{(h,t)} \tag{3.11}$$

$$\alpha_i = \frac{\exp(e_i)}{\sum_k \exp(e_k)} \tag{3.12}$$

其中，$\boldsymbol{A}$ 为权值矩阵。注意力得分可被用于计算全局的特征。

$$\boldsymbol{r}_{(h,t)} = \sum_{i=1}^n \alpha_i s^i_{(h,t)}, \quad s^1_{(h,t)}, \cdots, s^n_{(h,t)} \in \mathcal{S}_{(h,t)} \tag{3.13}$$

为简洁起见，我们用下式表示这种基础的选择性注意力操作：

$$\boldsymbol{r}_{(h,t)} = \mathrm{ATT}(\boldsymbol{q}_r, \{s^1_{(h,t)}, \cdots, s^n_{(h,t)}\}) \tag{3.14}$$

2. 关系层次注意力机制

不同于简单的选择性注意力机制，本节模型引入关系内在的层次结构，以进行特殊的关系层次注意力操作。一般地，给定一个知识图谱 $\mathcal{G}$（如 Freebase），由底层关系（如关系首都）构成的关系集 $\mathcal{R}$，我们可以生成其对应的更高层次的关系集 $\mathcal{R}^{\mathrm{H}}$。

一般来说，高层次关系集里的关系（如关系地域）较为笼统与普遍，且通常囊括底层关系集中的多个子关系。在这里，我们假设不同关系的子关系互不相交。换言之，假设关系层次为树状结构。该生成过程可以以递归的形式定义。在实际操作中，我们以 $\mathcal{R}^1 = \mathcal{R}$，即将关系抽取任务中涉及的所有关系构成最底层的关系集，在执行 $k-1$ 次层次生成后得到总共 k 层的层次关系集 $\{\mathcal{R}^1, \mathcal{R}^2, \cdots, \mathcal{R}^k\}$。

如图 3.5 所示，对于关系抽取系统需要抽取的特定关系 $r_1 \in \mathcal{R}^1$，我们通过如下方式回溯关系层次以构建其祖先关系的层次链。

$$(r_1, \cdots, r_k) \in \mathcal{R}^1 \times \cdots \times \mathcal{R}^k \tag{3.15}$$

其中，r_{i-1} 为 r_i 的子关系。

同普通注意力机制一样，我们为每个关系 $r \in \bigcup_{i=1}^{k} \mathcal{R}^i$ 分配一个查询向量 $\boldsymbol{q}_r$。有了层次链，我们在关系层次的每一层上进行注意力操作，得到对应的文本关系表示：

$$\boldsymbol{r}^i_{(h,t)} = \text{ATT}(\boldsymbol{q}_{r_i}, \{\boldsymbol{s}^1_{(h,t)}, \cdots, \boldsymbol{s}^n_{(h,t)}\}) \tag{3.16}$$

在训练过程中，高层查询向量（即具有更大的 i 的 $\boldsymbol{q}_{r_i}$）相较底层关系的查询向量能够得到更多的训练实例，因此高层查询向量的实例选择更加鲁棒但粒度较为粗糙。相反地，底层查询向量（即具有更小的 i 的 $\boldsymbol{q}_{r_i}$）则能够进行细粒度的实例选择，但其往往有数据稀疏的问题，对于长尾的底层关系而言更是如此，其表现出的稳定性相对较差。

为了综合利用不同层次上不同粒度的注意力特性，我们基于层次选择性注意力机制对不同层的文本关系表示进行拼接，作为实例包 $\mathcal{S}_{(h,t)}$ 的最终表示。

$$\boldsymbol{s}_{(h,t)} = [\boldsymbol{r}^1_{(h,t)}; \cdots; \boldsymbol{r}^k_{(h,t)}] \tag{3.17}$$

最终，$\boldsymbol{s}_{(h,t)}$ 将会被作为模型后续部分的输入参与条件概率计算，并通过一个 Softmax 层来计算条件概率，即

$$P(r \mid \mathcal{S}_{(h,t)}, \boldsymbol{\theta}) = \frac{\exp([\boldsymbol{o}]_r)}{\sum_{k=1}^{|\mathcal{R}|} \exp([\boldsymbol{o}]_k)} \tag{3.18}$$

其中，$\boldsymbol{\theta}$ 是全部模型的参数，$|\mathcal{R}|$ 是关系类型的总数量，$\boldsymbol{o}$ 是神经网络的最终输出向量，它表示对所有关系类型的预测分数，具体定义如下所示：

$$\boldsymbol{o} = \boldsymbol{M}\boldsymbol{s}_{(h,t)} + \boldsymbol{d} \tag{3.19}$$

其中，$\boldsymbol{d}$ 是偏置向量，$\boldsymbol{M}$ 是所有关系类型的表示矩阵（即所有关系类型对应的特征向量所构成的矩阵）。

3.4.2 实验分析

1. 数据集和评测指标

与之前的工作类似,在本章中,NYT 数据集被用来比较层次注意力模型及其他主流的抽取模型。考虑到使用的数据集与评测方式已在前文涉及,所以在此跳过实验数据与评测方式的介绍。

2. 实验设置

为了公平地比较层次注意力模型与其他基线模型,实验部分在大多数实验参数设置上参照了 Lin 等人[114] 的设定。模型超参数设置如表 3.4 所示。

表 3.4 模型超参数设置

卷积窗口大小	3
句子表示维度	230
词向量维度	50
位置向量维度	5
训练批次大小	160
学习率	0.2

3. 关系层次注意力机制的有效性验证

为了评测本章介绍的层次注意力模型,实验部分比较了层次注意力模型和各种现有关系抽取模型的精度–召回率曲线。评测结果如图 3.6 所示。实验汇报了 CNN 和 PCNN 两种神经网络架构在不同注意力方法下的结果,包括:+HATT 是本章介绍的层次注意力方法;+ATT [114] 是普通的实例间选择性注意力模型;+ATT+ADV [199] 是通过对实例嵌入加入微小对抗扰动进行去噪的注意力模型;+ATT+SL [119] 是使用软类标方法减弱错误标注问题的注意力模型。+ONE [218] 是没有注意力机制的普通多实例学习模型。实验也将层次注意力模型同基于特征的传统模型进行了比较,包括 Mintz [134]、MultiR [82] 和 MIML [182]。

从结果中,我们发现:

(1)所有方法在召回率小于 0.05 时均得到了不错的精度。当召回率逐渐增大时,基于特征方法的模型精度的降低速度远大于神经模型。这表明人工设计的特征与神经模型相比具有较大的局限性,特别是在具有噪声的环境中。因此,为简洁起见,我们在接下来的实验中仅主要展示层次注意力模型和其他基于注意力的神经模型的结果对比。

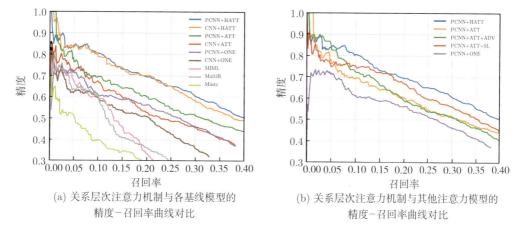

(a) 关系层次注意力机制与各基线模型的精度-召回率曲线对比

(b) 关系层次注意力机制与其他注意力模型的精度-召回率曲线对比

图 3.6 评测结果

（2）CNN 模型和 PCNN 模型均在配合注意力机制时效果更佳。尽管相比于非神经模型，无注意力的神经模型在关系分类任务上已有很强的表现，但它仍然容易受到噪声数据的影响。而基于注意力的神经模型在多个实例间使用注意力机制动态降低噪声实例的影响，能够有效地提升关系抽取的表现，从而在实验中得到最佳的结果。

（3）如图 3.6 所示，基于层次注意力机制的模型在所有注意力机制模型中取得了最好的效果。即使同 PCNN+ATT+ADV 和 PCNN+ATT+SL 这种采用复杂去噪机制和外部信息的模型相比，层次注意力模型仍然具有显著的优势。这表明，同传统的将每类关系孤立考虑的普通注意力机制相比，层次注意力机制能够更好地利用关系间丰富的联系，从而提升抽取系统的整体效果。但层次信息与这些复杂的降噪机制并不冲突。通过采用诸如对抗训练、增强学习和软类标的额外降噪机制，层次注意力机制的表现应当能够得到进一步的提升。

4. 不同关系上层次注意力机制的效果

为进一步验证关系层次注意力机制对不同关系的有效性，实验评测了关系层次注意力机制和传统注意力机制在关系抽取上的表现。由于我们更关注预测得分最高的预测结果是否准确，实验汇报了召回率为 0.1、0.2、0.3 时的精度及其平均值，同时汇报了微平均值和宏平均值，如表 3.5 所示。作为精度-召回率曲线下面积的近似，微平均值为模型的效果进行了更加全面的评估。考虑到微平均值通常忽视了长尾关系的影响，实验也使用宏平均值来给测试集中长尾关系更多的重视,这是先前的工作中往往被忽略的。

表 3.5 各注意力模型在不同召回率上的精度 (%)

模型方法		0.1	0.2	0.3
CNN	+ATT	67.5	52.8	58.5
	+HATT	**78.9**	**69.9**	**58.5**
PCNN	+ATT	69.4	60.6	51.6
	+HATT	**80.6**	**69.5**	**60.7**
模型方法		平均值	微平均值	宏平均值
CNN	+ATT	55.4	31.8	8.2
	+HATT	**69.1**	**41.7**	**16.5**
PCNN	+ATT	60.5	38.0	15.1
	+HATT	**70.3**	**42.3**	**17.0**

从结果中,我们观察到:

层次注意力机制相比于普通注意力方法始终具有更优的表现。从精度的微平均值和宏平均值中,我们发现层次模型对长尾关系尤其有效。为进一步展示在引入关系层次后长尾关系抽取效果的变化,实验从测试集中抽取了一个子集,这个子集中的关系均仅有少于 100/200 个训练样例。具体来说,实验用 K 命中率(hits@K)指标进行性能评测,对于每个实体对,评测过程要求其对应的正确关系出现在模型推荐的前 K 个候选关系中。由于抽取长尾关系对于现有模型来说较为困难,实验从 $\{10, 15, 20\}$ 中选取 K。长尾关系上的各模型效果对比如表 3.6 所示。

表 3.6 长尾关系上的各模型效果对比 (%)

训练实例数量		<100			<200		
K 命中率(微平均)		10	15	20	10	15	20
CNN	+ATT	<5.0	<5.0	21.1	<5.0	30.0	50.0
	+HATT	**5.3**	**36.8**	**52.6**	**40.0**	**60.0**	**70.0**
PCNN	+ATT	<5.0	10.5	47.4	33.3	43.3	66.7
	+HATT	**31.6**	**52.6**	**63.2**	**53.3**	**70.0**	**76.7**
训练实例数量		<100			<200		
K 命中率(宏平均)		10	15	20	10	15	20
CNN	+ATT	<5.0	<5.0	18.5	<5.0	16.2	33.3
	+HATT	**5.6**	**31.5**	**57.4**	**22.7**	**43.9**	**65.1**
PCNN	+ATT	<5.0	7.4	40.7	17.2	24.2	51.5
	+HATT	**29.6**	**51.9**	**61.1**	**41.4**	**60.6**	**68.2**

从表 3.6 所示的评测结果中,我们观察到:

(1)对于 CNN 和 PCNN 模型,层次注意力模型取得了较普通注意力模型更好的结果。通过利用关系层次,层次注意力模型可以从关系的关联中获取信息来帮助抽取长尾关系。即使是相对简单的 CNN,在使用了层次注意力机制后,也取得了优于 PCNN 模型的效果。这能很好地证明关系层次注意力机制的效果。

(2)相较于普通注意力模型,HATT 已经在长尾关系上取得了明显的进步。但是,所有方法在长尾关系上展示出的结果仍然难以令人满意。这表明基于远程监督的关系抽取模型除了存在错误标注问题外,还存在着长尾关系问题。这启示我们在未来应当在此方面进行更加深入的研究与投入。

3.4.3 小结

在本节中,我们利用关系的层次结构,提出了一个崭新的用于关系抽取的关系层次注意力模型。相较于先前的注意力模型,层次注意力模型能够充分考虑关系之间的相互联系,提供不同粒度的实例选择能力,并在长尾关系上有更优的表现。实验表明,通过在注意力机制中引入关系内在的层次化结构,模型能够获得显著的提升效果。

3.5 基于选择性注意力机制的多语言关系抽取

前文介绍的关系抽取系统主要关注于从单语言数据中抽取世界知识。但实际上,人们会使用各式各样的语言来描述世界知识。另外,由于人类在经验总结与认知系统上的相似性,不同语言之间也共享着一些知识。例如,尽管纽约和美国在英语中分别叫做New York和United States,但是中国人与美国人都认同一个事实:"纽约是美国的一个城市。"这一事实在中文世界与英文世界中均会存在,这启发我们去利用多语言信息来进行更大范围上的关系抽取。

考虑到简单地为每一种语言构建单语言关系抽取系统难以充分利用隐藏在各种语言数据中的多样信息,因而,如图 3.7 所示,本章介绍一种基于选择性注意力机制的多语言关系抽取模型——MNRE。在单语言上,该模型采用了与传统注意力模型相似的单语言注意力机制来筛选每种语言内部信息丰富的实例。在跨语言上,该模型能够充分考虑多语言环境下的信息一致性与互补性,并相应地采用跨语言注意力机制以进一步利用全局的多语言实例来进行多语言关系抽取。

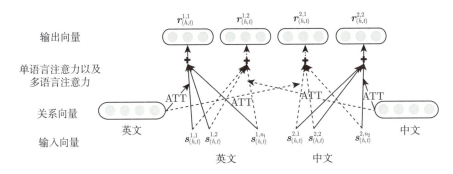

图 3.7 基于选择性注意力机制的多语言关系抽取模型

3.5.1 算法模型

提出 MNRE 的关键动机是每个关系在不同的语言中有着基本一致的语言模式，从而 MNRE 可以利用语言间关系模式的一致性和互补性来获得更好的关系抽取结果。

形式化地，给定一个实体对，它们在 m 种不同语言中包含该实体对的句子被定义为 $\mathcal{S}_{(h,t)} = \{\mathcal{S}^1_{(h,t)}, \cdots, \mathcal{S}^m_{(h,t)}\}$，其中 $\mathcal{S}^j_{(h,t)} = \{s^{j,1}_{(h,t)}, \cdots, s^{j,n_j}_{(h,t)}\}$ 对应于第 j 种语言中的 n_j 个实例集合。本章介绍的模型将利用 $\mathcal{S}_{(h,t)}$ 中各类语言场景下的实例来预测 (h,t) 与每个关系 $r \in \mathcal{R}$ 形成世界知识的概率。整体模型主要分为以下两个部分。

- **句子编码器** 对于一个语句实例和两个目标实体，采用神经网络来将实例中的语言模式编码为一个分布式表示。由于本部分模型同样采用 CNN/PCNN 作为句子编码器，因此，在本节中，我们依然不对其进行过多描述。
- **多语言注意力** 将各种语言中的句子编码成向量表示后，多语言注意力采用单语言与跨语言两部分注意力机制来捕捉那些能够准确描述关系模式的实例。其中，单语言注意力机制负责捕捉单语言世界中的局部信息，而跨语言注意力机制负责捕捉多语言世界中的全局信息。两者结合汇总而成的综合信息将被用来进行关系抽取。我们在后文中将详细介绍这两部分注意力机制。

1. 多语言注意力

为了充分利用各种语言的实例信息，多语言注意力采用了两种注意力机制以进行多语言关系抽取，包括：① 在一种语言中选择信息丰富句子的单语言注意力机制；② 评估语言间模式一致性的跨语言注意力机制。

1）单语言注意力机制

为了在单一语言内部解决远程监督中的错误标注问题，MNRE 按照 Lin 等人[114] 采用的句子级别选择性注意力机制思想，为 MNRE 设置了单语言注意力机制。直观而言，每种人类语言都有其自身的特点，因此，MNRE 考虑语言各自的特性，采用不同的单语言注意力机制来减弱每种语言中那些信息不丰富的实例对整体抽取的影响。更具体地来说，对第 j 种语言及对应的某实体对实例集合 $\mathcal{S}_{(h,t)}^{j}$，为了关系预测，MNRE 需要将所有实例向量加和到一个实值向量 $\bm{r}_{(h,t)}^{j}$ 中。单语言向量 $\bm{r}_{(h,t)}^{j}$ 由实例向量 $\bm{s}_{(h,t)}^{j,i}$ 的加权求和计算得到，即

$$\bm{r}_{(h,t)}^{j} = \sum_{i} \alpha_{i}^{j} \bm{s}_{(h,t)}^{j,i} \tag{3.20}$$

其中，α_{i}^{j} 是每一个实例向量 $\bm{s}_{(h,t)}^{j,i}$ 的注意力评分，定义为

$$\alpha_{i}^{j} = \frac{\exp(e_{i}^{j})}{\sum_{k} \exp(e_{k}^{j})} \tag{3.21}$$

其中，e_{i}^{j} 是句子 $\bm{s}_{(h,t)}^{j,i}$ 反映标注关系 r 的能力评分。在实际操作中，有许多种方式可以获得 e_{i}^{j}，在这里 MNRE 简单地用内积来计算，即

$$e_{i}^{j} = \bm{s}_{(h,t)}^{j,i} \cdot \bm{q}_{r}^{j} \tag{3.22}$$

其中，$\bm{q}_{r}^{j}$ 是关系 r 在第 j 种语言中的注意力查询向量。

2）跨语言注意力机制

除了单语言注意力机制外，MNRE 还为神经关系抽取提出了跨语言注意力机制，以便更好地利用多语言数据。跨语言注意力机制的关键思想是捕捉在不同语言之间具有较强一致性的实例。在单语注意力机制的基础上，跨语言注意力机制可以进一步利用语言间关系模式的一致性来有效剔除与关系相关性较低的实例，集中于信息丰富的实例。同时，多语言的丰富数据可以帮助减缓长尾数据带来的负面影响。

跨语言注意力机制的工作方式类似于单语言注意力机制。设 j 表示某一种语言，k 是另一种语言（$k \neq j$）。形式化地，跨语言表示 $\bm{r}_{(h,t)}^{j,k}$ 被定义为在第 j 种语言的句子 $\bm{s}_{(h,t)}^{j,i}$ 上的加权和，即

$$\bm{r}_{(h,t)}^{j,k} = \sum_{i} \alpha_{i}^{j,k} \bm{s}_{(h,t)}^{j,i} \tag{3.23}$$

其中，$\alpha_i^{j,k}$ 是每一个实例向量 $s_{(h,t)}^{j,i}$ 相对于第 k 种语言的跨语言注意力分数。$\alpha_i^{j,k}$ 定义为

$$\alpha_i^{j,k} = \frac{\exp(e_i^{j,k})}{\sum_L \exp(e_L^{j,k})} \tag{3.24}$$

其中，$e_i^{j,k}$ 表示第 j 种语言句子 $s_{(h,t)}^{j,i}$ 与第 k 种语言的关系模式的一致性程度评分。与单语言注意力机制类似，MNRE 有如下公式计算 $e_i^{j,k}$：

$$e_i^{j,k} = s_{(h,t)}^{j,i} \cdot q_r^k \tag{3.25}$$

其中，q_r^k 是关系 r 在第 k 种语言中的注意力查询向量。为了方便及统一公式，在下文中 MNRE 将单语言注意力向量 $r_{(h,t)}^j$ 记作 $r_{(h,t)}^{j,j}$，以此统一单语言注意力机制与跨语言注意力机制的形式。

2. 概率预测

对于每一个实体对与它们的对应 m 种语言的句子集合，MNRE 可以从含有多语言注意力机制的神经网络中得到 $m \times m$ 个向量，即从 $\mathcal{S}_{(h,t)} = \{\mathcal{S}_{(h,t)}^1, \cdots, \mathcal{S}_{(h,t)}^m\}$ 获得 $\{r_{(h,t)}^{j,k} | j,k \in \{1,\cdots,m\}\}$。那些 $j = k$ 的向量是单语言注意力获得的向量，而那些 $j \neq k$ 的向量则是跨语言注意力获得的向量。

MNRE 将所有向量 $\{r_{(h,t)}^{j,k}\}$ 放在一起，并如下定义全局分数函数 $f(\mathcal{S}_{(h,t)}, r)$：

$$f(\mathcal{S}_{(h,t)}, r) = \sum_{j,k \in \{1,\cdots,m\}} \log P(r | r_{(h,t)}^{j,k}, \theta) \tag{3.26}$$

其中，$P(r | r_{(h,t)}^{j,k}, \theta)$ 是由 $r_{(h,t)}^{j,k}$ 预测 r 的条件概率，通过一个 Softmax 层如下计算：

$$P(r | r_{(h,t)}^{j,k}, \theta) = \text{Softmax}(M r_{(h,t)}^{j,k} + d) \tag{3.27}$$

其中，d 是一个偏置向量，M 是一个随机初始化的全局关系矩阵。

为了更好地考虑语言的特殊性，MNRE 进一步引入 R_k 作为第 k 种语言的特有关系矩阵。这里 MNRE 简单地定义 R_k 为由式 (3.25) 中 q_r^k 组成的矩阵。因此，式 (3.27) 可被改写为

$$P(r | r_{(h,t)}^{j,k}, \theta) = \text{Softmax}((R_k + M) r_{(h,t)}^{j,k} + d) \tag{3.28}$$

其中，M 编码了预测关系的全局模式，而 R_k 编码了那些语言独有的特性。注意，在训练阶段，$r_{(h,t)}^{j,k}$ 以式 3.20 和式 3.23 构造，采用标注的关系。在测试阶段，由于不能提前得

知关系，MNRE 将为每一个可能的关系 r 都构建一个不同的向量 $\boldsymbol{r}_{(h,t)}^{j,k}$ 通过 $f(\mathcal{S}_{(h,t)}, r)$ 进行关系预测。

3.5.2 实验分析

1. 数据集和评价指标

实验部分构建了一个新的多语言关系抽取数据集来评估 MNRE 模型。在实验中，模型主要在英汉两种语言中进行多语言的关系抽取。在此数据集中，中文实例通过对齐中文百度百科与 Wikidata 中的实体生成，而英文实例通过对齐英文维基百科与 Wikidata 中的实体生成。整个数据集合共包含 176 种关系，包括一种特殊的关系——NA（表示实体之间没有关系）。数据集的统计信息如表 3.7 所示。

表 3.7　数据集的统计信息

数据集		关系	实例	事实
英文	训练		1 022 239	47 638
	验证	176	80 191	2 192
	测试		162 018	4 326
中文	训练		940 595	42 536
	验证	176	82 699	2 192
	测试		167 224	4 326

2. 实验设置

实验部分通过在验证集上进行参数搜索来调整 MNRE 的模型参数。最好的模型通过在验证集上按照评估结果得到。模型超参数设置如表 3.8 所示。

表 3.8　模型超参数设置

超参	数值
卷积窗口大小	3
句子表示维度	230
词向量维度	50
位置向量维度	5
训练批次大小	160
学习率	0.001

3. 语言一致性验证

为了验证不同语言之间的关系模式具有一致性，且对关系抽取具有促进作用，实验将 MNRE 与仅使用英语数据训练的模型 (PCNN-EN、CNN-EN)、仅使用中文数据训练的模型 (PCNN-ZH、CNN-ZH) 进行了对比。同时，实验部分实现了一些简易形式的多语言关系抽取模型来进行对比，包括一个使用 PCNN-EN 和 PCNN-ZH 进行联合预测的联合模型 (PCNN+joint) 以及一个用公共的关系嵌入矩阵训练的联合模型 (PCNN+share)。上述的实验设定也在 CNN 上进行，即 CNN+joint 与 CNN+share。各模型精度-召回率曲线如图 3.8 所示。

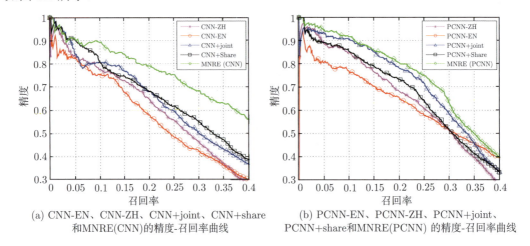

(a) CNN-EN、CNN-ZH、CNN+joint、CNN+share 和 MNRE(CNN) 的精度-召回率曲线

(b) PCNN-EN、PCNN-ZH、PCNN+joint、PCNN+share 和 MNRE(PCNN) 的精度-召回率曲线

图 3.8　各模型精度-召回率曲线

从图 3.8 中，我们得到了以下观察结果。

（1）PCNN+joint 和 PCNN+share 都在与 PCNN-EN 和 PCNN-ZH 的对比中取得了更好的效果。这表明从多种语言信息中共同发现的关系事实更加可靠，也意味着联合利用中英文句子有利于更好地提取新的关系事实。

（2）CNN+share 与 CNN+joint 相比仅仅取得了相似的表现，甚至在召回率在 0.1 ~ 0.2 之间时，CNN+share 表现更差。此外，从总体上看，PCNN+share 与 PCNN+joint 相比几乎在整个召回率范围中都表现更差。这表明，通过共享关系嵌入矩阵的简单组合方法并不能进一步捕捉各种语言之间的隐式相关性。

（3）在与包括 PCNN+joint 和 PCNN+share 在内的其他方法的对比中，MNRE 模型在整个召回率范围中都取得了最高的精度。即使通过对这些基线模型进行参数搜索，我们可以观察到 PCNN+joint 和 PCNN+share 都不能获得与 MNRE 相比有竞争力的结果，甚至在增加了输出层的大小后也是如此。这表明简单地增加模型大小并不能够捕获更多有用的信息。相反，MNRE 模型可以成功地通过考虑不同语言间的关系模式一致性来提高多语言关系抽取的表现。

我们更进一步地在表 3.9 中给出了一个关于跨语言注意力机制的例子。它展示了 MNRE 训练后关系出生地的实例集合中，中对英与英对中注意力权重最高和最低的 4 个实例。这里用粗体突出了实体对。为了做对比，我们同时展示它们在 CNN+ZH 和 CNN+EN 模型中的注意力分数。从表 3.9 中，我们可以发现，这 4 个句子都表达出了巴尔赞出生在法国的事实。第一个句子和第三个句子显然包含了更多的可能迷惑关系抽取系统的噪声信息。由于采用跨语言注意力机制考虑了两种语言间句子的结构一致性，MNRE 可以凭借比 CNN+ZH 和 CNN+EN 更高的注意力分数识别出第二个句子和第四个句子，并更清晰地表达关系出生地。

表 3.9　多语言注意力机制的一个例子

CNN+ZH	CNN+EN	MNRE	实例
—	中	低	1.**Barzun** is a commune in the Pyrénées-Atlantiques department in the Nouvelle-Aquitaine region of south-western **France**
—	中	高	2.**Barzun** was born in Créteil, **France**
中	—	低	3.作为从**法国**移民到美国来的顶尖知识分子，**巴尔赞**与莱昂内尔·特里林、德怀特·麦克唐纳等人一道，在"冷战"时期积极参与美国的公共知识生活……(As a top intellectual immigrating from **France** to the United States, **Barzun**, together with Lionel Trilling and Dwight Macdonald, actively participated in public knowledge life in the United States during the cold war…)
中	—	高	4.**巴尔赞**于 1907 年出生于**法国**一个知识分子家庭，1920 年赴美。(**Barzun** was born in a **French** intellectual family in 1907 and went to America in 1920.)

注：低、中、高表示注意力权重。

4. 语言互补性验证

为了验证语言之间关系模式的互补性，实验比较了下列方法：CNN-EN、CNN-ZH、

PCNN-EN、PCNN-ZH，以及多语言训练后仅仅使用单语向量来预测关系的模型 MNRE-EN 和 MNRE-ZH。图 3.9 展示了 CNN 和 PCNN 均包含在内的 4 种模型的精度-召回率曲线。

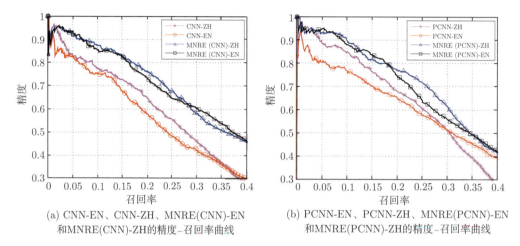

(a) CNN-EN、CNN-ZH、MNRE(CNN)-EN 和MNRE(CNN)-ZH的精度-召回率曲线

(b) PCNN-EN、PCNN-ZH、MNRE(PCNN)-EN 和MNRE(PCNN)-ZH的精度-召回率曲线

图 3.9　各模型的精度-召回率曲线

从图 3.9 中，我们可以发现：

（1）MNRE-EN 和 MNRE-ZH 几乎在整个召回率范围内都优于 CNN-EN、CNN-ZH、PCNN-EN 及 PCNN-ZH。这说明通过带有多语言注意力机制的联合训练，中英文关系抽取器都能够受益于来自另一个语言的语义信息。

（2）尽管 PCNN-EN 的表现劣于 PCNN-ZH，CNN-EN 的表现劣于 CNN-ZH，借助于带有多语言注意力机制的联合训练，MNRE-EN 的表现与 MNRE-ZH 相近。这说明通过多语言注意力框架，中英文的关系抽取器都可以充分利用两种语言的文本来提升单语言模型的效果。

表 3.10 展示了对于某些中英文训练样例数不平衡的关系的详细结果，从表 3.10 中，我们可以看出：

（1）对于关系包含来说，英文训练样例数仅仅是中文的 1/7。由于缺乏训练数据，CNN-EN 与 CNN-ZH 相比获得了相差很多的结果。然而，通过多语言注意力机制的联合训练，MNRE-EN 与 MNRE-ZH 结果就较为相近，且均有提升。

（2）对于关系总部所在地，中文训练样例数仅仅是英文的 1/9，CNN-ZH 甚至预测不出任何正确的结果。原因在于其仅仅有 210 个训练样例，CNN-ZH 没有得到充分的训练。然而，通过多语言注意力机制的联合训练，MNRE-EN 和 MNRE-ZH 都能得到理想的结果。

（3）对于中英文句子数较为平衡的关系父亲和国籍，MNRE 模型仍然可以对中英文关系抽取的表现提升产生作用。

表 3.10　对一些特定的关系的预测准确率　　　　　　　　　　　　　　　　　（%）

关系	英文实例数	中文实例数	CNN-EN	CNN-ZH	MNRE-EN	MNRE-ZH
包含	993	6 984	17.95	69.87	73.72	75.00
总部所在地	1 949	210	43.04	0.00	41.77	50.63
父亲	1 833	983	64.71	77.12	86.27	83.01
国籍	25 322	15 805	95.22	93.23	98.41	98.21

5. 关系矩阵的对比

对于关系预测，我们采用了两种关系矩阵，包括全局矩阵 M（考虑关系的全局一致性）和语言特有矩阵 R（考虑关系在每种语言上的特性）。为了验证这两种关系矩阵的效果，实验采用了两种关系矩阵的 MNRE、仅采用 M 的 (MNRE-M) 及仅采用 R 的 (MNRE-R) 来进行对比。每种方法的精度–召回率曲线如图 3.10 所示。

从图 3.10 中，我们可以观察到：

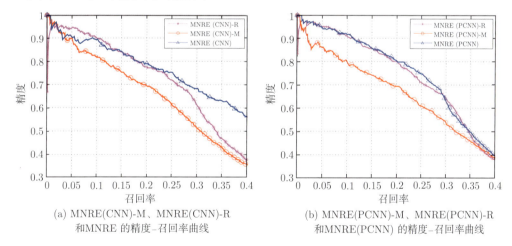

图 3.10　每种方法的精度–召回率曲线

（1）MNRE-M 的表现与 MNRE-R 和 MNRE 相比相差很多。这说明多语言关系抽取中不能只用全局关系矩阵进行关系预测。究其原因，是因为每种语言都有其特有的表达关系模式的特点，这很难整合到一个单一的关系矩阵中。

（2）当召回率较低时，MNRE-R 与 MNRE 有相似的表现。然而在召回率到达 0.25 时 MNRE-R 急剧下降。这表明语言之间的关系模式也存在全局一致性，这也是不可忽视的。因此，我们应当在多语言关系抽取上联合使用 M 和 R 来综合考虑语言的共性与特性，就像 MNRE 框架中提出的一样，才能取得稳定的提升效果。

3.5.3　小结

在本节中，我们介绍了一种采用了多语言注意力机制的神经关系抽取框架，用以考虑多种语言之间关系模式上的一致性和互补性。我们在多语言关系抽取任务上构建了新的数据集，并详细地对我们的框架进行了评估，结果表明我们的框架可以有效地建模语言之间的关系模式，有效提升了跨语言关系抽取的结果。

3.6　引入对抗训练的多语言关系抽取

目前绝大多数的关系抽取方法仅仅关注在单语言场景下的关系抽取问题，即训练数据和应用都只考虑仅有一种语言的情况。这类模型忽略了不同语言之间潜在的互补性和一致性。在如今的大数据时代，信息的来源多种多样，从互联网中得到的待进行关系抽取的海量自由文本资源常常是多语言的。现有的针对单语言场景的关系抽取模型在多语言的实际应用场景下往往难以取得更好的表现。因此，设计一种适用于多语言场景的关系抽取模型十分重要。

现有的少数多语言场景下的关系抽取模型采用了跨语言注意力机制，不能有效地抽取到深层的各语言一致的语义信息和多样的结构信息。近年来发展起来的对抗训练机制能够有效地增强模型对深层次信息的抽取能力。尤其是在多语言中做对抗，能够有效地抽取到跨语言的信息，融合多语言的语义空间，这非常适用于多语言场景下的关系抽取任务。因此，如何利用先进的对抗训练技术构建利用多语言信息的关系抽取模型是一个重要的课题。本节将介绍一种引入对抗训练的多语言关系抽取模型（AMNRE）。如图 3.11 所示，该模型能够有效地使用对抗训练技术在多语言环境下学习单一语言的独特性质，同时在全局融合多种语言的共同特性，从而帮助抽取系统利用多语言语料进行更高效的世界知识获取。

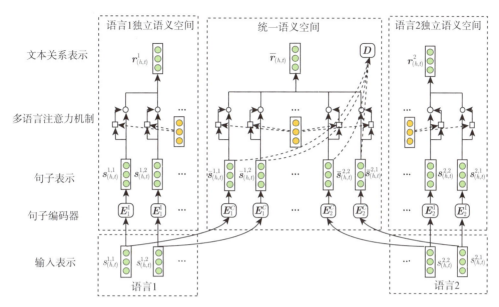

图 3.11 引入对抗训练的多语言关系抽取模型的结构图

3.6.1 算法模型

与 MNRE 类似,给定一个实体对,它们在 m 种不同语言中包含该实体对的句子实例被定义为 $\mathcal{S}_{(h,t)} = \{\mathcal{S}_{(h,t)}^1, \cdots, \mathcal{S}_{(h,t)}^m\}$,其中 $\mathcal{S}_{(h,t)}^j = \{s_{(h,t)}^{j,1}, \cdots, s_{(h,t)}^{j,n_j}\}$ 对应于第 j 种语言中的 n_j 个实例集合,AMNRE 同样利用 $\mathcal{S}_{(h,t)}$ 中各类语言场景下的实例来预测 (h,t) 与每个关系 $r \in \mathcal{R}$ 形成世界知识的概率。整体模型包括如下部分。

- **句子编码器模块**　对于输入的包含实体对的语句实例,AMNRE 采用神经网络以得到实例的表示向量。AMNRE 分别利用卷积神经网络和循环神经网络来实现句子编码器。此外,AMNRE 对每种语言分别使用了编码独立信息与跨语言信息的两个编码器,显式地分开了这两种信息的编码,以达到更好的效果。

- **多语言注意力机制模块**　由于数据来源于远程监督方法得到的语料,AMNRE 仿照前述工作采用了多语言注意力机制以捕捉语料中信息丰富的实例。特别地,AMNRE 对语言间一致的语义空间和语言间独立的语义空间分别采用了注意力机制。

- **对抗训练模块**　在本部分中,我们将来自不同语言的实例编码到了一个统一的一致语义空间。我们采用了对抗训练以保证来自不同语言的实例在语义空间中的嵌入得到充分的混合，以便有效地进行关系抽取。

1. 句子编码器

对于给定的一个含有若干单词的句子，输入层的功能是将句子中的所有单词转化成对应的输入词向量。对于给定句子中的任意一个单词，其输入向量由两个实向量构成，一个是它的文本词向量，另一个是它的位置向量。这里，词向量用于刻画每个词的语法和语义信息，采用 Skip-gram 算法在大规模文本语料上提前训练获得，在训练中也会进行动态调整。位置向量用于刻画实体的位置信息，定义为每个单词和头实体、尾实体之间的相互位置差的向量表示。最终的输入词向量定义为词向量与位置向量的拼接。在输入层的基础上，我们采用深度卷积神经网络或者循环神经网络得到句子的向量表示。

深度卷积神经网络　通过卷积、池化和非线性操作将输入的词表示转化为句子的向量表示。这部分采用了 CNN，此处不再过多赘述。

循环神经网络　（RNN）主要为处理序列数据而设计。在本文中，AMNRE 采用双向的循环神经网络[80]从两个方向编码句子的语义信息：

$$\overrightarrow{\boldsymbol{h}}_i = \text{RNN}_f(\boldsymbol{x}_i, \overrightarrow{\boldsymbol{h}}_{i-1}) \tag{3.29}$$

$$\overleftarrow{\boldsymbol{h}}_i = \text{RNN}_b(\boldsymbol{x}_i, \overleftarrow{\boldsymbol{h}}_{i+1}) \tag{3.30}$$

其中，$\overrightarrow{\boldsymbol{h}}_i$ 和 $\overleftarrow{\boldsymbol{h}}_i$ 分别表示前向和后向得到的编码向量，$\boldsymbol{x}_i$ 为输入序列的第 i 个输入向量。RNN 表示一个循环神经网络单元。最终的句子的表示向量由前向和后向的向量拼接而成，即

$$\boldsymbol{y} = [\overrightarrow{\boldsymbol{h}}_n; \overleftarrow{\boldsymbol{h}}_1] \tag{3.31}$$

出于简化，无论是 CNN 还是 RNN，之后的句子编码器均定义为

$$\boldsymbol{y} = E(x) \tag{3.32}$$

对于每一个句子 $s_{(h,t)}^{j,i} \in \mathcal{S}_{(h,t)}^j$，我们特别设计了编码语言独立信息与编码跨语言综合信息的两个编码器 E_j^I 和 E_j^C 来对句子进行表示。

$$\{\boldsymbol{s}_{(h,t)}^{j,1}, \boldsymbol{s}_{(h,t)}^{j,2}, \cdots\} = \{E_j^I(s_{(h,t)}^{j,1}), E_j^I(s_{(h,t)}^{j,2}), \cdots\} \tag{3.33}$$

$$\{\bar{\boldsymbol{s}}_{(h,t)}^{j,1}, \bar{\boldsymbol{s}}_{(h,t)}^{j,2}, \cdots\} = \{E_j^C(s_{(h,t)}^{j,1}), E_j^C(s_{(h,t)}^{j,2}), \cdots\} \tag{3.34}$$

2. 多语言注意力机制

由于训练数据来自于通过远程监督方法自动生成的数据，AMNRE 需要通过注意力机制衡量每个实例的信息丰富程度，以避免数据噪声问题的影响。由于 AMNRE 分开编码了语言间一致的信息和各语言独立的信息，AMNRE 相应地分别采用不同的注意力机制来解决该问题。

1）各语言独立的注意力机制

由于每种语言都有其独特的特性，因此我们为不同语言设定了各语言独立的注意力机制。在第 j 个语言的单个语义空间中，我们为每个关系 $r \in \mathcal{R}$ 分配一个注意力查询向量 $\boldsymbol{q}_r^j$。$\mathcal{S}_{(h,t)}^j = \{s_{(h,t)}^{j,1}, s_{(h,t)}^{j,2}, \cdots\}$ 中每个句子的注意力得分定义如下：

$$\alpha_i^j = \frac{\exp(\boldsymbol{q}_r^j \cdot \boldsymbol{s}_{(h,t)}^{j,i})}{\sum_k \exp(\boldsymbol{q}_r^j \cdot \boldsymbol{s}_{(h,t)}^{j,k})} \tag{3.35}$$

注意力分数可用于计算各语言独立的关系表示向量。

$$\boldsymbol{r}_{(h,t)}^j = \sum_k \alpha_k^j \boldsymbol{s}_{(h,t)}^{j,k} \tag{3.36}$$

2）各语言间一致的注意力机制

除了各语言独立的注意力机制外，AMNRE 还采用各语言间一致的注意力机制来考虑所有语言中实例的共性。在统一的语义空间中，AMNRE 为每个关系 $r \in \mathcal{R}$ 分配一个关系查询向量 $\bar{\boldsymbol{q}}_r$，并且每个实例的注意力得分定义如下：

$$\beta_i^j = \frac{\exp(\bar{\boldsymbol{q}}_r \cdot \bar{\boldsymbol{s}}_{(h,t)}^{j,i})}{\sum_{l=1}^m \sum_k \exp(\bar{\boldsymbol{q}}_r \cdot \bar{\boldsymbol{s}}_{(h,t)}^{l,k})} \tag{3.37}$$

注意力分数可用于计算各语言间一致的文本关系表示。

$$\bar{\boldsymbol{r}}_{(h,t)} = \sum_{l=1}^n \sum_k \beta_k^l \bar{\boldsymbol{s}}_{(h,t)}^{l,k} \tag{3.38}$$

3. 关系预测

由注意力机制得到的表示向量用于进行关系预测。各语义空间预测到的概率相乘作为最终的概率，公式如下：

$$P(r|\mathcal{S}_{(h,t)}, \boldsymbol{\theta}) = P(r|\bar{\boldsymbol{r}}_{(h,t)}, \boldsymbol{\theta}) \prod_{j=1}^m P(r|\boldsymbol{r}_{(h,t)}^j, \boldsymbol{\theta}) \tag{3.39}$$

其中，$P(r|\bar{\boldsymbol{r}}_{(h,t)},\boldsymbol{\theta})$ 与 $P(r|\boldsymbol{r}^j_{(h,t)},\boldsymbol{\theta})$ 定义为

$$P(r|\bar{\boldsymbol{r}}_{(h,t)},\boldsymbol{\theta})=\text{Softmax}(\bar{\boldsymbol{R}}\bar{\boldsymbol{r}}_{(h,t)}+\bar{\boldsymbol{d}}) \tag{3.40}$$

$$P(r|\boldsymbol{r}^j_{(h,t)},\boldsymbol{\theta})=\text{Softmax}(\boldsymbol{R}_j\boldsymbol{r}^j_{(h,t)}+\boldsymbol{d}_j) \tag{3.41}$$

其中，$\bar{\boldsymbol{R}}$ 与 $\boldsymbol{R}_j$ 分别是语义统一空间与第 j 类语言独立空间中的关系矩阵。

4. 对抗训练模块

AMNRE 将各类语言的实例编码到统一的语义空间以捕捉语言之间的一致性信息，但一种可能的情况是不同语言的句子聚集在统一空间中的不同位置且线性可分。在这种情况下，模型难以达到挖掘不同语言一致性信息的目标。受 Ganin 等人[59]的启发，AMNRE 采用对抗训练来解决这个问题。

在对抗训练中，一个判别器被设计出来用以判定特征的语言归属。其结构定义如下：

$$D(\bar{\boldsymbol{s}}^{j,i}_{(h,t)}) = \text{Softmax}(\text{MLP}(\bar{\boldsymbol{s}}^{j,i}_{(h,t)})) \tag{3.42}$$

其中，MLP 是一个两层的多层感知机模型。

与判别器相对，AMNRE 希望不同语言的句子编码器能够生成让判别器难以区分的表示向量。因而，整体的对抗训练形式如下：

$$\min_{\theta^C_E}\max_{\theta_D}\sum_{j=1}^{m}\sum_{i}\log[D(E^C_j(s^{j,i}_{(h,t)}))]_j \tag{3.43}$$

其中，$[\cdot]_j$ 表示向量的第 j 维。θ^C_E 与 θ_D 分别是句子编码器 E^C_j 与判别器的参数。该公式意味着给定任何语言的实例，相应语言的句子编码器生成的句子向量应当能够混淆判别器。同时，判别器需要尽力避免被编码器的结果混淆。在充分训练之后，编码器与判别器达到平衡之时，不同语言包含相似语义信息的的实例可以很好地被编码到空间中相近的位置，做到特征的融合。在训练中，我们优化了以下损失函数来实现式（3.43）的目的。

$$\min_{\theta^C_E}\mathcal{L}^E_{\text{adv}}(\theta^C_E)=\sum_{j}\sum_{\mathcal{S}^j_{(h,t)}\in\mathcal{T}_j}\sum_{\boldsymbol{s}^{j,i}_{(h,t)}\in\mathcal{S}^j_{(h,t)}}\log[D(E^C_j(s^{j,i}_{(h,t)}))]_j \tag{3.44}$$

$$\min_{\theta_D}\mathcal{L}^D_{\text{adv}}(\theta_D)=-\sum_{j}\sum_{\mathcal{S}^j_{(h,t)}\in\mathcal{T}_j}\sum_{\boldsymbol{s}^{j,i}_{(h,t)}\in\mathcal{S}^j_{(h,t)}}\log[D(\mathrm{E}^C_j(s^{j,i}_{(h,t)}))]_j \tag{3.45}$$

其中，$\mathcal{T}_j$ 是第 j 种语言的所有实例集合。

考虑到每种语言独有的语义特征可能被错误地编码到语言一致空间中，并对语言一致空间中特征的一致性产生较大的负面影响，受 Bousmalis 等人[21]的启发，AMNRE 采用正交约束来缓解这个问题。

$$\min_{\theta_E} \mathcal{L}_{\text{penalty}}(\theta_E) = \sum_{j=1}^{n} \left\| \boldsymbol{I}_j^{\text{T}} \boldsymbol{C}_j \right\|_F \tag{3.46}$$

其中，$\boldsymbol{I}_j$ 和 $\boldsymbol{C}_j$ 是两个特征矩阵，其行向量为第 j 类语言通过句子编码器 E_j^I 和 E_j^C 编码出的实例向量。$\|\cdot\|_F$ 是 Frobenius 范数。在正交约束下，E_j^I 和 E_j^C 编码出的语言特性与语言共性特征将会区分得更加明显。

在训练中，对抗训练与正交约束作为损失函数的一部分参与训练，整体的损失函数如下：

$$\mathcal{L} = \mathcal{L}_{\text{nre}}(\boldsymbol{\theta}) + \lambda_1 \mathcal{L}_{\text{adv}}^D(\theta_D) + \lambda_2 \mathcal{L}_{\text{adv}}^E(\theta_E^C) + \lambda_3 \mathcal{L}_{\text{penalty}}(\theta_E) \tag{3.47}$$

其中，λ_1、λ_2 及 λ_3 用于调整各部分的比例。$\mathcal{L}_{\text{nre}}(\boldsymbol{\theta})$ 是关系抽取模型的损失函数，这与以往的模型没有太大差别，在此不做过多赘述。

3.6.2 实验分析

1. 数据集合与评估

实验部分在 Lin 等人[112]开发的多语言关系抽取数据集上评估模型。考虑到使用的数据集已在前文涉及，所以我们在此跳过实验数据的介绍。在实验中，各个模型在召回率低于 0.3 部分上的精度-召回率曲线被用以进行效果对比。此外，为了解全局的精度-召回率性能，实验部分还报告了曲线下面积（AUC）的数值。

2. 实验设置

为了公平地比较 AMNRE 与以往的基线模型，实验部分参数参照了 Lin 等人[112]的设定。模型超参数设置如表 3.11 所示。

3. 总体评估结果

为了模型 AMNRE-CNN 和 AMNRE-RNN 的有效性，我们将所提出的模型与各种神经方法进行比较：MNRE-CNN 和 MNRE-RNN 是基于多语言注意力机制的关系抽取模型，并且分别采用了 CNN 和 RNN 作为句子编码器[112]；CNN-EN 和 RNN-EN 是用英语数据训练的基础选择性注意力机制模型，这是单语言场景中较为强力的模型[114]；CNN-CN 和 RNN-CN 是用中文数据训练的基础选择性注意力机制模型。CNN-joint 和 RNN-joint 是简单的联合模型，通过直接总结英文和中文的关系抽取模型的预测分数来预测关系；CNN-share 和 RNN-share 是另一种联合模型，通过共享关系嵌入来训练英文模型和中文模型。各类模型的精度–召回率曲线如图 3.12 所示，各个模型的 AUC 结果如表 3.12 所示。

表 3.11 模型超参数设置

训练批次大小	160
学习率	0.002
CNN 的句子表示维度	230
RNN 的句子表示维度	200
判别器的隐层大小	2048
卷积窗口大小	3
词向量维度	50
位置向量维度	5

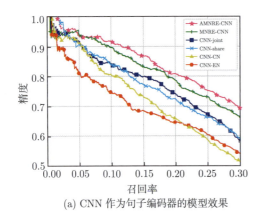

(a) CNN 作为句子编码器的模型效果

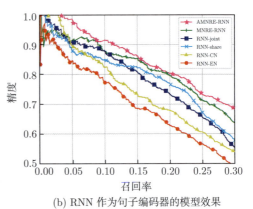

(b) RNN 作为句子编码器的模型效果

图 3.12 各类模型的精度–召回率曲线

表 3.12 各个模型的 AUC 结果 (%)

模型	CNN-EN	CNN-CN	CNN-joint	CNN-share	MNRE-CNN	AMNRE-CNN
AUC	36.6	33.2	37.1	37.0	43.4	**46.2**
模型	RNN-EN	RNN-CN	RNN-joint	RNN-share	MNRE-RNN	AMNRE-RNN
AUC	34.5	34.4	36.5	37.6	44.2	**47.3**

从结果中，我们不难发现：

（1）对于 CNN 和 RNN，联合使用英语句子和汉语句子进行训练的模型优于仅使用单语言进行训练的模型。这表明多语言数据中丰富的信息十分有效，可以显著增强现有的关系抽取模型效果。

（2）-joint 模型与 -share 模型取得了类似的效果，并且它们的表现均不及 MNRE 模型和 AMNRE 模型。虽然这些模型都受益于利用多语言的丰富信息，但使用多语言注意力机制的模型可以更好地利用多语言数据。这表明，有针对性地设计方案来提取丰富的多语言信息是至关重要的。

（3）AMNRE 在图 3.12 的整个召回范围内实现了最佳结果，即使与 MNRE 相比也是如此。AMNRE 的表现显著优于 MNRE，AUC 结果增加了 3% 左右。它表明我们提出的明确编码语言一致性和语言独特信息的框架，可以更好地提取多语言信息，从而带来关系抽取性能的显著提高。

4. 单语言评估结果

为了进一步验证在本节框架下训练的抽取系统在单语言环境下的效果，我们将模型在多语言环境下进行训练，但仅仅使用单语数据进行关系抽取。各个模型在单语言场景下的精度-召回率曲线如图 3.13 所示，AUC 结果如表 3.13 所示。

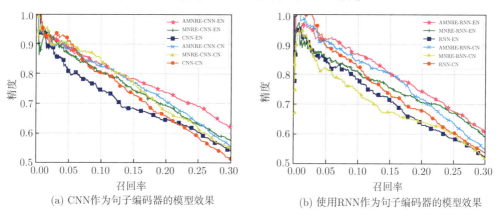

(a) CNN作为句子编码器的模型效果　　(b) 使用RNN作为句子编码器的模型效果

图 3.13　各类模型在单语言场景下的精度-召回率曲线

从评估结果，我们可以发现：

（1）同直接使用单语言数据学习的模型相比，利用了多语言信息的模型在单语言场景下的表现更好。这说明语言间存在潜在的一致性，且多语言数据中的这种一致性能够为每种关系提供额外的信息,增强其在单语言场景下的结果。

(2) AMNRE 在整个召回率区间内取得了最佳的精度,在 AUC 的结果上也相对 MNRE 和单语言语料训练的关系抽取模型取得了显著的进步。这表明 AMNRE 框架中的一致语义空间使多语言数据蕴含的语言一致性信息能被更好地挖掘,并在单语言场景下更好地发挥出作用。

表 3.13　各个模型在单语言场景下的 AUC 结果　(%)

模型	CNN-EN	MNRE-EN	AMRE-EN	RNN-EN	MNRE-EN	AMRE-EN
AUC	36.6	39.6	**42.7**	34.5	42.2	**43.2**
模型	CNN-CN	MNRE-CN	AMRE-CN	RNN-CN	MNRE-CN	AMRE-CN
AUC	33.2	34.6	**37.9**	33.5	34.8	**36.4**

3.6.3　小结

本节提出了一种基于对抗训练机制的多语言神经关系抽取模型,通过将多语言文本蕴含的各语言的独立信息和跨语言的一致信息分别编码到不同的语义空间,并采用对抗训练机制来更深层地抽取出跨语言的语义信息,构建统一的语义空间表示,以达到提升多语言场景下的关系抽取效果的目的。

3.7　基于知识图谱与文本互注意力机制的知识获取

现有的世界知识图谱还远没有达到完善的程度。通常,有两种主要方法来扩展知识图谱中的世界知识,一种是训练关系抽取模型从文本中进行世界知识抽取;另一种则是使用知识表示模型在图谱内部进行世界知识填充。这两种方法都可以有效发现新的世界知识以扩充现有知识图谱。然而,以往的工作较少考虑将上述两种途径结合起来进行统一的世界知识获取。

面对上述问题,本节介绍一种通用的联合学习框架。如图 3.14 所示,该框架在单词与实体、文本关系模式与图谱关系模式上进行了全面的对齐,使得它们的特征能够充分融合。在图谱与文本对齐的基础上,为了进一步缓解远程监督的噪声问题,该模型在联合学习的基础上提出了一种新颖的互注意力机制,互注意力机制允许知识图谱和文本模型使用各自特有的信息来辅助彼此进行学习。在知识图谱的指导下,远程监督标注的噪声数据影响会被削弱。与此同时，文本特征也被反馈回知识图谱模型去加强那些对训练影响较大的知识三元组。在训练推进的过程中，图谱模型和文本模型通过相互指导可以逐步强化各自效果。

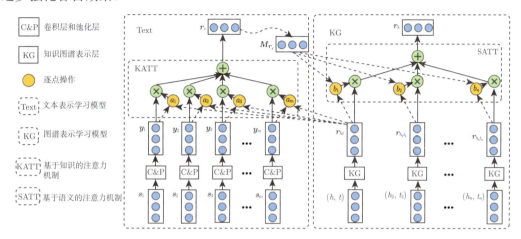

图 3.14　基于知识图谱与文本互注意力机制的知识获取框架

3.7.1　算法模型

1. 联合学习的整体模式

与知识图谱表示学习一样，这里同样将整个知识图谱定义为一个由实体集、关系集和事实三元组集合共同组成的大集合，即 $\mathcal{G} = \{\mathcal{E}, \mathcal{R}, \mathcal{T}\}$，这里 $\mathcal{E}$、$\mathcal{R}$ 和 $\mathcal{T}$ 分别表示实体集合、关系集合和事实三元组集合。同知识图谱 $\mathcal{G}$ 相对应的信息载体是文本语料。在这里，我们将文本语料定义为 $\mathcal{D}$。$\mathcal{D}$ 是一个文本数据集合，集合的基本构成元素为文本句子。

对于整个联合学习框架来说，其设计目标是让框架可以支持各个模型在统一的连续空间中同时训练，从而可以同步获得实体、关系及单词的嵌入表示。在训练过程中，通过这样一个统一空间带来的联合约束，特征信息可以方便地在知识图谱和文本模型之间进行共享和传递。在这里，我们将所有的嵌入表示及模型中涉及的参数都定义为模型参数，并用符号 $\boldsymbol{\theta} = \{\boldsymbol{\theta}_E, \boldsymbol{\theta}_R, \boldsymbol{\theta}_V\}$ 来表示，其中 $\boldsymbol{\theta}_E$、$\boldsymbol{\theta}_R$、$\boldsymbol{\theta}_V$ 分别是实体、关系、单词的嵌入向量与相关参数。如果将我们对框架的性能要求形式化描述的话，那么模型需要做的

就是找到一组最优的参数 $\hat{\boldsymbol{\theta}}$，满足

$$\hat{\boldsymbol{\theta}} = \arg\max_{\boldsymbol{\theta}} P(\mathcal{G}, \mathcal{D} \mid \boldsymbol{\theta}) \tag{3.48}$$

即

$$\hat{\boldsymbol{\theta}} = \arg\max_{\boldsymbol{\theta}} P(\mathcal{G}, \mathcal{D} \mid \boldsymbol{\theta}_E, \boldsymbol{\theta}_R, \boldsymbol{\theta}_V) \tag{3.49}$$

其中，$\boldsymbol{\theta}_E$、$\boldsymbol{\theta}_R$、$\boldsymbol{\theta}_V$ 就是刚刚定义的嵌入与参数。$P(\mathcal{G}, \mathcal{D} \mid \boldsymbol{\theta})$ 是一个定义出的条件概率，用来刻画在给定实体、关系与单词嵌入 $\boldsymbol{\theta}$ 的情况下，嵌入对图谱与文本的拟合能力、表达能力。更直观地讲，模型的任务是找到最好的嵌入表示能够最大程度地拟合给定的知识图谱结构及文本语义信息。而条件概率 $P(\mathcal{G}, \mathcal{D} \mid \boldsymbol{\theta})$ 又可以进一步被分解为

$$P(\mathcal{G}, \mathcal{D} \mid \boldsymbol{\theta}) = P(\mathcal{G} \mid \boldsymbol{\theta}_E, \boldsymbol{\theta}_R) P(\mathcal{D} \mid \boldsymbol{\theta}_V) \tag{3.50}$$

$P(\mathcal{G} \mid \boldsymbol{\theta}_E, \boldsymbol{\theta}_R)$ 被用来从知识图谱 $\mathcal{G}$ 中学习结构特征，并得到实体和关系的嵌入表示。这个公式的物理意义是希望模型能够最大限度地让知识图谱 $\mathcal{G}$ 中的事实概率变大，而让图谱外的三元组概率变小。

$P(\mathcal{D} \mid \boldsymbol{\theta}_V)$ 被用来从文本语料 $\mathcal{D}$ 中学习文本特征，并得到单词与语义关系的嵌入表示。这个公式的物理意义是希望模型能够最大限度地让 $\mathcal{D}$ 中句子的语义信息与其描述的语义关系相对应。

根据物理意义，这里将知识图谱在参数下的条件概率 $P(\mathcal{G} \mid \boldsymbol{\theta}_E, \boldsymbol{\theta}_R)$ 定义为其包含事实的成立概率，将文本在参数下的条件概率 $P(\mathcal{D} \mid \boldsymbol{\theta}_V)$ 定义为语义信息与语义关系匹配的概率。对原概率式进行变换，可得到

$$P(\mathcal{G} \mid \boldsymbol{\theta}_E, \boldsymbol{\theta}_R) = \prod_{(h,r,t) \in \mathcal{T}} P((h,r,t) \mid \boldsymbol{\theta}_E, \boldsymbol{\theta}_R) \tag{3.51}$$

及

$$P(\mathcal{D} \mid \boldsymbol{\theta}_V) = \prod_{s \in \mathcal{D}} P((s, r_s) \mid \boldsymbol{\theta}_V) \tag{3.52}$$

其中，$P((h,r,t) \mid \boldsymbol{\theta}_E, \boldsymbol{\theta}_R)$ 定义了知识图谱 $\mathcal{G}$ 中三元组在已知实体与关系嵌入的情况下三元组成立的条件概率；$P((s, r_s) \mid \boldsymbol{\theta}_V)$ 定义了在已知单词嵌入的情况下 $\mathcal{D}$ 中句子 s 能准确描述语义关系 r_s 的条件概率。

2. 知识图谱表示学习模型

知识表示模型将优化条件概率 $P((h,r,t) \mid \boldsymbol{\theta}_E, \boldsymbol{\theta}_R)$ 转化为优化 $P(h \mid (r,t), \boldsymbol{\theta}_E, \boldsymbol{\theta}_R)$、$P(t \mid (h,r), \boldsymbol{\theta}_E, \boldsymbol{\theta}_R)$ 及 $P(r \mid (h,t), \boldsymbol{\theta}_E, \boldsymbol{\theta}_R)$。

对于每一个知识图谱 G 中的实体对 (h,t)，这里定义一个潜在关系向量 $\boldsymbol{r}_{ht}$ 来表达实体向量 $\boldsymbol{h}$ 到实体向量 $\boldsymbol{t}$ 之间的变换与关联，具体形式如下：

$$\boldsymbol{r}_{ht} = \boldsymbol{t} - \boldsymbol{h} \tag{3.53}$$

与此同时，对于知识图谱 $\mathcal{G}$ 中的任意三元组 $(h,r,t) \in \mathcal{T}$，对应存在一个显式的关系 r 来描述 h 与 t 的关系，且这个 r 存在一个显式关系向量 $\boldsymbol{r}$。所以，这里可以将三元组的能量函数定义为

$$f_r(h,t) = b - \|\boldsymbol{r}_{ht} - \boldsymbol{r}\| = b - \|(\boldsymbol{t} - \boldsymbol{h}) - \boldsymbol{r}\| \tag{3.54}$$

其中，b 是一个常数偏移量。基于这个能量函数，这里以 $P(h \mid (r,t), \boldsymbol{\theta}_E, \boldsymbol{\theta}_R)$ 为例来形式化地给出 $\mathcal{T}$ 中三元组的条件概率：

$$P(h \mid (r,t), \boldsymbol{\theta}_E, \boldsymbol{\theta}_R) = \frac{\exp(f_r(h,t))}{\sum_{h' \in E} \exp(f_r(h',t))} \tag{3.55}$$

类似地，可以定义 $P(t \mid (h,r), \boldsymbol{\theta}_E, \boldsymbol{\theta}_R)$ 和 $P(r \mid (h,t), \boldsymbol{\theta}_E, \boldsymbol{\theta}_R)$。实际上，无论是出于理念还是落实到具体模型上，这个条件概率所表达的任务和 TransE 是一致的，只是其不再是基于边界值优化而是基于条件概率优化，但本质上没有差别。因此，我们将这个知识图谱表示学习模型命名为 Prob-TransE，寓意概率形式的 TransE。

为了体现联合学习模式可以适应多种知识图谱表示学习模型，这里引入了 TransD[91] 来对知识图谱中的三元组进行编码和嵌入，具体形式如下：

$$\begin{cases} \boldsymbol{r}_{ht} = \boldsymbol{t}_r - \boldsymbol{h}_r \\ \boldsymbol{h}_r = \boldsymbol{M}_{rh}\boldsymbol{h}, \quad \boldsymbol{t}_r = \boldsymbol{M}_{rt}\boldsymbol{t} \\ \boldsymbol{M}_{rh} = \boldsymbol{r}_p \boldsymbol{h}_p^\top + \boldsymbol{I}^{k_r \times k_w} \\ \boldsymbol{M}_{rt} = \boldsymbol{r}_p \boldsymbol{t}_p^\top + \boldsymbol{I}^{k_r \times k_w} \text{①} \end{cases} \tag{3.56}$$

其中，$\boldsymbol{r}_p$、$\boldsymbol{h}_p$、$\boldsymbol{t}_p$ 都是用来进行映射的工作向量。类似于 Prob-TransE，我们将基于 TransD 进行条件概率优化的知识图谱表示学习模型命名为 Prob-TransD。

---

① k_r、k_w 分别是关系与实体向量维度。

3. 文本关系表示学习模型

给定一个包含两个实体的句子，句子中的词及句子本身的语义信息很大程度上可以揭开这两个实体间的关系，例如，"马克·吐温出生于佛罗里达州"直接表明了马克·吐温和佛罗里达州是人与籍贯的关系。已有很多工作尝试使用神经网络来挖掘这样的语义信息，并且将语义信息所描述的关系嵌入低维空间中以进行关系抽取。类似地，这里也采用卷积神经网络对文本关系进行表示学习。考虑到这部分内容在前文已反复出现，我们直接略过卷积神经网络的介绍。

在将文本句子通过卷积神经网络得到表示向量 y 之后，模型最后会得到评分函数：

$$o = My \tag{3.57}$$

其中，M 是关系评分矩阵。概率分布 $P((s,r_s) \mid \theta_V)$ 也可以被定义为如下形式：

$$P((s,r_s) \mid \theta_V) = \frac{\exp(o_{r_s})}{\sum_{r \in R} \exp(o_r)} \tag{3.58}$$

4. 知识图谱与文本的互注意力机制

互注意力机制由两部分组成，包括基于知识的注意力机制模型及基于语义的注意力机制模型。在训练过程中，这两个部分相互进行合作。

1) 基于知识的注意力机制

对于每个知识 $(h, r_s, t) \in \mathcal{T}$ 来说，可能存在若干包含有实体对 (h,t) 的句子存在 $\pi_{r_s} = \{s_1, \cdots, s_m\}$，这些句子往往能暗示实体之间存在关系 r_s，其中 m 是包含 (h,t) 的句子总数，且这些句子的表示向量为 $\{y_1, \cdots, y_m\}$。由于远程监督算法标记的句子包含一些模糊和错误的成分，因此，我们认为这些句子中的某些句子对最终的文本关系表示应发挥更大作用。而额外的知识信息可以被用来在联合学习过程中强化句子表示。具体来说，我们使用潜在关系向量 $r_{ht} \in \mathbb{R}^{kw}$ 作为基于知识的注意力来突出训练数据中的重要句子，并减少噪声成分。

$$e_j = \tanh(W_s y_j + b_s) \tag{3.59}$$

$$a_j = \frac{\exp(r_{ht} \cdot e_j)}{\sum_{k=1}^{m} \exp(r_{ht} \cdot e_k)}$$

$$r_s = \sum_{j=1}^{m} a_j y_j$$

其中，W_s 是权重矩阵，b_s 是偏置向量。a_j 是句子输出 y_j 的权重，我们通过加权求和来获得全局的文本关系模式的表示向量 r_s。该向量可以被用来计算 $P((\pi_{r_s}, r_s) \mid \theta_V)$ 以替换 $\prod_{j=1}^{m} P(s_j, r_s \mid \theta_V)$。

$$o = M r_s \tag{3.60}$$

$$P((\pi_{r_s}, r_s) \mid \theta_V) = \frac{\exp(o_{r_s})}{\sum_{r \in R} \exp(o_r)}$$

2）基于语义的注意力机制

对于每个关系 $r \in \mathcal{R}$，在图谱中有若干蕴含该关系的实体对 $\psi_r = \{(h_1, t_1), \cdots, (h_n, t_n)\}$，这些实体对的潜在关系向量为 $\{r_{h_1 t_1}, \cdots, r_{h_n t_n}\}$，其中 n 是实体对的数量。在知识图谱表示模型中，我们希望实体对之间的所有潜在关系嵌入都接近实际关系向量。

由于实体之间复杂的相关情况和知识图谱在构建过程中引入的误差，所以在训练过程中很难将实际关系向量与所有潜在关系向量接近。为了使知识图谱表示模型更为有效，我们尝试使用从文本模型中提取的语义信息来帮助实际关系向量去接近那些最合理实体对的潜在向量。

$$\begin{aligned} e_r &= \tanh(W_s M_r + b_s) \\ b_j &= \frac{\exp(e_r \cdot r_{h_j t_j})}{\sum_{k=1}^{n} \exp(e_r \cdot r_{h_k t_k})} \\ r_k &= \sum_{j=1}^{n} b_j r_{h_j t_j} \end{aligned} \tag{3.61}$$

其中，W_s 和 b_s 是式（3.59）中同样的权重矩阵，用来将神经网络中的特征映射到实体与关系的图谱空间之中。M_r 是式（3.60）中关系 r 对应的特征。b_j 是第 j 个潜在关系向量 $r_{h_j t_j}$ 的权重。

我们对这些实体对进行合并，并计算出概率分布 $P(r \mid \psi_r, \theta_E, \theta_R)$，用以替换 $\prod_{j=1}^{n} P(r \mid (h_j, t_j), \theta_E, \theta_R)$。

$$\begin{aligned} f_r(\psi_r) &= b - \|\mathbf{r}_k - \mathbf{r}\| \\ P(r \mid \psi_r, \theta_E, \theta_R) &= \frac{\exp(f_r(\psi_r))}{\sum_{r' \in R} \exp(f_{r'}(\psi_r))} \end{aligned} \tag{3.62}$$

3.7.2 实验分析

1. 数据集和评测指标

1）知识图谱

实验选用 Freebase [15] 来作为知识图谱的数据来源。Freebase 是一个被广泛利用的大规模知识图谱,并且对公众开放且提供数据下载。在本节介绍的工作中,实验环节引入了两个从 Freebase 中随机抽取的数据集合,包括 FB15K 和 FB60K。FB15K 已经被很多工作采用并作为一个链接预测的标准测试集合长期存在。FB60K 是一个拓展自 Riedel 等人 [159] 发布的关系抽取文本的图谱数据集合,并且一直被用来作为关系抽取的标准数据。我们将 FB15K 和 FB60K 的数据集合详细细节罗列在表 3.14 中,包括实体数量、关系数量、事实三元组数量等。

表 3.14 数据集统计信息

数据集	关系	实体	事实
FB15K	1 345	14 951	592 213
FB60K	1 324	69 512	335 350

2）文本语料

实验部分从《纽约时代》(*New York Times*,NYT)周刊杂志的文章中选择合适的句子作为文本语料。选取句子的方法是 Mintz [134] 提出的远程监督算法,只要一个句子同时包含一个三元组的头实体与尾实体,那么这个句子就会被加入文本语料。文本语料提取了 194 385 个同时包含 FB15K 中头尾实体的句子,并且将句子标注为头尾实体所对应关系的正例。这些句子覆盖了 FB15K 中 47 103 个事实三元组,共计 699 种关系及 6 053 个实体,我们将这个文本语料命名为 NYT-FB15K,即基于 FB15K 抽取的 NYT 文本语料。而 FB60K 的文本语料则是直接来自于 Riedel [159] 在关系抽取中使用的数据,其中有 570 088 个句子,覆盖了 63 696 个实体,共计 56 种关系及 293 175 个事实三元组。我们将这个文本语料命名为 NYT-FB60K。

实验部分与之前的研究工作保持一致,FB15K 与 NYT-FB15K 用来在链接预测任务中进行评测,FB60K 和 NYT-FB60K 则被用在文本关系抽取这个任务上,这样的设定最大程度地保证了实验的公平性与可操作性。

2. 实验设置

在联合框架中，实验从 $\{0.1, 0.01, 0.001\}$ 中为 $P(\mathcal{G} \mid \boldsymbol{\theta}_E, \boldsymbol{\theta}_R)$ 选择知识模型的学习率，从 $\{0.1, 0.01, 0.001\}$ 中为 $P(\mathcal{D} \mid \boldsymbol{\theta}_V)$ 选择文本模型的学习率。对于卷积神经网络的滑动窗口，实验从 $\{3, 5, 7\}$ 中选择滑动窗口的大小。由于其他的一些参数对实验的影响不是非常大，并且出于实验背景统一与公平的考量，实验直接使用过去一系列工作[114, 219]对于卷积神经网络的参数设定。同样为了与之前的相关工作进行对比，词、实体、关系的嵌入维度在关系抽取任务中被设定为 50，而在图谱填充的链接预测任务中，嵌入维度被设定为 100。在表 3.15 中，我们罗列了实验中所有的参数细节。

表 3.15　模型超参数设置

知识表示模型学习率	0.001
文本表示模型学习率	0.01
句子表示维度	230
词向量维度	50
位置向量维度	5
卷积窗口大小	3

3. 关系抽取效果评估

NYT-FB60K 数据集上的测试结果均被罗列在图 3.15 中。在图 3.15 中，JointD+KATT 表示与 Prob-TransD 联合学习后具有知识导向注意力机制的卷积神经网络模型；JointE+KATT 表示与 Prob-TransE 联合学习后具有知识导向注意力机制的卷积神经网络模型；CNN+ONE 表示使用了 at-least-one 机制[218]的卷积神经网络模型；CNN+ATT 表示使用了句子级别注意力机制[114]的卷积神经网络模型，也是当前在关系抽取任务上效果最好的模型。除此以外，我们也将这一系列神经网络模型与经典的基于统计的关系抽取文本模型进行了对比，这些模型包括 Mintz[134]、MultiR[82]、MIML[182] 及 Sm2r[196]。结果同样被罗列在图 3.15 中。

从实验结果中，我们可以得出以下结论：

（1）与图 3.15 中各个模型相比，经过联合学习框架训练之后的文本模型在整个召回率区间上都取得了最高的精度，并且在效果上显著高出其余所有模型。当召回率大于 0.15 时，联合学习框架训练后的模型整体提升准确率在 $10\% \sim 20\%$。当召回率小于 0.15 时，模型也取得了最好的效果，并且比其余模型更为稳定。总体来说，联合学习模式下特征融合带来的受益在文本模型上体现得十分明显。

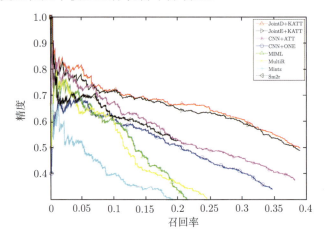

图 3.15　不同关系抽取模型的精度-召回率曲线

（2）除了 JointD+KATT、JointE+KATT 之外，CNN+ATT、CNN+ONE 与基于统计的模型相比，在召回率超过 0.15 的时候同样取得了超过 10% 的精度提升。从整体上来看，神经网络模型精度下降的速度要慢得多。这些实验结果很好地证明了深度神经网络没有局限在特征工程上，并且能够自行从原始数据中挖掘特征，稳定又有效。

（3）尽管基于统计的模型精度都下降得非常快，尤其是与一系列神经网络模型相对比。但是在最高置信度的推荐中，即从 0 开始的一段召回率上，这些模型同样能够得到非常不错的精度。这说明，虽然人为设计的特征在某些方面存在局限性，但还是十分有效。统计模型的主要优势在于其计算规模往往很小，且不需要过多的训练数据，但是有效特征需要人为构建与挑选。这些统计模型训练难度比基于神经网络的模型要简单得多，将两者进行结合并用于我们的工作，将是未来继续改进的一个重要方向。

4. 基于知识的注意力机制的定量分析

对于关系抽取，我们通常会更加注意那些具有最高置信度得分的推荐。毕竟我们并不指望模型能够达到十全十美，高置信度的推荐保持一个很好准确率其实更符合我们的应用需求。为了能够更详细地比较联合学习前后模型结果上的变化，实验部分采用了另一种评估推荐效果的测试方式。实验部分将推荐得分排序后，选取最高置信度的若干个推荐，此时预测的准确率将作为我们衡量模型能力的指标。在这个实验中，实验选择 Zeng[219] 等人使用过的卷积神经网络作为文本编码的模型。卷积神经网络编码器将会与不同种类的跨句学习机制相结合，包括 at-least-one 机制（ONE）、句子级别注意力机制（ATT）及基于知识的注意力机制（KATT）。这样的组合可以对各个跨句合并机制进行定量分析。

实验也将文本模型与知识图谱表示学习模型相结合，从而定量分析联合学习带来的影响。JointD 表示与 Prob-TransD 联合学习之后卷积神经网络得到的文本模型，JointE 表示与 Prob-TransE 联合学习之后卷积神经网络得到的文本模型，CNN 表示没有与知识图谱进行联合学习的卷积神经网络文本模型。具体各种组合的效果被罗列在表 3.16 中，包括前 100 推荐准确率 P@100、前 300 推荐准确率 P@300、前 500 推荐准确率 P@500 及准确率的平均值。

表 3.16　不同模型组合情况下的 P@N 评估结果　　　　　　　　　　　　（%）

P@N	100			300		
模型	ONE	ATT	KATT	ONE	ATT	KATT
CNN+	67.3	**76.2**	—	58.1	59.8	—
JointE+	67.5	74.1	75.8	63.0	63.2	68.0
JointD+	**68.5**	74.6	**80.6**	**67.0**	**67.3**	**68.7**
P@N	500			平均值		
模型	ONE	ATT	KATT	ONE	ATT	KATT
CNN+	43.7	48.5	—	56.4	61.5	—
JointE+	57.3	59.3	63.0	62.6	65.5	68.9
JointD+	**58.6**	**61.1**	**63.7**	**64.8**	**67.7**	**71.0**

从实验结果中，我们可以得出以下结论。

（1）所有的文本编码器，无论采用哪种跨句学习机制，在联合学习框架下进行训练之后，都在效果上有大幅度的提升。从平均的推荐准确率来看，联合学习后，CNN+ONE 的准确率提升了 6% 左右，而 CNN+ATT 的准确率提升了 5% 左右。实验结果表明，联合学习框架在特征融合上得到了保障，联合学习后文本模型接受到图谱的影响提升了自身的推荐效果。

（2）比起与 Prob-TransE 进行联合学习的文本编码器，与 Prob-TransD 进行联合学习的文本编码器进一步提升了推荐效果。Prob-TransD 是一个比 Prob-TransE 更复杂、更具有表达能力的知识图谱表示学习模型，并且可以更好地提取知识图谱特征及理解实体之间关系的多样性。毕竟，在 Prob-TransD 中，实体在不同关系的环境下是具有不同的嵌入的，这可以更好地满足图谱中多样性的表达需求。实验结果表明，联合学习框架可以利用图谱辅助训练文本模型,并且对图谱模型的适应性很好。图谱模型的效果也影响特征融合的效果,表达能力越强的图谱模型对文本模型的效果提升越明显。

(3) 在表 3.16 中,注意力式的跨句合并机制 ATT、KATT 比单纯的 ONE 机制要有效得多。训练过程中所使用的文本语料是基于远程监督机制自动抓取构建的,在构建过程中会引入大量杂质和噪声。这很好理解,一个实体对如果出现在一个句子中,这个句子很有可能在语义上无法描述实体间的关系。而注意力机制能够获取到最有意义的句子,并从这个句子里学到更有意义的嵌入,所以在效果上比简单的特征合并要高出许多。

(4) ATT 和 KATT 的比较进一步表明,在跨句合并机制上,不使用知识图谱信息的简单注意力机制还是略显薄弱的。即使是含有相同关系的不同实体对,实体间的关系都有着细微的差别,这与实体多样性及关系多样性有关。ATT 中通过一个模糊的全局向量来进行重要的句子选择,显然这是无法满足关系多样性的特性的。在这里,我们将知识图谱的信息融入注意力机制中。对于不同的实体对,我们给出局部的向量来进行重点句子选择,而这些局部向量在全局上又密切相关。因此,基于知识的注意力机制比直接跨句的简单注意力机制更具有区分度与甄别能力。

5. 图谱填充实验

对于每个测试的三元组 (h,r,t),实验用 FB15K 中的所有实体来替换头实体或者尾实体,按照式 (3.54) 计算出评分后以降序排列。依照我们对模型的设想,事实三元组 (h,r,t) 如果成立,则其对应的评分应当比替换后所有的三元组都要高。我们遵循以往工作一贯的设定,使用正确实体能量得分排在前十的比例来衡量预测质量,我们将这个结果称为十命中率(hits@10)。

Bordes 等人[19] 在其工作中将知识图谱中的关系划分为 4 类:一对一(1-to-1)、一对多(1-to-N)、多对一(N-to-1)、多对多(N-to-N)。实验也在这 4 类关系上分别进行了测试与分析。实验同样汇报了不同关系类别上的十命中率结果,包括头实体预测、尾实体预测两个任务方向。除此以外,实验汇报了三元组级别的平均准确率用以刻画模型整体的效果。

由于实验的设定是相同的,所以实验直接从相关工作[17, 19, 20, 91, 113, 195] 中引用了 SE、SME、TransE、TransH、TransR、CTransR、TransD 在 FB15K 上的实验结果。在实验框架中,没有进行联合学习的知识表示模型被称为 Prob-TransE 和 Prob-TransD,与卷积神经网络文本模型一起进行联合学习的知识表示模型被命名为 JointE+SATT 和

JointD+SATT。具体实验结果显示在表 3.17 之中。

表 3.17　头尾实体链接预测的结果　　　　　　　　　　(%)

模型	头实体预测十命中率				尾实体预测十命中率				总计
	1-to-1	1-to-N	N-to-1	N-to-N	1-to-1	1-to-N	N-to-1	N-to-N	
SE [20]	35.6	62.6	17.2	37.5	34.9	14.6	68.3	41.3	39.8
SME [17]	35.1	69.6	19.9	40.3	32.7	14.9	76.0	43.3	41.3
TransE [19]	43.7	65.7	18.2	47.2	43.7	19.7	66.7	50.0	47.1
TransH [195]	66.8	87.6	30.2	64.5	65.5	39.8	83.3	67.2	64.4
TransR [113]	78.8	89.2	38.1	66.9	79.2	38.4	90.4	72.1	68.7
TransD [91]	81.2	94.8	47.1	79.3	81.6	53.9	93.7	82.5	78.9
Prob-TransE	66.5	88.8	39.8	79.0	66.4	51.9	85.6	81.5	76.6
JointE+SATT	82.7	**96.2**	45.0	80.7	81.7	57.7	93.6	84.0	79.3
Prob-TransD	79.1	93.0	42.2	79.2	79.2	51.6	90.9	82.7	78.2
JointD+SATT	**82.7**	95.2	**47.8**	**81.6**	**82.0**	**57.9**	**94.7**	**84.7**	**80.4**

从实验结果中，我们可以得到以下结论：

（1）无论是预测头实体，还是尾实体，联合学习框架下的图谱模型在 4 类关系上几乎都得到了改善。这表明在联合框架下训练的知识模型利用了纯文本信息，并显著改善了关系层面的知识表示结果。

（2）与多对多关系相比，在一对一、一对多及多对一关系上，联合学习框架下学习得到的模型提升效果更为明显。这表明联合学习框架融入的文本特征对确定性关系的嵌入有很好的帮助。

（3）TransD 是 TransE 的扩展模型，具有更复杂的实体嵌入机制。在 TransD 中，每个实体在不同的关系空间中具有不同的嵌入表示。与其他模型相比，TransD 可以取得更好的实验结果。而在联合学习框架中与文本模型一起学习后，TransD 进一步提高了效果。这些结果意味着与 TransE 和 TransD 相似的其他知识图谱表示学习模型（如 TransH、TransR 等）都可以用类似的方法与联合框架进行整合。

3.7.3　小结

在本节中，我们介绍了一种通用的联合学习框架来将知识图谱与文本模型进行整合。联合学习框架将实体、关系和文本词汇嵌入统一的连续空间中进行特征融合。基于联合模型框架，本节进一步提出了知识图谱与文本之间的相互注意力机制，包括基于知识的注意力机制和基于语义的注意力机制。这两部分注意力机制在训练过程中互相强化知识表示与关系抽取模型，从而提升最终的模型效果。

3.8　本章总结

虽然已有的世界知识图谱包含了上亿条事实，但相比于无尽的现实世界，它们远远没有完善。为了进一步扩大知识图谱的规模，自动地从海量数据中获取新的世界知识已成为必由之路。本章着重介绍了以关系抽取为核心的世界知识获取方法。我们在归纳已有方法的基础上，针对关系抽取中的三点问题介绍了我们的改进方法与评估实验。总的来说：

（1）通过选择性注意力机制及关系层次注意力机制，我们可以在远程监督的场景下充分利用包含同一实体对的所有实例信息进行抽取，并在较大的程度上规避远程监督带来的噪声。

（2）我们利用多语言数据构建统一的关系抽取系统，并引入对抗训练在多语言环境下来更好地学习语言各自的特性及归纳所有语言的共性。这些多语言关系抽取系统可以利用丰富的多语言语料获取更加丰富的世界知识。

（3）通过结合知识图谱与文本的信息，我们提出了一套通用的联合学习框架。该框架在融合图谱知识信息与文本语料语义信息的基础上，通过一套巧妙的互注意力机制来强化各自的模型效果。这些尝试对更加高效和鲁棒地进行知识获取具有重要意义。

上述方法能够在大规模数据的复杂场景下充分利用各类资源构建有效且可靠的知识获取系统，这将有助于更好地获取世界知识，并进一步构建出更加完善的知识图谱。

第 4 章

世界知识的计算应用

4.1 章节引言

世界知识表示学习将世界知识图谱中离散的结构信息转化为低维空间中的向量表示，大大降低了世界知识图谱的处理复杂度，增强了世界知识图谱的可用性。因此，世界知识表示学习被广泛地应用于各种需要引入知识信息的下游应用中。

本章主要展示的是我们在世界知识表示学习的应用中做出的尝试。我们将探讨世界知识表示学习如何在实体分类、实体对齐以及信息检索中发挥作用。对世界知识表示学习而言，这些应用目前尚属新颖，且在这些应用中能体现高效引入外部知识或提取数据特征起到的作用。具体来说：

（1）实体分类任务旨在根据实体的相关资源判断实体语义所属的类别。传统的实体分类模型仅使用了实体在文本中的上下文信息，却忽略了现有知识图谱这一包含丰富信息的资源。本章 4.2 节将介绍如何通过基于知识表示学习的注意力机制，使知识图谱中的实体关系信息在实体分类任务中得到有效的利用。

（2）实体对齐的目标是发掘不同知识图谱中实体的对应关系。相比一般的图匹配任务，实体对齐任务由于针对的是规模庞大、实例差异大的世界知识图谱而具有特殊的挑战性。在本章 4.3 节中将看到，通过对知识表示学习输出的实体表示进行匹配，可以用较低的计算复杂度得到令人满意的实体对齐效果。

（3）信息检索任务的目标是评估查询文本和文档之间的语义相关性并根据文档与给定查询文本的相关性对文档进行排序。在许多信息检索应用中，查询文本与文档中通常均有实体出现，而实体中包含的丰富的语义信息往往能够在很大程度上刻画查询文本或文档的核心主题，进而为查询文本和文档的相关性判断提供指导。本章 4.4 节中将使用知识表示学习将知识图谱中蕴含的实体语义信息引入信息检索模型以提升其效果。

4.2 细粒度实体分类

知识图谱以关系三元组的形式,提供了实体间丰富的关系信息。这种关系信息无疑有助于对实体类型的推断,例如,在已知"美国"与"加拿大"之间存在"接壤"关系的情况下,我们容易推断实体"加拿大"很可能为一个国家。

为了在实体分类任务中充分利用已知的关系信息,我们提出了基于知识注意力机制的神经细粒度实体分类(Knowledge-Attention Neural Fine-grained Entity Typing,KNET)模型。如图 4.1 所示,通过在上下文表示中引入受知识图谱实体表示指导的注意力机制,KNET 模型在实体分类任务中借用了知识图谱这一资源。

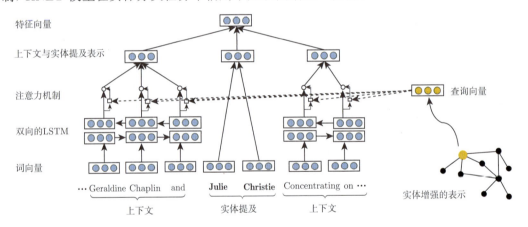

图 4.1 基于知识注意力机制的神经细粒度实体分类模型框架

4.2.1 算法模型

对于给定的句子和该句子中的某一实体提及,我们将句子表示为词序列 $s = \{\cdots, l_2, l_1, m_1, m_2, \cdots, r_1, r_2, \cdots\}$,其中 m_i 为组成实体内容的词,l_i 为出现在实体前的词,r_i 为出现在实体后的词。

KNET 模型首先在词向量的基础上得到实体提及与上下文的嵌入表示。由于实体内容包含的词通常较少,KNET 采用了一种简单高效的方法计算实体内容的嵌入表示,即直接将实体提及内容中的 n_m 个词的词向量进行数值平均：

$$\boldsymbol{m} = \frac{1}{n_m} \sum_{i=1}^{n_m} \boldsymbol{m}_i \tag{4.1}$$

至于上下文的嵌入表示，我们希望模型能够在其中体现出不同词的重要程度，故在 KNET 中设计了注意力机制，为上下文中不同的词计算不同的注意力分值。具体地，上下文 $\{\cdots, l_3, l_2, l_1\}$ 和 $\{r_1, r_2, r_3, \cdots\}$ 的词向量被分别输入 LSTM，上下文表示 $\boldsymbol{c}$ 则是 LSTM 输出 $\overrightarrow{\boldsymbol{h}_i^l}$、$\overleftarrow{\boldsymbol{h}_i^l}$、$\overrightarrow{\boldsymbol{h}_i^r}$、$\overleftarrow{\boldsymbol{h}_i^r}$ 的加权总和，即

$$\boldsymbol{c} = \frac{\sum_{i=1}^{L} \left(a_i^l \begin{bmatrix} \overrightarrow{\boldsymbol{h}_i^l} \\ \overleftarrow{\boldsymbol{h}_i^l} \end{bmatrix} + a_i^r \begin{bmatrix} \overleftarrow{\boldsymbol{h}_i^r} \\ \overrightarrow{\boldsymbol{h}_i^r} \end{bmatrix} \right)}{\sum_{i=1}^{L} a_i^l + a_i^r}, \tag{4.2}$$

其中，a_i^l、a_i^r 分别为 l_i、r_i 的注意力分值，而 L 为模型的一个超参数，控制上下文的窗口大小。

KNET 将上述过程得到的实体提及内容和上下文的嵌入进行拼接，得到输入样例的特征向量：

$$\boldsymbol{x} = \begin{bmatrix} \boldsymbol{m} \\ \boldsymbol{c} \end{bmatrix} \tag{4.3}$$

在获得输入特征向量之后，KNET 采用基于多层感知机的多标签分类器，得到细粒度实体分类的输出。

为了衡量上下文中每个词的重要程度，得到注意力分值，我们在 KNET 模型中尝试了 3 种不同的注意力机制。

- 语义注意力：完全根据上下文中词的语义（对应的 LSTM 输出）来计算其注意力分值。这种机制没有考虑实体本身与上下文中词的相关性。
- 提及内容注意力：根据上下文中词的语义与实体提及内容表示计算注意力分值。
- 知识注意力：根据上下文中词的语义与由知识表示学习得到的实体知识嵌入表示来计算注意力分值。

知识注意力机制是 KNET 模型的主要创新点。在本节的实验部分，我们将会看到，在上下文表示中引入知识表示学习产生的嵌入表示能明显提升模型的分类效果。不过，在此之前，我们还需要先对有关知识注意力的几点问题作出解释。

在训练过程中，我们很容易知道实体内容与知识图谱中实体的对应，但在真实的预测环境中，实体内容对应知识图谱中的哪一个实体，甚至是否存在这样一个已知的实体与之对应，都是未知的。在 KNET 模型中我们利用回归模型根据实体提及内容及上下文信息得到实体知识嵌入表示的近似。具体地，用单向 LSTM 分别编码左右上下文得到 c_l 与 c_r。实体知识嵌入表示被近似为

$$\hat{e} = \tanh\left(W \begin{bmatrix} m \\ c_l \\ c_r \end{bmatrix}\right) \tag{4.4}$$

在训练过程中，在目标函数中增加实体嵌入表示近似的平方误差来构建实体提及内容与图谱实体嵌入表示的对应：

$$J_{\text{KB}}(\theta) = -\sum \|e - \hat{e}\|^2 \tag{4.5}$$

KNET 根据近似的实体嵌入 $\hat{e}$ 尝试在知识图谱中找到与该实体提及内容对应的实体。KNET 首先根据实体名称的相似性，由实体内容检索得到一个候选实体集合。若该集合中所有实体嵌入表示与 $\hat{e}$ 的 L_2 距离均大于一个预先设定的阈值，则认为知识图谱中不存在与该实体内容对应的实体，在知识注意力中直接采用近似实体嵌入；否则认为实体提及内容与该集合中嵌入表示对应 $\hat{e}$ 的 L_2 距离最小的实体为对应实体，相应地在知识注意力中采用它的嵌入表示。

4.2.2　实验分析

1. 数据集与实验设置

FIGER 是一个广泛使用的数据集，它在 Ling 等人[115]的工作中被提出，用于实体分类。但是，FIGER 的训练集不包括 KNET 所需要的实体链接信息。此外，该测试集的粒度还不够细（例如，超过 38% 的实体只有人物标注，没有更细粒度的标签）。于是，我们自行构建数据集，该数据集合包含自动标注和人工标注两部分。

1) **自动标注数据集**（WIKI-AUTO）

类似于 Ling 等人[115]的工作，我们使用维基百科和 Freebase 来生成训练、验证与测试三部分数据集，并采用远距监督技术[134]来进行自动标注。具体来说，我们在维基百科中搜索包含链接到另一个维基页面超链接的句子，该链接可以进一步链接到一个 Freebase 实体，其类型标签包含在 Freebase 中，这个标签将被作为标注。我们在维基百科中主要搜索 FB15K 的实体，FB15K 是 Bordes 等人[19]构造的 Freebase 子集。

Freebase 包含数千种类型，通常比较混乱且带有噪声。例如，实体纽约市有 85 种类型，包括城镇、有狗的城市和获奖者。为了避免这种混淆，我们只保留在 FB15K 中至少有 50 个对应实体的类型，然后手动地将它们映射为一个包含 74 个类型的双层类别集合。

2）人工标注数据集（WIKI-MAN）

远距监督不可避免地会将噪声引入自动标注数据集[158, 209]。因此，从维基百科中随机抽取了 100 个实体和它们所在的句子，然后用与自动标注数据集相同的类别集合来手动标注它们。这个人工标注数据集仅用于测试过程。

自动标注和人工数据集各自有弱点。人工标注数据集的缺点是规模小，自动标注数据集的缺点是远距监督的假设过强从而引入噪声。但是，从人工标注数据集的观察结果来看，自动标注数据集的缺点并不严重：只有很小一部分实体在不同的上下文中有不同的标签（例如，在FIGER的测试集中只有 3.9%）。我们在两个数据集上分别进行了实验和结果分析，结论基本上是一致的。我们在表 4.1 中比较了FIGER、WIKI-AUTO和WIKI-MAN。

表 4.1 不同数据集合的比较

数据集	WIKI-AUTO	WIKI-MAN	FIGER
实体总数	100 000	100	562
实体平均类型数	3.07	2.32	1.38
人物	22.47%	16.00%	43.42%
组织	14.76%	11.00%	28.11%
地点	39.90%	52.00%	18.15%
其他类型	22.87%	21.00%	12.81%

注意，在实验中，Freebase 扮演了两个角色：①为 KRL 与 TransE 提供三元组来学习实体表向量；②为标注数据集提供类型信息。这两方面不一定需要用同一个知识图谱来完成，相反，它们可以由两个独立的知识图谱来实现。在实验中，我们确保①中的三元组和②中的实体类型信息相互独立，从而验证模型是否能够被推广到使用不同的数据图谱上。跟随 Ling 等人[115]的设定，我们使用宏平均 F_1、微平均 F_1 和准确率来评估模型的性能。一般来说，我们认为微平均 F_1 是最能代表细粒度实体分类性能的度量指标，进一步的细节可以在之前的相关工作中找到。尊从 Shimaoka 等人[175]的设定，我们使用预先训练过的单词向量进行初始化[153]。我们使用 Adam 优化器[100]用于参数优化。我们还使用了 TransE[113] 来获取实体表示向量。为了避免过度拟合，我们使用随机失活

(dropout) 技术，作用在实体的表示向量上。只在实体上使用的原因是测试集的实体在训练中可能是未见的，而上下文单词集合在训练集及测试集上并没有太多不同。

在超参数调整上，我们探索了不同的参数设置候选：学习率 λ 在 $\{0.01, 0.005, 0.01\}$ 中选择，LSTM 的隐状态大小在 $\{100, 150, 200\}$ 中选择，词向量的大小在 $\{50, 100, 300\}$ 中选择，窗口大小 L 在 $\{5, 10, 15\}$ 中选择，每次训练集合大小 B 在 $\{100, 500, 1\,000\}$ 中选择。基于模型在验证集上的表现，最优超参数设定如表 4.2 所示。

表 4.2　最优超参数设定

超参数	设定值
学习率	0.005
LSTM 隐藏层维数	100
词向量维数	300
窗口大小	15
批次大小	1000

2. 实验结果

神经模型已经被证明比大多数基于特征的模型要出色[115, 213, 214]。因此，我们选取以下两个经典的神经模型作为实验基线。

（1）**带语义注意力的神经模型（SA）**。根据我们的了解，这个模型[175] 是当前最优的模型。由于其代码还没有公开，我们自己实现了其模型，并取得了与作者报告类似的结果。

（2）**混合神经模型（HNM）**。我们也实现了 IINM[47]，这也是一个具有全连接层和循环层的神经模型，但是没有注意力机制。

我们还考虑了一个最近的基于特征的模型 —— **AFET**[157]，它也使用来自知识图谱的辅助信息，但没有考虑将实体之间的关系知识嵌入模型中以获得更好地实体特征。

考虑到引入了知识图谱这样的外部信息，我们进一步考虑了一个基线 —— **KB-only**，它只使用知识图谱的表示向量来做实体分类（以阈值 α 来控制，以 $x = e$ 替换式（4.3）中特征向量的定义，测试过程中以 $\hat{e}$ 近似）。

我们将以上这 4 个基线模型与我们的神经分类模型进行比较，其中包括内容注意 (**MA**)、知识注意 (**KA**)、消除歧义的知识注意 (**KA+D**)。结果显示在表 4.3 中。

从表 4.3 中，我们可以看到：

（1）所有的神经模型都比 AFET 表现得更好，展示了神经模型充分利用大规模训练数据的能力。

表 4.3 实体分类的表现 (%)

数据集	WIKI-AUTO						
评估指标	严格	宏平均			微平均		
	准确率	精确率	召回率	F_1	精确率	召回率	F_1
AFET	20.32	67.00	45.82	54.75	69.29	42.40	52.61
KB-ONLY	35.12	69.65	71.35	70.49	54.85	74.99	63.36
HNM	34.88	68.09	61.03	64.37	72.80	64.48	68.39
SA	42.77	75.33	69.69	72.40	77.35	72.63	74.91
MA	41.58	73.64	71.71	72.66	75.94	75.52	75.72
KA	45.49	74.82	72.46	73.62	76.96	75.49	76.22
KA+D	**47.20**	**75.72**	**74.03**	**74.87**	**77.96**	**77.87**	**77.92**

数据集	WIKI-MAN						
评估指标	严格	宏平均			微平均		
	准确率	精确率	召回率	F_1	精确率	召回率	F_1
AFET	18.00	64.50	50.00	56.33	64.29	50.43	56.52
KB-ONLY	17.00	55.50	72.83	63.00	27.81	74.57	40.52
HNM	15.00	61.80	68.00	64.75	62.35	68.53	65.30
SA	18.00	66.67	73.67	69.44	65.54	75.43	70.14
MA	26.00	65.13	78.50	71.19	64.09	82.33	72.08
KA	23.00	64.69	78.92	71.10	63.25	82.68	71.67
KA+D	**34.00**	**68.41**	**82.83**	**74.94**	**66.12**	**87.50**	**75.32**

（2）与 SA 相比，MA 的表现稍好一些，这是因为 MA 进行了一种简单的与实体相关的注意力机制。这表明了采用实体提及相关注意力机制的好处。

（3）KA 和 KA+D 在所有方法中取得最佳效果。原因是 KA 和 KA+D 都从知识图谱中引入了丰富的实体信息，并比其他方法能更准确地关注上下文单词。它表明了将知识图谱信息应用到实体分类模型上的有效性。

（4）KA+D 在所有评价指标下的性能都优于 KA。该模型通过对实体提及内容与图谱实体的相似程度进行消歧操作，从而可以从知识图谱中得到更精确的信息。

（5）KB-ONLY 的性能比 KA 和 KA+D 差很多。它表明，虽然知识图谱信息对实体类型分类有好处，但它并不能单独产生作用。相反，它必须以更复杂的方式与文本信息一起考虑，并最终对实体分类任务产生作用。

3. 不同实体上的模型有效性

为了研究模型的细节，我们进一步将它们在测试集的不同子集中与基线模型进行比较。测试集基于实体的粗粒度类型或消歧难度来划分。

1）**实体的粗粒度类型**

我们研究 3 种粗粒度实体类型上的性能：人物、组织和地点。为了更好地比较，我们还将它们与一个简单的基线模型比较——M-ONLY，它只使用实体提及内容来进行分类（以 $x = m$ 替换式 (4.3) 中特征向量的定义）。实验结果显示在表 4.4 中。

表 4.4 在不同粒度类型上的效果比较 (%)

类型	人物	组织	地点
数据集	WIKI-AUTO		
M-ONLY	58.64	63.95	87.65
HNM	63.79	66.85	86.26
SA	68.47	71.85	90.74
KA	70.77	74.18	91.23
KA+D	**74.87**	**75.16**	**91.75**
类型	人物	组织	地点
数据集	WIKI-MAN		
M-ONLY	52.63	71.19	75.54
HNM	54.00	50.00	76.69
SA	55.77	81.36	79.26
KA	67.72	75.41	79.29
KA+D	**67.14**	**90.32**	**81.62**

从表 4.4 中，我们可以看到：KA 和 KA+D 在更"有难度"的粗粒度类型上获得了更大的改进，如人物与组织。原因是，简单地根据实体内容，就可以较容易地确定一个地点实体的类型，因为它经常包含像河流或大道这样的信息性词汇。但是，对于人物和组织，我们必须更多地依赖上下文信息。在这种情况下，KA 和 KA+D 显示了它们在建模上下文信息上的优势。M-ONLY 的性能高低则在一定程度上显示了每个粗粒度类型的判断"难度"。

2）**消歧难度**

在 KA+D 中，在对知识图谱中的实体进行消歧时，需要依靠上下文环境来进行操作。上下文可以提供关于实体属性的丰富、有用的信息，也可能几乎不包含任何有用的提示信息。我们根据消除歧义操作的结果是否正确，将测试集划分为两个子集，分别命名为正确集和错误集，并探讨各种模型在其中的性能。结果显示在表 4.5 中。

表 4.5 在正确/错误子集上的模型结果 (%)

数据子集	正确集		错误集	
评估指标	严格	微平均 F_1	严格	微平均 F_1
WIKI-AUTO	80.53		19.47	
HNM	37.60	68.39	23.60	52.15
SA	46.66	78.63	26.64	57.61
MA	44.32	79.29	28.26	59.05
KA	49.24	79.83	**29.99**	**59.42**
KA+D	**51.77**	**82.33**	28.27	57.56
数据子集	正确集		错误集	
评估指标	严格	微平均 F_1	严格	微平均 F_1
WIKI-MAN	83.00		17.00	
HNM	15.66	67.80	11.76	51.95
SA	20.48	75.05	5.88	47.37
MA	28.92	75.22	11.76	53.85
KA	24.10	75.23	**17.65**	53.93
KA+D	**34.94**	**78.32**	12.50	**54.77**

从表 4.5 中，我们可以看到：

（1）KA 在两个子集中始终优于所有基线模型。它表明，使用知识图谱信息可以有力地实现对实体分类的改进。

（2）所有方法在正确集中的效果比在错误集中更好。结果是合理的，因为在正确集中的实体的上下文能够提供更准确的信息，并使得类型分类结果更好。

（3）在正确集中，KA+D 可以通过消除歧义从知识图谱中获得精确的实体信息，从而显著优于其他所有方法。在错误集中，KA+D 的优势较小，这是因为消除歧义不成功，但是它仍然优于基线。原因是，在阈值 α 的控制下，在这个子集中的一个实体将被对应到一个类似的实体（其表示向量也会有用），又或者保持原始文本的向量，从而一定程度上减少错误。

我们进一步在图 4.2 中展示阈值 α 对 KA+D 的影响。结果显示，当 α 增加（即对消除歧义结果要求更高）时，KA+D 的性能在正确集中得到了改进，但在错误集中变差。因此，在现实世界的应用中，我们必须根据正确集/错误集的比率（数据集的消歧困难），调整 α 以实现权衡。考虑到当 α 从 0.55 上升到 0.7 时，错误集的性能急剧降低和正确集的性能相对缓慢增长，我们将 α 设置为 0.55，最优参数如表 4.2 所示。

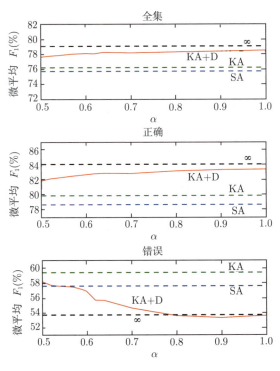

图 4.2 α 对 KA+D 的影响

注：∞ 表示不使用 α 的 KA+D 模型。

4. 案例分析

我们在图 4.3 中给出一个可视化的例子，比较由 SA 和 KA+D 给出的注意力数值。从这个示例中，我们可以看到：SA 未能将注意力集中在对实体分类有用的词汇上。而

模型	句子和注意力
SA	... tradition starred Omar Sharif, Geraldine Chaplin and Julie Christie. Concentration on the love triangle aspects of the novel, the film ...
KA+D	... tradition starred Omar Sharif, Geraldine Chaplin and Julie Christie. Concentration on the love triangle aspects of the novel, the film ...

图 4.3 案例分析

KA+D，通过正确地对应知识图谱中的实体，可以将重点放在那些有意义的单词上，如 starred、the film、Omar Sharif 和 Geraldin Chaplin。由 KA+D 所预测的类型是人物、艺术家和演员，它们与带标注的标签相同。除了这 3 种类型，SA 还预测了 3 种多余的类型。

4.2.3 小结

在本节中，我们提出了一种新的注意力机制，它利用知识图谱的信息，将其与文本综合考虑，从而更好地进行实体分类任务。

4.3 实体对齐

给定两个知识图谱 $\mathcal{G}_1 = (\mathcal{E}_1, \mathcal{R}_1, \mathcal{T}_1)$ 和 $\mathcal{G}_2 = (\mathcal{E}_2, \mathcal{R}_2, \mathcal{T}_2)$，实体对齐任务旨在发现它们包含的具有相同含义的实体，即找出含义相同的实体 $e_1 \in \mathcal{E}_1, e_2 \in \mathcal{E}_2$，$e_1$ 与 e_2 含义相同。由于现有知识图谱种类繁多，构建过程中使用的方法、资源等存在较大差异，实体对齐任务对于知识驱动的应用来说有着重要的意义。

经过抽象，实体对齐可以被归纳为图匹配问题，即求出使两个知识图谱结构最相似的节点匹配。作为模式识别领域的经典问题，图匹配问题已有丰富的相关研究工作，且已被成功应用到诸多任务中。然而，由于世界知识图谱具有规模庞大、噪声多、完整度低等特点，现有的图匹配算法通常很难直接在实体对齐任务中有用武之地，因此目前传统的实体对齐方法基本上仍停留在众包[188]或者利用维基百科的信息框[161]等结构良好的模式或本体上。这些方法由于过度依赖知识图谱之外的信息，要么受限于特殊的领域，要么人工成本高而难以大规模应用。

在本节中，我们介绍如何通过知识表示学习解决上述问题。我们的模型仅借助知识图谱自身的结构信息及已知的对齐种子集合 $L = \{(e_{i_1}, e_{i_2}) \mid e_{i_j} \in \mathcal{E}_j, e_{i_1}$ 与 e_{i_2} 已知具有相同语义$\}$ 实现对知识图谱实体的有效对齐。

4.3.1 算法模型

如图 4.4 所示，我们的模型使用知识表示学习对知识图谱的结构化信息进行编码，并进而利用这种编码实现实体对齐。具体而言，我们的方法由以下 3 部分组成。

（1）知识嵌入。根据多个知识图谱的实体关系三元组，使用基于平移的知识表示学习方法学习实体和关系的表示。

（2）联合嵌入。根据已对齐实体的种子集合，模型将不同知识图谱的知识嵌入映射到一个共同的语义空间。

（3）迭代对齐。通过将新找到的高置信度对齐实体加入种子集合，迭代式地进行实体对齐和知识表示的更新。

根据这 3 个部分的定义，得到的目标函数为

$$\mathcal{L} = \mathcal{K} + \mathcal{J} + \mathcal{I} \tag{4.6}$$

其中，$\mathcal{K}$、$\mathcal{J}$ 和 $\mathcal{I}$ 分别代表知识嵌入、联合嵌入和迭代对齐部分的得分函数。接下来对这 3 个部分进行更加详细的介绍。

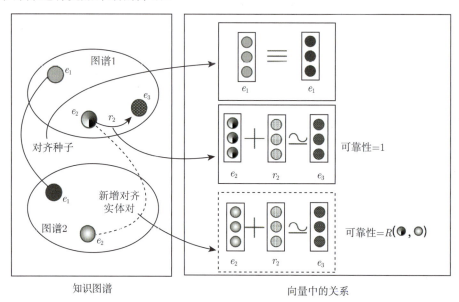

图 4.4　整体架构

注：这幅图表明我们的方法使用 TransE，同时使用参数共享和软对齐。两个椭圆框内的节点分别代表来自图谱 1 和图谱 2 的实体，椭圆框内的节点之间的箭头代表图谱 1 和图谱 2 中的关系。图谱间的实线和虚线分别代表迭代训练过程中的对齐种子和新对齐实体对。我们使用图谱间的链接和得分函数来表示源对象和相应目标对象的嵌入。相同的纹理代表相同的实体/关系和对应的嵌入。

知识嵌入应用一般的知识表示学习方法将知识图谱转换为实体的嵌入表示，其评分函数即衡量了该嵌入表示在编码知识图谱结构信息方面的优劣。在实验中，我们尝试了将 TransE 和 PTransE 两种不同的知识表示学习方法用于模型的知识嵌入部分。

知识嵌入部分对每一个知识图谱分别处理，未考虑不同知识图谱间实体的对应关系，而联合嵌入部分则根据已对齐实体的种子集合，将不同知识图谱的知识嵌入映射到一个共同的语义空间。具体地，我们假设知识嵌入得到的不同知识图谱中相同实体的嵌入表示间存在简单的对应关系，而联合嵌入部分的得分函数值 $E(e_1, e_2)$ 即衡量了实体嵌入表示对这种对应关系在 $e_1 \in \mathcal{E}_1$ 和 $e_2 \in \mathcal{E}_2$ 间的满足程度。在实验中，我们比较了如下 3 种假设的对应关系。

- **平移模型(TB)**：假设两图谱的对应实体嵌入间存在固定的平移关系 $\boldsymbol{r}^{(\mathcal{E}_1 \to \mathcal{E}_2)}$，对应的能量函数为 $E(e_1, e_2) = \|\boldsymbol{e}_1 + \boldsymbol{r}^{(\mathcal{E}_1 \to \mathcal{E}_2)} - \boldsymbol{e}_2\|$。
- **线性模型(LT)**：假设两图谱的对应实体嵌入间存在固定的以 $\boldsymbol{M}^{(\mathcal{E}_1 \to \mathcal{E}_2)}$ 为变换矩阵的线性变换关系，对应的能量函数为 $E(e_1, e_2) = \|\boldsymbol{M}^{(\mathcal{E}_1 \to \mathcal{E}_2)} \boldsymbol{e}_1 - \boldsymbol{e}_2\|$。
- **参数共享模型(PS)**：假设两图谱的对应实体嵌入间存在重合关系，即直接令对齐的实体在两个知识图谱中共享同一个实体嵌入。

平移模型和线性模型的得分函数均被定义为

$$\mathcal{J} = \sum_{(e_1, e_2) \in L} \alpha E(e_1, e_2) \tag{4.7}$$

这里 L 为对齐种子集合，参数共享模型的得分函数为 $\mathcal{J} = 0$。

直观上，由知识嵌入和联合嵌入发现的新的对齐实体可以进而被模型用于发现更多的对齐实体。因此，我们的模型通过迭代对齐部分引入新发现的实体对齐信息。

对于知识图谱 $\mathcal{G}_1$ 中的每个未对齐实体 $e_1 \in \mathcal{G}_1$，我们根据嵌入找到其在知识图谱 $\mathcal{G}_2$ 中的最近邻 $\hat{e}_2 = \arg\min_{e_2 \in \mathcal{G}_2} E(e_1, e_2)$，其中 $E(e_1, e_2) = \|\boldsymbol{e}_1 - \boldsymbol{e}_2\|_{L_1/L_2}$。当 $E(e_1, \hat{e}_2)$ 小于预先设定的阈值 θ 时，我们认为 e_1、$\hat{e}_2$ 构成了新对齐实体。模型维护一个新对齐实体集合 M，每次迭代发现的新对齐实体均被添加其中。为了使新对齐实体能够有效地被用于发现其他潜在的对齐实体，我们设计了两种不同的迭代对齐策略——**硬对齐策略（HA）**和**软对齐策略（SA）**。

在硬对齐策略中，我们直接使新对齐实体在两个知识图谱中共享嵌入，即将 e_1、e_2 均更新为 $(e_1 + e_2)/2$，然后将新对齐实体加入对齐种子集合。这种策略对应的得分函数为 $\mathcal{I} = 0$。

硬对齐由于会永久保留偶然引入的错误对齐实体，存在着比较严重的错误传播问题。为应对该问题，我们设计了软对齐策略，对每个新对齐实体的可靠度进行评估，并根据

可靠度动态调整其在得分函数中的权重。我们定义可靠度为

$$R(e_1, e_2) = \sigma\big(k(\theta - E(e_1, e_2))\big) \tag{4.8}$$

其中，σ 为 Sigmoid 函数，$k \in \mathbb{R}^+$ 为一超参数。我们希望新对齐实体在两个知识图谱中能够共享关系三元组，故定义软对齐策略下的得分函数为

$$\mathcal{I}_S = \sum_{(e_1, e_2) \in M} R(e_1, e_2)(\mathcal{H}_{(e_1, e_2)} + \mathcal{H}_{(e_2, e_1)}) \tag{4.9}$$

式中

$$\mathcal{H}_{(e_1, e_2)} = \sum_{(e_1, r, t)} U(e_2, r, t) + \sum_{(h, r, e_1)} U(h, r, e_2) \tag{4.10}$$

其中，$U(e_2, r, t)$、$U(h, r, e_2)$、$U(e_1, r, t)$、$U(h, r, e_1)$ 为当前嵌入在指定三元组上的损失函数，由知识嵌入部分中采用的 TransE 或 PTransE 模型定义。

4.3.2 实验分析

在实验中，我们主要关注实体对齐。此外，学习到的知识表示还可以帮助单个知识图谱补全，包括实体预测和关系预测。

1. 数据集和评测指标

在本书中，我们基于 FB15K[19] 构建了 4 个数据集。FB15K 最初是从 Freebase[19] 中提取的，包含 14 951 个实体、1 345 个关系和 592 213 个三元组。前 3 个数据集 DFB-1、DFB-2 与 DFB-3 用于实体对齐，最后一个数据集 DFB-4 用于知识图谱补全。

1）**DFB-1、DFB-2 和 DFB-3**

我们以相似的方式构建 3 个数据集，方法是将 FB15K 三元组随机分为两个相似大小的子集 —— $\mathcal{T}_1$ 和 $\mathcal{T}_2$，并使得 $\mathcal{T}_1$ 和 $\mathcal{T}_2$ 之间的共享三元组个数和所有三元组的重叠比率 O 满足预定义的值。这两个知识图谱中的实体集合 $\mathcal{E}$ 和关系集合 $\mathcal{R}$ 是相同的。我们知道所有的关系对齐并且对齐种子 L 是从最高频的实体中选择的。其他实体的对齐被用作测试集和验证集。这 3 个数据集是用不同的 $|L|$ 和两个知识图谱之间的重叠比率 O 构建的，如表 4.6 所示。

2）**DFB-4**

我们从 FB15K 中提取 3 个数据集。前两个用作训练和测试，第三个用作辅助训练。我们首先抽取一个测试集，然后将剩下的三元组分成两个子集，即一个训练集和一个辅

助训练集。实体集合 $\mathcal{E}$、关系集合 $\mathcal{R}$ 和对齐种子 L 与 DFB-1 相同。训练集、测试集和辅助训练集的大小分别为 399 856、59 071 和 399 857。

表 4.6 DFB-1、DFB-2 与 DFB-3 的统计数据

数据集	$|\mathcal{R}|$	$|\mathcal{E}|$	$|\mathcal{T}_1|$	$|\mathcal{T}_2|$	$|L|$	有效数量	O
DFB-1	1 345	14 951	444 159	444 160	5 000	1 000	0.5
DFB-2	1 345	14 951	444 159	444 160	500	1 000	0.5
DFB-3	1 345	14 951	325 717	325 717	500	1 000	0.1

表 4.7 实体对齐结果

指标	DFB-1			DFB-2			DFB-3		
	一命中率 (%)	十命中率 (%)	MR	一命中率 (%)	十命中率 (%)	MR	一命中率 (%)	十命中率 (%)	MR
MTransE (LT)	38.9	61.0	237.7	12.3	33.8	419.2	6.5	22.0	699.8
MTransE (TB)	13.6	35.1	547.7	13.9	35.4	675.7	4.5	16.1	1 255.5
TransE + PS	61.9	79.2	105.2	41.1	67.0	154.9	12.2	34.6	431.9
ITransE (HA)	62.6	78.9	100.0	41.2	66.9	151.9	12.3	33.7	432.3
ITransE (SA)	**67.1**	**83.1**	**80.1**	**57.7**	**77.7**	**109.3**	**16.2**	**40.9**	**367.2**
PTransE + PS	65.8	83.4	62.9	46.3	72.1	96.8	15.8	40.2	346.9
IPTransE (HA)	66.1	83.3	59.1	46.2	72.6	94.2	15.1	39.7	337.6
IPTransE (SA)	**71.7**	**86.5**	**49.0**	**63.5**	**82.2**	**67.5**	**20.4**	**47.4**	**281.0**

评估指标有两种：①正确实体或关系的平均排名（Mean Rank，MR）；②排名前 10 位和前 1 位的正确答案比例（十命中率和一命中率）。其中，十命中率和一命中率越高越好，MR 越低越好。

2. 实体对齐

为了进行比较，我们选择两个模型作为基线：基于平移的模型和基于 TransE 的线性变换模型，这些模型从 Var_3 和 MTransE[33] 中的 Var_4 中改进而成，被命名为 MTransE（TB）和 MTransE（LT）。我们还选择带参数共享模型的 TransE/PTransE（TransE/PTransE+PS）进行比较。传统的基于张量的模型由于计算复杂度高而未被选为基线。实体对齐结果如表 4.7 所示。

从表 4.7 中，可以看出：

（1）在联合嵌入的各种方法中，参数共享模型优于线性变换模型和基于平移的模型，这验证了实体及其对应实体共享相同的内在知识。

（2）在迭代对齐的各种方法中，软对齐模型始终优于硬对齐模型和其他基线，原因是硬对齐受到之前分析过的错误传播的影响。

（3）基于 PTransE 的方法优于相应的 TransE 方法，这表明更好的知识嵌入有利于得到更准确的对齐结果。

我们进一步在图 4.5 中展示了每次迭代中软对齐策略的性能。

从图 4.5 中，可以看到：

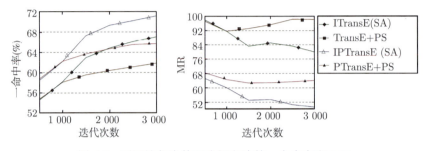

图 4.5　不同迭代次数下我们方法的一命中率和 MR

注：十命中率和一命中率有相似的趋势。从第 1 000 次迭代开始每 500 次迭代进行一次软对齐。

（1）所有方法的性能都随迭代次数的增加而逐渐增长，而且增长的速度在逐渐减慢。经过第 3 000 次迭代后，增长率很低，因此我们提供第 3 000 次迭代的结果来平衡性能和效率。自第 1 000 次迭代以来，SA 方法取得了比其他方法更好的性能（在第 3 000 次迭代中，ITransE（SA）的性能甚至比 PTransE+PS 更好）。

（2）在第 1 500 次迭代中，SA 方法有很大的提高，这可能是由于我们在第 1 000 次迭代进行了软对齐。它可以帮助远离对齐种子的错误实体对正确地对齐，从而提高整体的性能。

（3）对于 MR，非迭代方法在第 1 000 次到第 1 500 次迭代时开始增加（表明性能越来越差），而 SA 方法的趋势是一直下降。由于 MR 可以评估模型的整体性能，实验结果证实了我们模型的稳健性。

3. 知识图谱补全

以上实验已经证实了我们的方法可以胜任实体对齐任务。我们还想证实，实体对齐可以帮助学习更好的知识嵌入，这可以通过知识图谱补全[17, 19, 20]来评估。知识图谱补全的目的是当 h、r、t 中的一个丢失时补全三元组 (h, r, t)。我们的评估指标有两种：①正确实体或关系的平均排名（MR）；②正确答案在前 10 名（十命中率，实体）或前 1

名(一命中率,关系)中的比例。我们也遵循前文提到的"原始"和"过滤"的评估设置。我们在 DFB-4 上进行实验,并将任务分成两个子任务——实体预测和关系预测。

为了比较,我们选择几个模型作为基线:①TransE / PTransE,其只能利用来自 DFB-4 训练集的信息;② TransE / PTransE + Aux,其可以利用来自训练集的所有三元组和来自辅助集且头实体和尾实体都是对齐种子的三元组; ③ MTransE(LT) 和 MTransE(TB)。由于 SA 模型的性能优于 HA 模型和 TransE / PTransE + PS,限于篇幅,我们只选 ITransE / IPTransE(SA)作为比较。

实体预测和关系预测的结果如表 4.8 所示。

表 4.8 实体预测和关系预测的结果

指标	实体预测				关系预测			
	MR		十命中率 (%)		MR		一命中率 (%)	
	原始	过滤	原始	过滤	原始	过滤	原始	过滤
MTransE (LT)	240.8	131.3	36.4	47.3	37.2	36.9	48.3	56.9
MTransE (TB)	851.3	759.7	9.4	10.8	293.7	293.4	27.4	27.7
TransE	246.1	131.6	42.5	54.3	55.9	55.6	44.2	50.7
TransE + Aux	232.8	121.5	43.3	54.9	50.1	49.8	44.4	50.9
ITransE (SA)	**209.2**	**101.0**	**44.2**	**55.1**	19.8	19.6	54.2	60.7
PTransE	213.0	97.2	50.9	72.1	2.33	1.96	67.4	86.9
PTransE + Aux	206.3	80.4	52.7	80.7	2.34	1.93	**68.8**	90.5
IPTransE (SA)	**197.5**	**70.6**	**53.0**	**80.8**	2.03	1.62	68.6	**90.8**

从表 4.8 中,我们可以看到:

(1)具有软对齐的参数共享模型几乎在所有度量中都优于所有基线,除了在一命中率的原始上具有可比较的性能。这个结果表明我们的方法可以成功地利用来自辅助图谱的信息来改善知识嵌入。

(2)参数共享模型与直接采用辅助图谱(TransE/PTransE+Aux)的方法相比,取得了更好的 MR。这表明通过迭代添加新对齐实体对,我们可以实现具有更多信息量的知识嵌入。

4.3.3 小结

本节提出了通过将不同知识图谱的实体与关系编码到一个统一语义空间中,利用联合知识嵌入来实现迭代式实体对齐的方法。我们提出了一个简单而有效的参数共享模型和迭代对齐模型来学习联合嵌入并同时进行实体对齐。我们在实体对齐和知识图谱补全两个任务上评估了模型，实验结果证实了我们的方法比其他基线模型更具有优势，这凸显出应用世界知识图谱对实体对齐任务的作用。

4.4 融入知识的信息检索

近些年来，信息检索在两个方向上进行了探索性的研究。其一是神经信息检索模型，包括基于表示的神经网络信息检索模型与基于交互的神经信息检索模型，它们使用神经网络从大规模数据中学习分布式表示并进而提升检索模型效果，达到了当前最好的模型水平。其二是基于实体的信息检索模型，将知识图谱的信息融合进信息检索模型中，旨在充分利用人类的先验知识来指导信息检索模型。在本节中，我们介绍一种融合知识的神经信息检索方法 (EDRM)，能够做到将人类的先验世界知识汇入神经检索模型之中，从而显著增强检索效果。

4.4.1 算法模型

EDRM 的总体架构如图 4.6 所示。

EDRM 引入知识图谱的语义信息构建实体表示。具体地，实体表示在 EDRM 中包含了 3 部分嵌入：实体嵌入、描述嵌入和类型嵌入。

实体嵌入使用嵌入层 Emb_e 来得到实体 e 的实体嵌入 $\boldsymbol{v}_e^{\text{emb}}$：

$$\boldsymbol{v}_e^{\text{emb}} = \text{Emb}_e(e) \tag{4.11}$$

描述嵌入对包含 m 个词的实体描述文本进行编码。EDRM 首先使用词嵌入层 Emb_w 将描述词 w 嵌入为 $\boldsymbol{v}_w$。在文本中的所有词嵌入合并得到的嵌入矩阵 $\boldsymbol{V}_w$ 上，EDRM 使用卷积核对其中长度为 h 的 n-gram 编码为 $\boldsymbol{g}_e^j$：

$$\boldsymbol{g}_e^j = \text{ReLU}(\boldsymbol{W}_{\text{CNN}} \cdot \boldsymbol{V}_w^{j:j+h} + \boldsymbol{b}_{\text{CNN}}) \tag{4.12}$$

其中，$\boldsymbol{W}_{\text{CNN}}$ 和 $\boldsymbol{b}_{\text{CNN}}$ 为卷积核的参数。$\boldsymbol{V}_w^{j:j+h}$ 表示第 j 到 $j+h$ 的词嵌入合并，激活函数为线性整流函数（ReLU）。

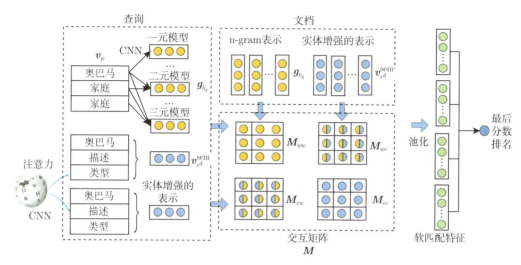

图 4.6 EDRM 的总体架构

在卷积层之后,EDRM 使用最大池化操作得到描述嵌入 $\boldsymbol{v}_e^{\text{des}}$:

$$\boldsymbol{v}_e^{\text{des}} = \max(\boldsymbol{g}_e^1, \cdots, \boldsymbol{g}_e^j, \cdots, \boldsymbol{g}_e^m) \tag{4.13}$$

类型嵌入对实体类型进行编码。假设实体 e 有 n 种类型 $F_e = \{f_1, \cdots, f_j, \cdots, f_n\}$,EDRM 首先使用类型嵌入层 Emb_{tp} 得到 f_j 的嵌入 $\boldsymbol{v}_{f_j}^{\text{emb}}$:

$$\boldsymbol{v}_{f_j}^{\text{emb}} = \text{Emb}_{\text{tp}}(e) \tag{4.14}$$

然后,EDRM 使用注意力机制将实体类型合并为类型嵌入 $\boldsymbol{v}_e^{\text{type}}$:

$$\boldsymbol{v}_e^{\text{type}} = \sum_{j=1}^n a_j \boldsymbol{v}_{f_j} \tag{4.15}$$

其中,a_j 为式 (4.16) 定义的注意力得分,即

$$a_j = \frac{\exp(P_j)}{\sum_{l=1}^n \exp(P_l)} \tag{4.16}$$

$$P_j = \left(\sum_i \boldsymbol{W}_{\text{bow}} \boldsymbol{v}_{t_i}\right) \cdot \boldsymbol{v}_{f_j} \tag{4.17}$$

其中,P_j 为查询或文档表示与类型嵌入 f_j 之间的点积。我们使用词袋作为查询和文档的编码方式。$\boldsymbol{W}_{\text{bow}}$ 为参数矩阵。

在得到 3 种不同的嵌入后,EDRM 使用一个线性层将 3 种嵌入合并,得到实体的语义表示:

$$v_e^{\text{sem}} = v_e^{\text{emb}} + W_e(v_e^{\text{des}} \oplus v_e^{\text{type}})^\top + b_e \tag{4.18}$$

其中，W_e 和 b_e 分别为线性变换的矩阵与偏置量。

为了有效地将知识图谱中的语义信息引入神经信息检索模型，EDRM 使用词–实体组合的方式同时在词和实体上对查询和文档进行比较。具体地，假设查询和文档的实体袋为 q^e、d^e，词袋为 q^w、d^w，则 EDRM 通过构建交互矩阵 $M = \{M_{ww}, M_{we}, M_{ew}, M_{ee}\}$ 分别考虑了以下 4 种不同的关联：查询词和文档词（q^w – d^w）、查询词和文档实体（q^w – d^e）、查询实体和文档词（q^e – d^w）、查询实体和文档实体（q^e-d^e）。交互矩阵的元素定义如下：

$$\begin{cases} M_{ww}^{ij} = \cos(v_{w^q}^i, v_{w^d}^j); M_{ee}^{ij} = \cos(v_{e^q}^i, v_{e^d}^j) \\ M_{ew}^{ij} = \cos(v_{e^q}^i, v_{w^d}^j); M_{we}^{ij} = \cos(v_{w^q}^i, v_{e^d}^j) \end{cases} \tag{4.19}$$

通过函数 $\phi(\ )$，EDRM 在每个交互矩阵 M 的基础上计算得到交叉匹配 $\phi(M)$。将交叉匹配拼接后，即得到最终的排序特征 $\Phi(M)$：

$$\Phi(M) = [\phi(M_{ww}); \phi(M_{we}); \phi(M_{ew}); \phi(M_{ee})] \tag{4.20}$$

其中，$\phi(\ )$ 可以是任意基于交互式的检索模型的排序函数。

4.4.2 实验分析

我们在实验中设置了 3 个测试场景：

- Testing-SAME：测试采用 DCTR 推断出的标注，采用经典搜索评价指标的归一化折损累计增益（NDCG）来度量；
- Testing-DIFF：测试时使用 TACM 推断出的标注，同样采用归一化折损累计增益来度量；
- Testing-RAW：测试时采用平均倒数排名（MRR）来测试最符合文档的排序结果。

DCTR 和 TACM 均为经典的点击模型，此外实验的对比模型还有基于交互的神经检索模型 K-NRM 与 Conv-KNRM。通过表 4.9 可以看到，相比较主要的基线模型（K-NRM 和 Conv-KNRM）来讲，模型在 Testing-DIFF 和 Testing-RAW 上有更好的表现，证明模型具有更好的泛化能力。

接下来我们验证了实体在检索模型中的作用（如图 4.7 和图 4.8 所示）。首先从图 4.7 可以看出，语义匹配所占比例远远高于精确匹配，这与 K-NRM 及 Conv-KNRM 的结果一样，证明相比较传统的精确匹配来讲，语义匹配更加重要；接下来我们可以看到交叉空间以及实体–词之间的交互占了较大比重，从而证明了交叉匹配以及词–实体级别匹配的有效性。

表 4.9 EDRM-KNRM、EDRM-CKNRM 和基线模型的排序准确率

方法	Testing-SAME NDCG@1		NDCG@10		Testing-DIFF NDCG@1		NDCG@10		Testing-RAW MRR	
BM25	0.142 2	−46.24%	0.286 8	−31.67%	0.163 1	−45.63%	0.325 4	−23.04%	0.228 0	−33.86%
RankSVM	0.145 7	−44.91%	0.308 7	−26.45%	0.170 0	−43.33%	0.351 9	−16.77%	0.224 1	−34.99%
Coor-Ascent	0.159 4	−39.74%	0.354 7	−15.49%	0.208 9	−30.37%	0.377 5	−10.71%	0.241 5	−29.94%
DRMM	0.136 7	−48.34%	0.313 4	−25.34%	0.212 6‡	−29.14%	0.359 2§	−15.05%	0.233 5	−32.26%
CDSSM	0.144 1	−45.53%	0.332 9	−20.69%	0.183 4	−38.86%	0.353 4	−16.41%	0.231 0	−33.00%
MP	0.218 4†‡	−17.44%	0.379 2†‡	−9.67%	0.196 9	−34.37%	0.345 0	−18.40%	0.240 4	−30.27%
K-NRM	0.264 5		0.419 7		0.300 0		0.422 8		0.344 7	
Conv-KNRM	0.335 7†‡§¶	+26.90%	0.481 0†‡§¶	+14.59%	0.338 4†‡§¶	+12.81%	0.431 8†‡§	+2.14%	0.358 2†‡§	+3.91%
EDRM-KNRM	0.309 6†‡§¶	+17.04%	0.454 7†‡§¶	+8.32%	0.332 7†‡§	+10.92%	0.434 1†‡§	+2.68%	0.361 6†‡§	+4.90%
EDRM-CKNRM	**0.339 7**†‡§¶*	+28.42%	**0.482 1**†‡§¶*	+14.86%	**0.370 8**†‡§¶*	+23.60%	**0.451 3**†‡§¶*	+6.74%	**0.389 2**†‡§¶*	+12.90%

注：模型相对于 K-NRM 的表现以百分比的形式给出。†、‡、§、¶、* 分别表示相较 DRMM†、CDSSM‡、MP§、K-NRM¶ 和 Conv-KNRM* 具有统计意义下显著的提升。

(a) EDRM-KNRM 核的权重分布　　(b) EDRM-CKNRM 核的权重分布

图 4.7　EDRM 的排序贡献

注：图中展示了 3 种场景：Exact 和 Soft 比较了精确匹配核和其他匹配核的权重；Solo Word 和 Others 显示了仅基于文本进行匹配的比例；In-space 和 Cross-space 为单一空间与跨空间匹配的对比。

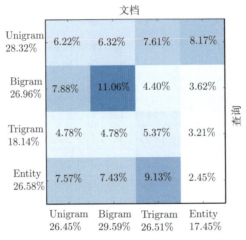

图 4.8　EDRM-CKNRM 的单一核权值

为了进一步探究词语的 n-gram 和实体之间的交互比例，我们得到了图 4.8 所示的结果。从结果可以看到权重基本都是均匀分布，从而进一步证明了 n-gram 及加入实体的必要性。

模型的提升主要来源其泛化能力，因此我们进一步分析其原因。首先我们做了消融实验，如表 4.10 所示。从表 4.10 中可以看出，实体的描述对增强模型的泛化能力有很大帮助，加入 3 种语义元素对模型的效果从不同方面有了一定提升。但是相对于 Conv-KNRM 来说，仅仅利用实体信息（entity embedding）对模型效果的提升很不明显，我们认为，只考虑实体仅仅是一种更精确的 n-gram 模型，在这里 Conv-KNRM 已经学得很好，因而融入实体知识带来的变化不大。

为了进一步探究实体对于检索模型的影响，我们测试了不同场景下的模型的表现（如图 4.9 和图 4.10 所示），并发现我们的模型在基线模型比较难做对的问题及短的问题上，效果更加明显，这进一步说明了引入实体的重要性。

表 4.10 在 K-NRM 和 Conv-KNRM 基础上增加多样语义的排序准确度

方法	Testing-SAME NDCG@1		NDCG@10		Testing-DIFF NDCG@1		NDCG@10		Testing-RAW MRR	
K-NRM	0.264 5	—	0.419 7	—	0.300 0	—	0.422 8	—	0.344 7	—
+Embed	0.274 3	+3.68%	0.429 6	+2.35%	0.313 4	+4.48%	0.430 6	+1.86%	0.364 1†	+5.62%
+Type	0.270 9	+2.41%	0.439 5†	+4.71%	0.312 6	+4.20%	0.437 3†	+3.43%	0.353 1	+2.43%
+Description	0.282 7	+6.86%	0.436 4†	+3.97%	0.318 1	+6.04%	0.430 6	+1.86%	**0.369 1**†§*	+7.06%
+Embed+Type	0.292 4†	+10.52%	0.453 3†§¶	+8.00%	0.303 4	+1.13%	0.429 7	+1.65%	0.354 4	+2.79%
+Embed+Description	0.289 1	+9.29%	0.444 3†‡	+5.85%	0.319 7	+6.57%	0.430 4	+1.80%	0.356 4	+3.38%
完整模型	**0.309 6**†‡§	+17.04%	**0.454 7**†‡§¶	+8.32%	**0.332 7**†*	+10.92%	**0.434 1**†	+2.68%	0.361 6†	+4.90%
Conv-KNRM	0.335 7	—	0.481 0	—	0.338 4	—	0.431 8	—	0.358 2	—
+Embed	0.338 2	+0.74%	**0.483 1**	+0.44%	0.345 0	+1.94%	0.441 3	+2.20%	0.375 8†	+4.91%
+Type	0.337 0	+0.38%	0.476 2	−0.99%	0.342 2	+1.12%	0.442 3†	+2.42%	0.379 8†	+6.02%
+Description	0.339 6	+1.15%	0.480 7	−0.05%	0.353 3	+4.41%	0.446 8†	+3.47%	0.381 9†	+6.61%
+Embed+Type	**0.342 0**	+1.88%	0.482 8	+0.39%	0.354 6	+4.79%	0.449 1†	+4.00%	0.380 5†	+6.22%
+Embed+Description	0.338 2	+0.73%	0.480 5	−0.09%	0.360 8	+6.60%	0.449 4†	+4.08%	0.386 8†	+7.99%
完整模型	0.339 7	+1.19%	0.482 1	+0.24%	**0.370 8**†‡§	+9.57%	**0.451 3**†‡	+4.51%	**0.389 2**†‡	+8.65%

注:相对表现以百分比的形式呈现。†、‡、§、¶、*、** 分别表示相比 K-NRM† (or Conv-KNRM†)、+Embed‡、+Type§、+Description¶、+Embed+Type*、+Embed+Description** 具有统计意义下显著的提升。

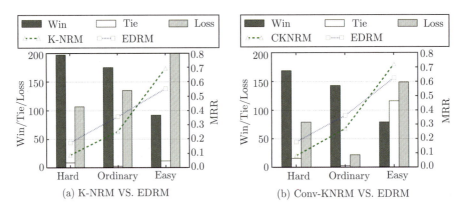

图 4.9 表现和查询难度的关联

注：横轴上标注了 3 种不同的难度级别，纵轴为相应组中的 Win/Tie/Loss（（a）图）和 MRR（（b）图）。

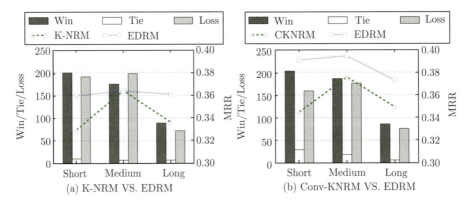

图 4.10 表现和查询长度的关联

注：横轴上标注了 3 种不同的长度级别，纵轴为相应组中的 Win/Tie/Loss（（a）图）和 MRR（（b）图）。

最后我们做了样例分析，如表 4.11 和表 4.12 所示。

EDRM-CKNRM 对这些例子进行了正确的排序。表 4.11（a）列出了查询–文档对。表 4.11（b）列出了能够为匹配查询–文档对提供有用信息的相关实体语义。例子和相关语义均通过检查 EDRM-CKNRM 多次独立运行时排序的变化人工挑选。首先，实体描述能够解释实体的含义。例如，"美图秀秀网络版"和"美丽说"是两个分别提供图像处理和购物服务的网站。他们的描述提供了额外的检索信息，从而使得文本的表述得以增强。其次，实体类型可以在问题和文档之间建立深层联系。例如，不同问题中的实体"蜡笔小新"和"银魂"是共享相同的实体类型；问题和文档中也有这种隐藏的关联，如"鲁大师"和"系统优化"。

表 4.11 查询和文档样例

查询	文档
Meituxiuxiu web version	*Meituxiuxiu web version*: An online picture processing tools
Home page of *Meilishuo*	Home page of *Meilishuo* - Only the correct popular fashion
Master Lu	Master Lu official website: *System optimization*, hardware test, phone evaluation
Crayon Shin-chan: The movie	*Crayon Shin-chan*: The movie online-Anime
GINTAMA	*GINTAMA*: The movie online-Anime-Full HD online watch

注：所有实体以强调样式显示。

表 4.12 相关实体的语义

实体	内容
Meituxiuxiu web version	描述：Meituxiuxiu is the most popular Chinese image processing software, launched by the Meitu company
Meilishuo	描述：Meilishuo, the largest women's fashion e-commerce platform, dedicates to provide the most popular fashion shopping experience
Crayon Shin-chan, GINTAMA	类型：Anime; Cartoon characters; Comic
Master Lu, System Optimization	类型：Hardware test; Software; System tool

注：前两行和后两行分别展示了实体描述和实体类型。

4.4.3 小结

本节介绍了如何利用知识图谱中的语义信息提升基于交互的信息检索模型的效果。我们介绍的方法并未使用 TransE 等方法引入知识图谱包含的关系信息，利用的仍然是低维空间中实体的语义表示。实验结果表明将世界知识信息应用在信息检索中是未来值得探究的方向。

4.5 本章总结

本章介绍了我们在世界知识计算应用方面所做的探索性工作。具体地，本章详细展示了如何将世界知识应用到细粒度实体分类、实体对齐和信息检索三种不同的应用中。总的来说：

（1）KNET 模型对细粒度实体分类引入了受实体表示指导的注意力机制，借助知识图谱中的世界知识来指导处理实体的上下文，从而完成实体的类型预测。

（2）我们的实体对齐模型基于知识表示学习得到的实体表示来进行实体对齐的建模，使得知识图谱中的世界知识能够更加高效和普适地用于知识图谱间的实体对齐。

（3）EDRM 模型在基于交互的神经信息检索模型上引入了实体表示信息，借助查询文本和文档中的实体语义来更加准确地捕捉二者间的相关性，提高了信息检索的质量。

我们希望我们的工作能够让读者感受到世界知识在数据挖掘、自然语言处理等领域的巨大潜力。我们也期待它们起到抛砖引玉的作用，启发更多的人来探索世界知识的应用价值。

第二篇 语言知识图谱

在这一部分，我们以知网（HowNet）作为研究对象，关注语言知识图谱在表示学习、自动获取和计算应用三方面的相关研究。

词语是人类语言中言语或写作过程中独特且有意义的元素，但也并非是不可分割的语义单元。事实上，一个词的意思可以表示为一组语义单元的集合。例如，**男孩 = 人类 + 男性 + 孩童**。语言学家将人类语言的最小语义单位定义为义原[13]，并且一些语言学家提出所有概念（如义项、词和短语）的语义含义均可以由一个有限的义原集合表示。义原的概念与语义单元的概念密切相关[61]，可以帮助我们更好地理解人类的语言。

由于词的义原并不明确，语言学家往往通过使用一套预定义的义原集来标注词语，进而构建义原知识图谱。知网是一个广泛使用的经典义原知识图谱[48]，它定义了大约 2 000 个义原，并用一个或多个相关的义原以层次结构的方式标注了超过 100 000 个中英文常用词和短语，而且其义原标注是义项级别的，即多义词的每个义项都有单独的义原标注。知网的标注过程耗费了多名语言学家近 20 年的努力，目前还在保持更新。与著名的基于同义词集（synset）的词库词网（WordNet）[133] 不同的是，知网的构建基于还原论的思想，而且强调义原所代表的部分和属性的重要性。

图 1 是知网中词的义原标注示例。第一层是**词语**"苹果"，它有两个主要的**义项**，它们显示在第二层：一个义项是知名的电脑品牌（Apple brand），另一个义项是一种水果（apple）。第三层是**义原**，它们对应解释了每个义项。例如，第一个义项Apple brand表示一个电脑品牌，因此它有样式值、携带、特定牌子等义原。

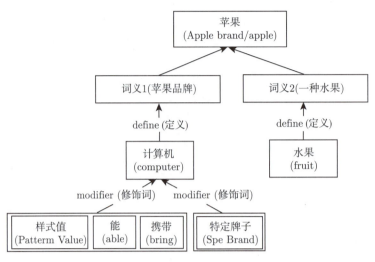

图 1　知网中词的义原标注示例

从图 1 可以看出，知网中的每个义项的义原都用了多种关系来标注，如define和modifier，从而形成了复杂的层次结构。在本篇要介绍的工作中，为简单起见，我们只把一个词或者义项的所有义原视作一个义原集合，而并不考虑它们的内部结构。

目前知网和义原已经被广泛应用于诸多的自然语言处理应用，包括词相似度计算[118,200]、情感分析[56,86]、词义消歧[49]等。我们也会在本篇中重点介绍义原在词表示学习[151]、词典扩展[220]和语言模型[68]中的应用。

第 5 章
语言知识的表示学习

5.1 章节引言

词表示学习是许多自然语言处理任务（如语言模型[10]和神经机器翻译[184]）的基础步骤。目前，已有大量关于词表示学习的研究，其中典型模型 word2vec[127] 和 GloVe[153] 在模型有效性和计算效率之间取得了良好的平衡，受到了自然语言处理领域研究者的广泛使用，且在很多任务中表现出卓越的性能。

但传统的词表示学习也具有一定的局限性。

（1）传统的词表示学习粒度较粗，主要关注于词级别的表示，通常每个词对应一个嵌入表示，忽略了多义词的多个义项，这使得词向量在捕捉全局特征的同时弱化了特殊语境下的局部特征表示。

（2）绝大多数的词表示学习是从大型语料库中学习词的分布信息的，而忽略了语义词典包含的有价值的信息。事实上，大量语义词典中高质量的结构化语义信息将有助于更好的学习词表示。

上述问题限制了词表示的效果，也使得在词表示上进行词义消歧等复杂操作难以进行。

如前文所说，一个词的意思可以表示为一组语义单元的集合。例如，"男孩 = 人类 + 男性 + 孩童"。语言学家将人类语言的最小语义单位定义为义原[13]，并且一些语言学家提出所有概念（例如，义项、词和短语）的语义含义可以由一个有限的义原集合表示。

为了解决上述问题，本章引入语言知识图谱，依托知网中的义原信息，在一个更加细粒度的层面上进行表示学习，从而捕捉到更加细致的语义信息。这些研究主要从以下两个方面进行了深入与展开。

（1）正如词表示学习对词信息的捕捉的重要性，义原的表示学习也对语言知识的利用起着至关重要的作用。在本章中，我们尝试使用机器学习方法学习义原的向量表示，通过不同的义原的表示学习方法来充分学习更加细粒度的结构化语言知识。

（2）我们探讨了利用语言知识图谱中义项的义原信息来改进词表示学习的效果。直观来看，现有的词表示学习方法均基于大量语料中的上下文信息，低频词的词向量学习效果较差，义原知识可以很好地增强这些词的表示学习效果；同时，知网是基于义项为词的前提下进行义原标注的，这也为义项的表示学习提供了思路，对词义消歧等任务具有深远的意义。

本章主要介绍两种不同的义原的表示学习及词向量表示学习增强的方法。在具体介绍我们的工作之前，我们会对相关的背景知识进行梳理与总结。

5.2 相关工作

5.2.1 词表示学习

近年来，词表示学习取得了长足的发展。使用独热编码表示来表示词是简单而直接的，但是通常会遇到数据稀疏和忽略词之间语义关系的问题。为了解决这些问题，Bengio 等人[10]提出了向量表示的概念，将所有的词映射到一个连续的低维语义空间中，每个词有一个词向量。词向量功能强大，目前已经广泛应用于许多自然语言处理任务，包括神经语言模型[10,128]、机器翻译[6, 184]、句法分析[32]和文本分类[226]。

许多研究致力于提出更好的词表示学习方法。而词表示学习任务的一个挑战在于随着语料库呈指数级增长，模型效率成为瓶颈。Mikolov 等人[127]提出了 CBOW 和 Skip-gram 两种模型，在有效性和效率之间取得了很好的平衡。这两个模型假设词的意义可以很好地反映在上下文中，并通过最大化词和上下文之间的预测概率来学习词表示。Pennington 等人[153]进一步利用全局的词共现矩阵进行矩阵分解来学习词表示。然而，这些模型为每个词学习一个词向量，而不考虑许多词具有多个义项这一事实。Huang 等人[85]以及 Tian 等人[185]利用多原型向量模型来学习词表示，并为每个词的每个义项构建不同的向量。Neelakantan 等人[143]提出了学习每个词的非参多重嵌入的 Skip-gram 模型的扩展。Rothe 等人[165]则利用自编码器共同学习词、义项和同义词集在同一个语义空间中的表示。

此外，绝大多数的词表示学习方法从大型语料库中学习词的分布信息，而忽略了语义词典包含的有价值的信息。因此，一些工作试图将知识图谱的语义信息注入词表示学习模型中[16, 53, 117, 138]。然而，这些工作都使用了基于词的知识图谱，如词网，很少有工作关注如何将义原知识融入其中。

5.2.2 词义消歧

词义消歧（Word Sense Disambiguation, WSD）旨在推断出多义词在特定上下文中的义项，有两种词义消歧的方法：有监督的方法和基于知识的方法。

有监督的方法通常把目标多义词的上下文词作为特征提取出来，然后使用分类器（如支持向量机）来进行词义消歧[105]，但是这种方法依赖人类专家对训练数据进行标注，这个过程非常的耗时耗力。

相反，基于知识的方法利用诸如知识图谱或字典等大规模外部知识信息，它们可以告诉我们每个词所有的义项。Banerjee 等人[7] 探索了将词网[133] 中大量的语义关系层次应用于词义消歧的方法。Bordes 等人[20] 引入了词网中同义词集（synset）信息来学习词语表示。Chen 等人[34] 把词网中的同义词集看作不同的义项，然后联合进行词义消歧和词/义项表示学习。Guo 等人[70] 应用了双语语料库来学习特定义项的表示。Jauhar 等人[89] 提出了两种基于本体的学习特定义项的表示学习方法。Pilehvar 等人[154] 利用了个性化的 PageRank 方法来学习解构的词语的义项表示。

5.3　义原的表示学习

本节介绍两种简单的义原表示学习方法，这两种方法均基于已经得到的词向量的后处理模型，利用了词和义原之间的关系。在得到义原的向量表示之后，我们还可以使用义原向量的平均作为义项或者词向量，而且我们发现对于低频词，基于义原向量平均的词表示效果比直接利用上下文信息学到的词表示的效果更好。

5.3.1　算法模型

1. 义项不敏感的义原向量表示学习模型

这一模型忽略词的多个义项，将知网中一个词的所有义项的所有义原合并作为词的义原集合。我们构建了一个图 5.1 所示的神经网络来学习义原向量。这个模型与 CBOW 模型[130]貌似差不多，但实际上有所不同：CBOW 模型同步更新上下文向量与词向量，而我们的模型首先在训练语料库上运行 CBOW 后得到词向量表示，然后固定训练好的词向量不变，不断更新目标词所辖的义原向量。其基本思想如下：训练词所辖的义原向量去逼近该词向量，使学到的义原向量可较好地预测这些义原共同作用所定义的词向量。

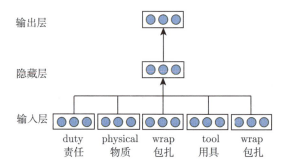

图 5.1　义项不敏感的义原向量表示学习神经网络模型

形式化地，给定词 w_i 的词向量 $\boldsymbol{w}_i$ 和该词对应的义原向量 $s_1, \cdots, s_n$，训练目标为

$$\mathcal{L} = \frac{1}{T} \sum_{i=1}^{T} \log P(w_i \mid s_1, \cdots, s_n) \tag{5.1}$$

通过求和遍历整个训练集 (规模为 T) 来计算义原正确预测所定义词的对数概率。我们使用 Softmax 函数来定义预测的概率 $P(w_i \mid s_1, \cdots, s_n)$：

$$P(w_i \mid s_1, \cdots, s_n) = \frac{\exp(\boldsymbol{s} \cdot \boldsymbol{w}_i)}{\sum_{w_j \in W} \exp(\boldsymbol{s} \cdot \boldsymbol{w}_j)} \tag{5.2}$$

其中，W 是词表，$\boldsymbol{s}$ 是所有义原向量的平均值，即

$$\boldsymbol{s} = \frac{1}{n} \sum_{j=1}^{n} \boldsymbol{s}_j \tag{5.3}$$

以"包袱"为例，我们的模型会把它的所有义原，即"duty—责任""physical—物质""wrap—包扎""tool—用具"和"wrap—包扎"的平均向量作为隐藏层的向量，用于预测"包袱"一词。

从式 (5.1) 可以看到，计算预测概率时需要遍历整个词表，而词表往往是比较大的，因此本文使用层次化的Softmax来降低计算复杂度。词的迭代训练有两种不同的选择：

①在知网上进行迭代 (遍历的训练集为知网词表)，即遍历词典中的每一个词，每个词的训练次数都一样 (此时义原向量的更新过程与语料库无关)；②在大规模语料库上进行迭代 (遍历的训练集为语料库)，即依次遍历大规模语料库中的每一个词，在一轮训练过程中，每一个词的训练次数就是这个词在语料库中出现的次数。

2. 义项敏感的义原向量表示学习模型

义项不敏感的义原向量表示学习模型使用一个词的所有义原来预测对应的词，在更新词向量时也会更新所有的义原向量。而实际上在特定上下文中，一个多义词仅体现一个义项，而非所有的义项同时起作用。于是，我们进一步提出义项敏感的义原向量表示学习模型（如图 5.2 所示），使得模型在训练过程中会根据句子的具体上下文来选择 w_i 最可能的义项，然后只使用和该义项对应的义原来预测 w_i。同样地，梯度更新时也只更新这些义原向量。

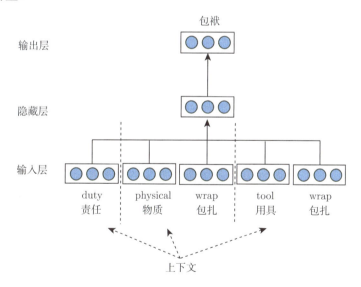

图 5.2 义项敏感的义原向量表示学习神经网络模型

形式化地，对于给定词 w_i，我们首先计算其第 j 个义项的向量 w_{ij}：

$$w_{ij} = \frac{1}{n_j} \sum_{k=1}^{n_j} s_k \tag{5.4}$$

其中，n_j 表示词 w_i 第 j 个义项的义原数。然后挑选与该词的上下文最接近的义项：

$$w_{ir} = \arg\max \cos(w_{ij}, c) \tag{5.5}$$

其中，c 是该词当前上下文窗口中的平均词向量。

当挑选出与上下文最接近的义项之后，在预测和更新时都只使用这个义项所对应的若干义原，而不是该词的所有义原。同样以"包袱"为例，在训练时，模型会根据该词在语料库中的当前上下文来选择最为相关的义项。不妨假设某个时刻选择了图 5.2 中的第二个义项，那么模型将使用义原"physical—物质"和"wrap—包扎"的平均向量来预测"包袱"，对应地，也只会更新义原"physical—物质"和"wrap—包扎"的向量。

3. 义项向量和词向量的获得

上述两个模型得到了所有义原的向量表示，则：①各义项向量取所辖各相应义原向量的平均值即可；②对于较高频词，其词向量取 CBOW 预处理得到的词向量，而对较低频词，我们认为 CBOW 预处理得到的词向量的效果较差，因此选择其所辖义原向量的平均向量作为词向量。

5.3.2 实验分析

本节在两个任务上来验证我们所提出的模型：一个是词相似度任务，用于检验得到的词向量的有效性；另一个是标准词义消歧任务，用于验证基于义项向量的消歧算法。实验结果表明本书提出的模型：①在词相似度任务上能够提升与人类打分的相关性；②在标准词义消歧任务中能超过已有的无监督消歧系统。

实验使用了 SogouT 互联网语料库[1]作为训练语料库。SogouT 共包含来自互联网各种类型的 1.3 亿个原始网页，大小超过 5TB。首先预处理去掉网页内的噪声内容，如标签、链接、脚本等，得到纯中文网页正文 152.8GB，共计超过 19 亿个句子、554 亿个字符，其中汉字 (不含标点) 超过 478 亿个。句子去重后得到 7 亿个不同的句子、256 亿个字符，其中汉字 (不含标点)221 亿个，大小为 72GB。然后使用 THULAC[2] 对语料进行自动分词和词性标注。

---

[1] http://www.sogou.com/labs/dl/t.html.
[2] THULAC(THU Lexical Analyzer for Chinese) 是由清华大学自然语言处理与社会人文计算实验室研制的一套中文词法分析工具包，对开放文本具有很强的分词和词性标注功能，可自由下载。项目链接为 http://thulac.thunlp.org。

我们使用知网 2012 版本作为义原和义项词典，经整理后，共含 103 843 个中文词、128 578 个义项、2 157 个义原。在实验中，词、义项和义原的向量维度均设置为 200。

1. 词相似度任务

本任务采用了公开数据集 Wordsim240。这一数据集包含 240 个词对，每一个词对都赋以 10 个人工相似度打分 (打分范围为 0~10)。在实验中，两个词 (w_i, w_j) 之间基于词向量的相似度计算方法如下：

$$Sim(w_i, w_j) = \frac{1}{m_1 \times m_2} \sum_{k_1=1}^{m_1} \sum_{k_2=1}^{m_2} \cos(\bm{w}_{ik_1}, \bm{w}_{jk_2}) \tag{5.6}$$

表 5.1 给出了各模型得到的词相似度与人工打分的相关系数。其中 CBOW[130]、Skip-gram[127] 和 GloVe[153] 模型作为基线模型。

表 5.1　不同模型在 **Wordsim240** 词相似度数据集上的评测结果

模型	与人工打分的相关系数 ×100
CBOW	55.85
Skip-gram	53.42
GloVe	48.22
义项不敏感 (遍历的训练集为知网词表)	56.93
义项不敏感 (遍历的训练集为语料库)	**57.48**
义项敏感 (遍历的训练集为语料库)	57.03

实验结果初步显示：

（1）即使在"义项不敏感 (遍历的训练集为 HowNet 词典)"的配置下，我们模型的效果也比所有的基线模型 (CBOW、Skip-gram 和 GloVe) 要好。分析其原因，我们发现：通过义原向量来预测词向量的做法对于较高频词并没有明显的提升效果，因为这些词在基线模型中已经得到了非常充分的训练，但是对于较低频词，我们的模型能够通过对应义原在较高频词中的训练来提升较低频词的向量质量，从而使整体结果更好。

（2）在"义项不敏感 (遍历的训练集为语料库)"的配置下，大规模语料库上的训练使词的更新次数正比于其出现的频度，这导致高频词对应的义原得到更充分的训练，因此实验效果得以进一步提升。

（3）在"义项敏感 (遍历的训练集为语料库)"的配置下，这种理论上更"精致"的模型并未如愿取得比 (2) 更好的实验效果。

2. 词义消歧任务

我们从 SemEval2007 中文词义消歧任务的公开数据集中选取了 6 个词("把握""材料""老""没有""突出"和"研究")的 96 个实例作为测试集,以测试义项向量的表现。我们采用了随机选择义项、朴素 Bayes 分类[109] 和 PageRank[192](该方法首先根据知网中义原的树状结构来构建一个图,然后在这个图上运行 PageRank 算法得到最终的消歧结果)作为基线模型。不同模型在 SemEval2007 中文词义消歧数据集上的评测结果如表 5.2 所示。

表 5.2　不同模型在 SemEval 2007 中文词义消歧数据集上的评测结果

模型	平均准确率
随机选择义项	0.24
朴素 Bayes	0.44
PageRank	0.54
义项不敏感 (遍历的训练集为 HowNet 词典)	0.56
义项不敏感 (遍历的训练集为语料库)	0.57
义项敏感 (遍历的训练集为语料库)	**0.58**

实验结果初步显示:

(1)我们提出的各个模型都比基线模型的效果要好。

(2)与词相似度任务的情况略有不同,"义项敏感 (遍历的训练集为语料库)"配置取得了比"义项不敏感 (遍历的训练集为语料库)"稍好一些的实验效果。

3. 案例分析

由于我们的模型生成的义原、义项和词向量属于同一个语义空间,因此我们可以同时对三者进行最近邻分析(仍使用余弦相似度)。义项向量和义原向量的最近邻词示例如表 5.3 所示,可以看出,所生成的义项向量和义原向量具有一定的合理性。

义原向量之间最近邻示例如表 5.4 所示。可以发现,我们的模型学到的义原向量满足语义相关性。

最后我们观察给定词,尤其是较低频词的最近邻词,其中我们使用义项向量的平均向量来替换低频词的词向量。表 5.5 显示,经典的 CBOW 模型对于这些词的训练效果并不好,而我们的模型通过义原向量可以有效捕捉到低频词的语义 (其中"匡谬"一例最为典型)。

表 5.3　义项向量和义原向量的最近邻词示例

义项或义原	最近邻词
包袱 (义项 1)	责任, 责无旁贷, 义不容辞, 重责, 守土有责
duty—责任	责任, 责无旁贷, 义不容辞, 重责, 守土有责
包袱 (义项 2)	纸卷, 装袋, 纸箱, 包装, 油纸
physical—物质	铁磁, 电导, 电导率, 基态, 表征
wrap—包扎	捆扎, 塑料纸, 布条, 包装纸, 抖开
包袱 (义项 3)	抖开, 红绸子, 绸布, 捆扎, 油布
tool—用具	光闪闪, 红绸子, 抖开, 放置, 鼓弄
wrap—包扎	捆扎, 塑料纸, 布条, 包装纸, 抖开

表 5.4　义原向量之间最近邻示例

义原	最近邻的义原
duty—责任	bear—承担, effortful—费力, GoodSocial—好风气, affairs—事务, trusty—可信
physical—物质	artifact—人工物, entity—实体, thing—万物, animate—生物, inanimate—无生命
tool—用具	implement—器具, shape—物形, fittings—配件, decorate—装饰, mark—标志
wrap—包扎	fold—折叠, twine—打结, weave—编辫, bend—折弯, straighten—拉直

表 5.5　低频词的最近邻词示例

词	词频	CBOW 给出的最近邻词	我们的模型给出的最近邻词
蠢笨	95	自大无比、愚蠢无知、懦弱无用	木讷、呆头呆脑、愚蠢
二赖子	51	横眉瞪目、张五魁、花荣志	恶棍、穷凶极恶、逞凶
匡谬	10	吉金录、曲话、笋谱	错误、订正、讹误

5.3.3　小结

本节介绍了两个义原向量的表示学习模型，并且用学习而得的义原向量反过来得到词向量和义项向量。通过在词相似度和词义消歧任务上进行评测，我们发现这两个模型相比于经典的词表示学习模型和词义消歧模型有明显的性能提升。这一结果说明了义原知识在提升词向量学习效果方面的有效性。另外，在案例分析中，我们利用词、义项、义原的最近邻的几个例子，说明这两个模型学到的词向量、义项向量和义原向量都满足较好的语义相关性。

5.4 基于义原的词表示学习

本节介绍使用义原编码的词表示学习（Sememe-Encoded Word Representation Learning, SE-WRL）模型，它使用义原信息来增强词表示学习的效果，同时可以得到义原向量和义项向量。和 5.3 节介绍的模型不同的是，这个模型中的义原信息会直接在词向量的训练过程中起作用，即词向量的更新会受到义原信息的影响。因此，义原知识将会被注入到所有的词向量中，提升整体的词向量效果，而不仅仅是低频词。

5.4.1 算法模型

下面首先介绍一些后面将用到的一些记号。X、S 和 W 分别代表所有的义原集合、义项集合和词集合。对于任意 $w \in W$，可能有多个义项 $s_i^{(w)} \in S^{(w)}$，其中 $S^{(w)}$ 表示词 w 的义项集合。每个 $s_i^{(w)}$ 都由多个义原 $x_j^{(s_i)}$ 组成，$x_j^{(s_i)} \in X_i^{(w)}$。对于一段词序列文本，$w$ 是其中的目标词，$C(w)$ 表示它的上下文词集合。

1. 传统的 Skip-gram 模型

SE-WRL 模型直接利用了广泛使用的 Skip-gram 模型[127]。标准的 Skip-gram 模型假设词嵌入与上下文词语有关，旨在在给定目标词的情况下最大化上下文的预测概率。形式上，它使用一个滑动窗口来选择上下文词集。对于一个词语序列 $H = \{w_1, \cdots, w_n\}$，Skip-gram 模型旨在最大化

$$\mathcal{L}(H) = \sum_{i=K}^{n-K} \log P(w_{i-K}, \cdots, w_{i+K} \mid w_i) \tag{5.7}$$

其中，K 是滑动窗口的大小，$P(w_{i-K}, \cdots, w_{i+K} \mid w_i)$ 表示在给定目标词 w_i 的条件下上下文词的预测概率，其由一个 Softmax 函数计算而得：

$$\begin{aligned} P(w_{i-K}, \cdots, w_{i+K} \mid w_i) &= \prod_{w_c \in C(w_i)} P(w_c \mid w_i) \\ &= \prod_{w_c \in C(w_i)} \frac{\exp(\boldsymbol{w}_c^\top \cdot \boldsymbol{w}_i)}{\sum_{w_i' \in W} \exp(\boldsymbol{w}_c^\top \cdot \boldsymbol{w}_i')} \end{aligned} \tag{5.8}$$

其中，$\boldsymbol{w}_c$ 和 $\boldsymbol{w}_i$ 分别表示上下文词 $w_c \in C(w_i)$ 和目标词 w_i 的词嵌入，我们使用 Mikolov 等人[127] 提出的层次 Softmax 和负采样策略来加速计算。

接下来依次介绍 3 种不同的利用义原信息的词表示学习模型，包括简单义原聚合（Simple Sememe Aggregation, SSA）模型、义原上下文注意力（Sememe Attention over Context, SAC）模型和义原目标词注意力（Sememe Attention over Target, SAT）模型。

1）简单义原聚合模型

简单义原聚合模型是一个基于 Skip-gram 模型的比较简单和直接的模型。它考虑目标词的所有义项的所有义原，用这些义原向量的平均来作为目标词的词向量。形式如下：

$$\boldsymbol{w} = \frac{1}{m_w} \sum_{s_i^{(w)} \in S^{(w)}} \sum_{x_j^{(s_i)} \in X_i^{(w)}} \boldsymbol{x}_j^{(s_i)} \tag{5.9}$$

即词 w 的词向量由组成它的所有义原的义原向量的平均值来表示。其中，m_w 代表属于词 w 的所有义原的数量。

这个模型很简单，它依据于假设：词语的语义是由它的语义单元（即义原）组成的。因此，词向量也应该由其所有义原向量加性得到。

2）义原上下文注意力模型

简单义原聚合模型通过用聚合的义原嵌入代替目标词嵌入来把义原信息编码到词表示学习中。然而在这种方法中，不同上下文语境中的每个词仍然只有一个单一的表示，难以处理多义词的情况。直观上讲，我们应该根据特定的上下文，为目标词构建不同的嵌入，同时可以利用知网中的词义标注。

为了解决这个问题，我们提出了义原上下文注意力模型。义原上下文注意力模型利用注意力机制，根据特定的目标词，自动地为上下文词语选择合适的义项。也就是说，义原上下文注意力模型对上下文词语进行词义消歧，以便更好地表示目标词。义原上下文注意力模型的结构如图 5.3 所示。

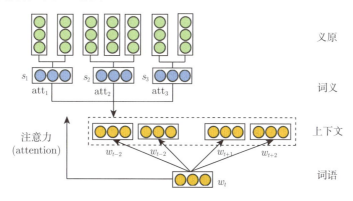

图 5.3　义原上下文注意力模型的结构

更具体地说，对于目标词 w，我们使用它的原始词嵌入来表示；对于上下文词 w_c，我们不使用它的原始词嵌入，而使用义原嵌入来表示。假设一个词在一个句子中通常表现出一个词义，我们就用目标词嵌入计算一个注意力分数，在这个上下文词语的多个义项中，选择最合适的义项，从而形成上下文词嵌入。上下文词嵌入 $\boldsymbol{w}_c$ 由以下公式计算而得：

$$\boldsymbol{w}_c = \sum_{j=1}^{|S^{(w_c)}|} \mathrm{att}(s_j^{(w_c)}) \cdot \boldsymbol{s}_j^{(w_c)} \tag{5.10}$$

其中，$\boldsymbol{s}_j^{(w_c)}$ 表示 w_c 的第 j 个义项的嵌入，而 $\mathrm{att}(s_j^{(w_c)})$ 表示 w_c 的第 j 个义项对于目标词 w 的注意力分数，它通过以下公式计算而得：

$$\mathrm{att}(s_j^{(w_c)}) = \frac{\exp(\boldsymbol{w} \cdot \hat{\boldsymbol{s}}_j^{(w_c)})}{\sum_{k=1}^{|\boldsymbol{S}^{(w_c)}|} \exp(\boldsymbol{w} \cdot \hat{\boldsymbol{s}}_k^{(w_c)})} \tag{5.11}$$

注意到，当计算注意力时，我们使用义原嵌入的平均值来表示义项 $\hat{s}_j^{(w_c)}$：

$$\hat{\boldsymbol{s}}_j^{(w_c)} = \frac{1}{|X_j^{(w_c)}|} \sum_{k=1}^{|X_j^{(w_c)}|} \boldsymbol{x}_k^{(s_j)} \tag{5.12}$$

注意力方法的假设是：在建立上下文词嵌入时，上下文词语的义项嵌入与目标词嵌入 w 越相关，那么这个义项越应该被考虑。随着注意力机制的引入，我们可把每一个上下文词语看作它在各个义项上的分布。这种方法可以被认为是一种软词义消歧方法。根据实验结果，这个方法也可以学到更好的词表示。

3）义原目标词注意力模型

义原上下文注意力模型可以根据目标词，灵活地为上下文词语选择合适的义项。这个过程也可以用于为目标词选择合适的义项。因此，我们提出了义原目标词注意力模型，如图 5.4 所示。

与义原上下文注意力模型不同的是，对于上下文词语 w_c，我们使用它的原始词嵌入来表示；对于目标词 w，我们不使用它的原始词嵌入，而是使用注意力加权的义项嵌入之和来表示。我们使用上下文词语来计算一个注意力分数，在这个目标词 w 的多个义项上进行加权，从而构建 w 的词嵌入，公式如下：

$$\boldsymbol{w} = \sum_{j=1}^{|S^{(w)}|} \mathrm{att}(s_j^{(w)}) \cdot \boldsymbol{s}_j^{(w)} \tag{5.13}$$

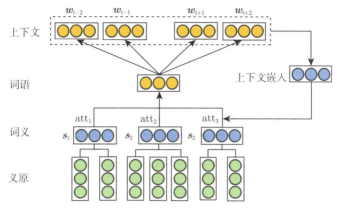

图 5.4 义原目标词注意力模型

其中，$s_j^{(w)}$ 表示词 w 的第 j 个义项嵌入，同时基于上下文的注意力分数定义为

$$\text{att}(s_j^{(w)}) = \frac{\exp(\boldsymbol{w}_c' \cdot \hat{\boldsymbol{s}}_j^{(w)})}{\sum_{k=1}^{|S^{(w)}|} \exp(\boldsymbol{w}_c' \cdot \hat{\boldsymbol{s}}_k^{(w)})} \tag{5.14}$$

与公式（5.12）相似的是，我们同样使用义原嵌入的平均值来表示义项嵌入 $s_j^{(w)}$。其中，$\boldsymbol{w}_c'$ 是上下文词嵌入，由 $C(w_i)$ 中的词嵌入的平均值表示，即

$$\boldsymbol{w}_c' = \frac{1}{2K'} \sum_{k=i-K'}^{k=i+K'} \boldsymbol{w}_k, \quad k \neq i \tag{5.15}$$

注意到，因为在实验中，我们发现对于目标词语的义项选择，仅仅是更多依赖于更近的上下文词，所以我们选择一个比 K 更小的 K'。

回想一下，义原上下文注意力模型仅使用一个目标词作为注意力机制的来源来选择上下文词的义项，但是义原目标词注意力模型使用多个上下文词作为注意力来源来选择目标词的合适义项。因此，可以预计义原目标词注意力模型将进行更可靠的词义消歧并产生更准确的词和义项表示，这将在实验中进行证明。

5.4.2 实验分析

在本节中，我们将评估以上介绍的 3 个不同的 SE-WRL 模型在词相似度计算任务和词类比任务上的有效性，这两个任务是词向量评测的经典任务。此外，我们还通过案例研究探讨了我们的模型在词义消歧方面的潜力，展示了我们基于注意力的模型的能力。

1. 数据集

该实验使用了 SogouT 语料作为训练文本,以及知网中词的义项和义原标注。经统计,知网中每个词的平均义原数大约是 2.4,每个义项的平均义原数大约是 1.6。而 SogouT 语料中 42.2% 的词为多义词,这说明词义消歧的重要性。至于评测数据集,我们选择 Wordsim 240 和 Wordsim 297①来评测词相似度计算的性能。这两个数据集都包含经常使用的中文词对,以及人工标注的相似度得分。实验采用 Chen 等人[35]提出的中文词类比数据集来评价模型表现,例如,$\boldsymbol{w}("king") - \boldsymbol{w}("man") \approx \boldsymbol{w}("queen") - \boldsymbol{w}("woman")$。

2. 实验设定

实验选择了 3 种经典的词表示学习模型作为基线模型,包括 Skip-gram、CBOW 和 GloVe。此外,我们还提出了另一种模型——MST(Maximum Selection over Target,MST),以供和 Chen 等人[34]的结果进一步比较。它只使用根据上下文最可能的义项的嵌入作为词嵌入,而不是类似 SAT 模型那样把一个词视为在所有的义项中的分布。

为了公平地比较,我们用相同的实验设置和它们的最佳参数来训练这些模型。对于参数设置,我们将上下文窗口大小 $K = 8$ 设为上限,在训练过程中,窗口大小随机从 1~8 进行动态选择。我们将词、义项和义原嵌入的维度均设为 200。对于学习速率,初始值为 0.025,在迭代过程中不断下降。我们将负采样数设为 25,词频阈值设为 50,也就是说训练集中词频低于 50 的词将被忽略。对于 SAT 模型,我们设 $K' = 2$。

3. 词相似度计算

词相似度的任务通过比较词表示学习模型计算的词对相似度与人工标注的词对相似度来评价词表示的质量。

1) **评估标准**

在实验中,我们选择两个词嵌入的余弦相似度来排列词对,然后计算其和人类判断等级之间的斯皮尔曼相关系数。

2) **实验结果**

表 5.6 给出了这些模型的词相似度计算的评测结果。

从结果可以看出:

(1) SAT 模型在两个数据集上都优于其他模型,包括所有基线模型。这说明,通过

---

①https://github.com/Leonard-Xu/CWE/tree/master/data。

恰当地利用义原标注，模型可以更好地捕捉到词的语义关系，从而学习到更准确的词嵌入表示。

表 5.6 词相似度计算的评测结果

模型	Wordsim 240	Wordsim 297
CBOW	57.7	61.1
GloVe	59.8	58.7
Skip-gram	58.5	63.3
SSA	58.9	64.0
SAC	59.0	63.1
MST	59.2	62.8
SAT	**63.2**	**65.6**

（2）SSA 模型的性能略好于基线模型，初步证明义原信息对提升词向量的表示学习结果是有用的。其原因是具有相同义原的词会相互受益。特别是频率较低的单词，由于传统的 WRL 模型无法充分学习，仅通过其他单词对其义原嵌入进行充分训练就能从 SSA 模型中获得较好的词嵌入。

（3）SAT 模型比 SSA 模型和 SAC 模型的表现要好得多。这说明 SAT 模型能够获得更精确的义项分布，因为不同于 SAC 模型只使用一个目标词作为词义消歧的注意力来源，SAT 模型采用了更丰富的上下文信息作为注意力来源。

（4）SAT 模型比 MST 模型更有效，这说明相比于只选择一个最可能的义项，注意力机制带来的软消歧可以防止不可避免的错误。因为对于很多词来说，它们的各种义项并不是完全不同，而是有一些共同的元素。在某些特定的上下文中，单一的义项可能并不能表达这个词的确切意思。

4. 词类比

词类比推理是另一个广泛使用的评估词向量的任务[127]。

1) 评估标准

Chen 等人[35] 提出的数据集由 1 124 个类比构成，其中包含 3 种类比类型：① 国家/首都关系，有 677 个类群；② 州/省 (市) 关系，有 175 个组别；③ 家庭关系，有 272 组。给定一个类比组词 (w_1, w_2, w_3, w_4)，词表示学习模型通常使 $\bm{w}_2 - \bm{w}_1 + \bm{w}_3$ 等于 $\bm{w}_4$。在实验中，一般假设 w_4 是缺失的，由词表示学习模型根据如下分数对所有候选词进行排名：

$$R(w) = \cos(\bm{w}_2 - \bm{w}_1 + \bm{w}_3, \bm{w}) \tag{5.16}$$

实验中通常采用两个评价指标：

（1）**准确度**。对于每个类比组，词表示学习模型会选择排名最高的词 $w = \arg\max_w R(w)$，当 $w = w_4$ 时被判定为正确。以正确样本的百分比作为该模型的准确度评分。

（2）**平均排序**。对于每个类比组，词表示学习模型将根据上述分数得到正确词 w_4 的排序，然后使用所有正确词的平均排序作为评价指标。

2）**实验结果**

表 5.7 列出了所有模型在词类比推理实验中的结果。

表 5.7 词类比推理的评测结果（准确率百分数）

模型	准确度 (%)				平均排序			
	首都	城市	家庭	全部	首都	城市	家庭	全部
CBOW	49.8	85.7	**86.0**	64.2	36.98	1.23	62.64	37.62
GloVe	57.3	74.3	81.6	65.8	19.09	1.71	3.58	12.63
Skip-gram	66.8	93.7	76.8	73.4	137.19	1.07	2.95	83.51
SSA	62.3	93.7	81.6	71.9	45.74	1.06	3.33	28.52
SAC	61.6	95.4	77.9	70.8	19.08	1.02	**2.18**	12.18
MST	65.7	95.4	82.7	74.5	50.29	1.05	2.48	31.05
SAT	**83.2**	**98.9**	82.4	**85.3**	14.42	**1.01**	2.63	**9.48**

从表 5.7 中，我们可以看出：

（1）SAT 模型在所有模型中表现最好，并且其优越性大于其在词相似度计算上的优越性。这说明 SAT 模型增强语义空间中词嵌入之间的隐式关系建模。原因是词的义原对这些词的关系进行了编码。例如，首都和古巴是"哈瓦那"的两个义原，在"古巴"和"哈瓦那"之间提供了明确的语义关系。

（2）SAT 模型在首都和城市这两个类别中都表现良好，因为这两个类别中的一些词的词频都很低，而它们的义原出现的次数较多，以至于可以充分学习义原嵌入。有了这些义原嵌入，这些低频词可以通过 SAT 模型更有效地学习。

（3）从准确度看，CBOW 似乎比 SAT 更有效。而对于平均排序，CBOW 的结果最差，说明在家庭类别中，CBOW 的性能不稳定。相反，虽然 SAT 的准确度略低于 CBOW，但 SAT 很少给出离谱的预测。在大多数错误中，SAT 模型预测的词是"祖父"而不是"祖母"，这并不是完全没有意义的，因为在知网中，"祖母""祖父""祖母"和其他一些类似的词有 4 个共同的义原，而只有一个义原是不同的。但是对于错误的 CBOW 例子，我们发现很多错误都是关于低频率的单词，如"继女"，只出现了 358 次。考虑义原可以缓解这一问题。

5．案例研究

以上实验验证了基于义原的词表示学习模型的有效性。在这一节，我们展示了一些义原、义项和单词的例子作为进一步分析。

1）词义消歧

为了证明义原注意力的有效性，我们在训练集中选择了 3 个例子，如表 5.8 所示。在表 5.8 中，3 个示例的第一行是每个词的词–义项–义原结构。例如，在第三个例子中，"队伍"这个词有两个意思，即 contingent 和 troops；contingent 有一个义原"团体—community"，troops 有一个义原"军队—army"。这 3 个例子都表明，我们的模型可以正确估计一个单词在给定语境下的意义分布。

表 5.8　不同语境中义原、意义和词与注意力机制结合的示例

Word: 苹果 ("Apple brand/apple")		
sense1: Apple brand (computer, PatternValue, able, bring, SpeBrand)		
sense2: duct (fruit)		
苹果素有果中王美称（**Apple** is always famous as the king of fruits）	Apple brand: 0.28	apple: 0.72
苹果电脑无法正常启动（The **Apple brand** computer can not startup normally）	Apple brand: 0.87	apple: 0.13
Word: 扩散 ("proliferate/metastasize")		
sense1: proliferate (disperse)		
sense2: metastasize (disperse, disease)		
防止疫情扩散（Prevent epidemic from **metastasizing**）	proliferate: 0.06	metastasize: 0.94
不扩散核武器条约（Treaty on the Non-**Proliferation** of Nuclear Weapons）	proliferate: 0.68	metastasize: 0.32
Word: 队伍 ("contingent/troops")		
sense1: contingent (community)		
sense2: troops (army)		
八支队伍进入第二阶段团体赛（Eight **contingents** enter the second stage of team competition）	contingent: 0.90	troops: 0.10
公安基层队伍组织建设（Construct the organization of public security's **troops** in grass-roots unit）	contingent: 0.15	troops: 0.85

2)上下文词对注意力的效果

我们在表 5.9 中展示了上下文词对于注意力的效果。词"哈瓦那(Havana)"包含 4 个义原,其中两个义原"首都—capital"和"古巴—Cuba"从不同方面描述词的不同属性。这里,我们列出了 3 个不同的上下文单词,即"古巴(Cuba)"、"俄罗斯(Russia)"和"雪茄(cigar)"。以词"古巴(Cuba)"为例,两个义原都有很高权重,表明它们对"哈瓦那(Havana)"在这方面的意义所作的贡献。词"俄罗斯(Russia)"和义原"首都—capital"更相关。当上下文单词是"雪茄(cigar)"时,义原"古巴—Cuba"有更大的影响,因为雪茄是古巴著名的特产。从这些例子中可以得出结论,我们的义原注意力机制可以准确地捕捉到复杂语境中的意义。

表 5.9 义原对注意力计算的权重

单词	哈瓦那 (Havana)	
义原	"首都—capital"	"古巴—Cuba"
古巴 (Cuba)	0.39	0.42
俄罗斯 (Russia)	0.39	−0.09
雪茄 (cigar)	0.00	0.36

5.4.3 小结

本节提出了 3 个利用义原信息建模从而学习到更好的词表示的模型。具体而言,我们利用义原信息来表示每个词的多种义项,并且提出采用义原注意力机制基于上下文自动选择合适的义项。我们在词相似度和词类比任务上对模型进行了评估,结果显示义原编码的词表示学习模型有很好的效果。我们也分析了部分词义消歧和词表示学习的案例,这让我们确信在引入义原注意力机制的情况下,模型能够很好地选择合适的义项。

5.5 本章总结

本章介绍了两类不同的方法来学习在一个语义空间中的义原、义项和词的表示。另外,我们发现通过引入义原信息,词向量的学习效果也得到了明显的性能提升。尤其是第二种方法,其使用了注意力机制,能够较好地捕捉到词在不同的上下文中所表现出的不同的义项。

我们后续将继续探索以下研究方向:

（1）知网中的义原信息是通过层次结构和关系进行标注的，而这些信息并没有用在模型之中，我们将探索利用这些标注来学习更好的词语表示。

（2）本章的两个工作都是基于中文进行的，我们相信义原的观点是普遍的，在其他语言中也可以很好地发挥作用，因此我们将探索词表示学习中义原信息在其他语言中的有效性。

我们相信这些进一步的研究能够带来更好的义原、义项和词的表示，覆盖它们背后丰富的语言知识。

第 6 章
语言知识的自动获取

6.1 章节引言

在第 5 章中，我们引入了语言知识图谱，并且依托知网中的义原信息，在更细粒度的层面上面进行了语义表示。而现有的像知网这样的语言知识图谱面临以下两大挑战。

（1）随着通信技术的发展，新单词和短语不断涌现，已有义原标注的词和短语的语义也在不断地演变。在这种情况下，对语言知识图谱进行持续的手工标注和更新变得更加不堪重负。此外，由于义原和单词含义的高度复杂性，当专家协作为词语标注义原时，保持专家之间的标注一致性也是具有挑战性的。

（2）大多数语言没有像知网这样的基于义原的语言知识图谱，这在很大程度上阻碍了我们对人类语言的理解和利用。因此，为特定语言构建基于义原的语言知识图谱是非常重要的。

针对上面的挑战，我们提出基于义原的语言知识图谱的自动化构建方法，主要通过词汇义原的自动预测和跨语言词汇义原自动预测两个任务来辅助专家进行义原标注，进而达到提高效率、减少工作量的目的。这些研究主要在以下两个方面进行了深入与展开。

（1）引入协同过滤与矩阵分解等算法，构建针对单语义原的自动预测方法。针对中文的特殊性质，提出融入中文文字信息的义原预测方法。

（2）在单语义原的基础上，我们提出跨语言词汇的义原预测任务，旨在帮助语言学家从现有的义原知识图谱出发，更高效地为其他语言建立语言知识图谱。

不管是单语词的义原预测还是跨语言词的义原预测，我们都仅关注词和义原之间的关系。为简单起见，我们忽略了词的义项及义原的层次化结构，将一个词的所有义项的所有义原构成一个义原集，而义原预测的目的则是为目标词预测这一义原集合。

6.2 相关工作

6.2.1 知识图谱及其构建

知识图谱旨在用结构化的形式组织人类知识,在人工智能和自然语言处理的基础场景中发挥越来越重要的作用。当前知识图谱构建依赖于手工[15]、自动提取[4]、人工评估[180]、自动补全和对齐[19,186,229] 等多种方法建立、验证和丰富内容。词网[133] 和 BabelNet[141] 是语言知识图谱的代表,意思相近的词通过分组以形成词库[140]。而义原知识图谱与大部分知识图谱结构不同,知网作为典型义原知识图谱,其构建方式主要为人工构建①。

6.2.2 子词和字级 NLP

子词和字级 NLP 建模词的内部信息,特别有助于解决超出词表范围(OOV)问题。形态学是子词级 NLP 的典型研究领域。许多 NLP 应用广泛考虑了子词级 NLP 方法,如关键词定位[139]、分析[172]、机器翻译[51]、语音识别[43] 和范式补全[6,35,41,184,198,212]。子词信息有利于罕见词的建模,并可以提高那些应用了词向量的 NLP 任务的性能。此外,人们还考虑了字的嵌入,这在汉语词分割中已经得到应用[181]。这些工作的成功证明了利用词的内部字信息的可行性。

6.2.3 词表示学习及跨语言的词表示学习

本章要介绍的义原预测模型采用了词表示学习 (WRL) 的结果。近年来,词表示学习取得了很大的进展。一些经典的词表示学习模型(如 Skip-gram、CBOW[130] 和 GloVe[153])非常受欢迎,在许多 NLP 任务中取得卓越的性能。然而,绝大多数的词表示学习方法是从大型语料库中学习词的分布信息的,而忽略了语义词典包含的有价值的信息。因此,一些工作试图将知识图谱中的语义信息注入 WRL 中[16,53,117,138]。然而,这些工作都是基于词知识图谱,如词网,很少有工作关注如何融入义原知识。

也有很多关于跨语言词表示学习的研究[166,187],旨在学习在同一语义空间的多语言词的表示。它们中的大多数需要平行语料库[2,42,64,74,102,122,230]。有些采用无监

---

① 知网的构建花费了十几年的时间。

督或弱监督的方法[3,40,129,191]。也有一些工作使用种子词典作为跨语言信号[1,46,50,54,64,104,121,174,190,197]。

在本章要介绍的跨语言义原预测任务中，基于平行语料的双语词表示学习方法是不合适的，因为大多数语言对没有大的平行语料库。此外，非监督方法也不合适，因为它们通常很难学习高质量的双语词向量。因此，我们选择种子词典方法，并进一步引入 Zhang 等人[222]提出的匹配机制来提高其性能。

6.3 基于协同过滤和矩阵分解的义原预测

本节主要介绍两种单语词义原自动预测方法，均受启发于推荐系统的相关工作，第一种方法（SPWE）是基于协同过滤的方法，第二种方法（SPSE）则是基于矩阵分解的方法。类比于推荐系统，所有的词相当于"用户"，而义原则相当于"商品"，某个词被标注若干义原可以视为该"用户"购买了若干"商品"，而义原推荐的目的则是为未购买任何"商品"的用户推荐可能喜欢的"商品"。

6.3.1 算法模型

在这一小节中，我们依次介绍基于词嵌入的义原预测（SPWE）、基于义原嵌入的义原预测（SPSE）和基于聚合义原嵌入的义原预测（SPASE）3 种模型。最后，我们用集成学习的方法进一步提高实验效果。

1. 基于词嵌入的义原预测

基于词嵌入的义原预测（Sememe Prediction with Word Embeddings，SPWE）从未标注义原的词的最相似的词入手，基于相似的词应该有相似的义原这一假设。这个想法和推荐系统中的协同过滤（collaborative filtering）是相似的。

用公式来表达，我们定义一个词 w 对应的义原的评分函数 $P(s_j, w)$ 为

$$P(s_j, w) = \sum_{w_i \in W} \cos(\boldsymbol{w}, \boldsymbol{w}_i) \cdot \boldsymbol{M}_{ij} \cdot c^{r_i} \tag{6.1}$$

其中，$\cos(\boldsymbol{w}, \boldsymbol{w}_i)$ 是 w 和 w_i 的词向量余弦相似度。$\boldsymbol{M}_{ij}$ 代表义原 s_j 对词 w_i 的标注情况，$\boldsymbol{M}_{ij} = 1$，表示词 w_i 在知网中有义原 s_j，否则没有。评分函数 $P(s_j, w)$ 的值越高，词 w 越可能被推荐义原 s_j。

与经典的推荐系统中的协同过滤不同,我们在为新词预测义原时应该只关注与之最相似的词,因为不相关的词有完全不同的义原,而这可能成为义原预测中的噪声。为了解决这个问题,我们为每个词 w_i 设定了一个递减的置信因子 c^{r_i},r_i 是词相似度 $\cos(\boldsymbol{w},\boldsymbol{w}_i)$ 的降序,$c \in (0,1)$ 是一个超参数。用这种方法,只有一部分最相关的词才能够对 w 的义原预测产生较强的影响。

SPWE 模型只使用了词嵌入来衡量词之间的相似度,这对义原预测来说是既简单又有效的。这是因为与大多数推荐系统中的噪声和不完全的用户–商品(user-item)矩阵不同,知网是人类专家仔细标注的,因此词–义原矩阵是十分可信的。因此,我们能够应用词–义原矩阵根据相似词来推荐可靠的义原。

2. 基于义原嵌入的义原预测

SPWE 模型基于一个词的义原能够根据与这个词相似的词的义原来进行预测。但是,这样做仅仅把义原考虑为离散的标签,而忽略了义原之间潜在的联系。为了把义原与义原之间潜在的联系纳入考虑范畴,我们提出了基于义原嵌入的义原预测(Sememe Prediction with Sememe Embeddings,SPSE),它能够把词和义原同时投影到相同的语义空间中,同时根据知网中的词和义原的共现矩阵学习义原嵌入。

受 GloVe[153] 中分解词与词的共现矩阵来学习词嵌入的方法启发,我们通过同时分解词–义原矩阵和义原–义原矩阵来学习义原嵌入。这两个矩阵都是根据知网建立的。至于词嵌入,与 SPWE 相似,我们使用经过大型文本预训练的词嵌入,并在分解词–义原矩阵的过程中将其固定。通过矩阵分解,我们能够把义原和词嵌入编码到相同的低维语义空间中,并通过计算词和义原嵌入的余弦相似度来预测义原。

更具体地,我们能够从知网提取出词–义原矩阵,若 $M_{ij}=1$,则表示词 w_i 被义原 s_j 标注,否则 $M_{ij}=0$。我们能够提取一个义原–义原矩阵 C,C_{jk} 表示两个义原 s_j 和 s_k 的关系,它们使用点互信息(point-wise mutual information)来定义,即 $C_{jk}=\text{PMI}(s_j,s_k)$。需要注意的是,通过分解矩阵 C,我们针对每个义原将会得到两个独立的嵌入,分别用 s 和 $\overline{s}$ 来表示。学习义原嵌入的损失函数如下:

$$\mathcal{L} = \sum_{w_i \in W, s_j \in S} (\boldsymbol{w}_i \times (\boldsymbol{s}_j + \overline{\boldsymbol{s}}_j) + b_i + b_j - M_{ij})^2 + \lambda \sum_{s_j, s_k \in S} (\boldsymbol{s}_j \times \overline{\boldsymbol{s}}_k - C_{jk})^2 \tag{6.2}$$

其中,b_i 和 b_j 为偏置向量。上述损失函数中的两部分分别对应分解矩阵 M 和 C 的损失,同时用超参数 λ 来调整相对权重。因为义原嵌入是通过两个矩阵的分解得到的,SPSE 模型能够把词和义原同时编码到同一个语义空间。

因为在知网中每个词基本上是用 2~5 个义原来表示的,因此,词–义原矩阵的大多数元素是 0。如果在矩阵分解的过程中同等对待所有的 0 元素和非 0 元素,则总体效果会变得很差。为了解决这个问题,我们对 0 元素和非 0 元素采用不同的分解策略。对于每个 0 元素,我们以 0.5% 的概率分解它们。但是对于非 0 元素,我们总是对其分解。在这个策略的帮助下,我们能够更加关注词–义原对。

在 SPSE 模型中,我们通过在同一个低维空间中分解矩阵学习到了义原嵌入。矩阵分解被证明是推荐系统中十分有效的推荐方法,因为它能够准确地在用户和商品之间建立联系,而且该模型能够很好地规避用户–商品矩阵中的噪声。使用这个模型,我们能够灵活地计算出词和义原的语义联系,这也给我们提供了一种有效的工具来处理义原,包括但不局限于义原预测。

3. 基于聚合义原嵌入的义原预测

在知网中,义原被认为是词的原子语义。受义原特性的启发,我们假设词嵌入在语义上能够分解为义原嵌入。在词–义原的语义空间中,我们能够简单地实现义原分解,我们认为每个词嵌入是它所有的义原嵌入的和。根据这个假设,我们提出了基于聚合义原嵌入的义原预测(Sememe Prediction with Aggregated Sememe Embeddings,SPASE)。SPASE 也是基于矩阵分解的方法,与之前相同,定义为

$$w_i = \sum_{s_j \in S_{w_i}} M_{ij} \times s_j \tag{6.3}$$

其中,S_{w_i} 是词 w_i 的义原集合,并且 M_{ij} 代表义原 s_j 对词 w_i 的权重,它只在词–义原矩阵 M 中非 0 元素上有值。为了学习义原嵌入,我们尝试分解词嵌入矩阵 W 为 M 和义原嵌入矩阵 S,其中词嵌入是预先训练的,并且会在训练过程中被固定,以上也能够表示为 $M = W \times S$。

SPASE 的贡献在于它利用了知网中义原的定义:义原是词的语义组成成分。在 SPASE 中,每个义原被认为是一小部分的语义单元,所有的词都能用多个语义单元的组合来表示,也就是说,义原组成了一个有意义的语义单位。但是,因为词嵌入是固定的,并且词的数量比义原的数量多很多,SPASE 难以训练。在为复杂的义原组合建立模型时,SPASE 的效果可能会被义原嵌入有限的参数和过度简化的"直接相加"的假设限制。

4. 基于集成学习方法的义原预测

我们为义原预测提出 3 个模型，包括 SPWE、SPSE 和 SPASE。SPWE 和 SPSE/SPASE 使用两类不同的方法，并且有不同的特性。SPWE 基于协同过滤，考虑了词之间的关系；而 SPSE/SPASE 基于矩阵分解，直接考虑了词和义原之间的关系。这两种方法是互补的，可以使用集成学习的方法将其整合到同一个模型中来预测义原。

例如，在 SPSE/SPASE 中，所有表示颜色的义原，如白色和蓝色在向量空间中倾向于被学习得相近。当为词语"黑色"预测义原时，所有表示颜色的义原都会得到很高的评分，因为它们的嵌入与"黑色"的嵌入很相近，这显然是不正确的。相反，SPWE 能够很好地解决这类问题，因为它能够学习词语义原的非偏的标注结构。我们也发现，SPSE/SPASE 在处理有独特义原的词时效果更好，而 SPWE 在处理复杂的义原时表现更好。这里，我们通过简单的加权方法整合这两类模型的推荐评分，使得义原的预测效果能够提升，下一节将会详细介绍相关内容。

6.3.2 实验分析

在实验中，我们主要从义原预测任务来评价模型。此外，我们还进行了详细的案例研究来进一步进行直观的比较。接下来，我们首先介绍用于义原预测的数据集，然后介绍模型的实验设置。之后，我们用不同的评价指标评价各个模型的义原预测结果，并对这些结果进行详细的分析。最后，我们进行案例研究，分析不同词性标注和频率的词在义原预测任务上的性能差异。

1. 数据集

我们使用知网作为义原标注的数据集。因为在知网中，很多义原只出现过几次，而这些义原被认为是不重要的义原。因此，我们去除了这些低频的义原，最终在我们的数据集中使用的不同义原的数量是 1 400。我们使用 Sogou-T 语料库作为文本语料库学习中文词汇嵌入。

2. 实验设定

我们在义原预测任务中评价了下列模型：单模型包括 SPWE、SPSE 和 SPASE，集成模型包括 SPWE+SPSE 和 SPWE+SPASE。其中在集成模型中，我们将两种集成方法的得分与预先定义的固定权重合并，以预测义原。

由于以往对义原预测的研究较少，我们选择了一些常规而直观的方法作为基线模型。具体而言，我们利用 GloVe[159] 学习的词嵌入作为词的特征向量，然后直接使用逻辑回归进行义原预测，将已学习的嵌入词作为输入，将义原预测视作多标签分类任务，将义原作为待预测的分类标签。

我们将包括基线模型在内的所有模型的词和义原嵌入的维度设置为 200。在 SPSE 中，我们将 0 元素在单词义原矩阵中被分解的概率设为 0.5%，并将初始学习速率设为 0.01，通过迭代不断下降。我们将式 (6.2) 中的比率 λ 设置为 0.5。在 SPWE 中，我们将超参数 p 设置为 0.2。并且令最高相关词数 $K = 100$。在集成模型中，我们测试了不同的权重，并设置 $\lambda_1/\lambda_2 = 2.1$。在知网中，我们发现了 66 126 个词在 Sogou-T 语料库中出现了至少 50 次。我们将其中的 60 000 个划分到训练集中，其余 6 126 个划分到测试集中。至于其他参数我们根据经验选择最优。

3. 义原预测

1）评估标准

由于很多词有不止一个义原，因此词的义原预测任务可以看作一个多标签分类任务。在评价中，我们使用平均精度均值（MAP）作为评价指标。

2）实验结果

表 6.1 给出了这些模型对义原预测的结果。

表 6.1　模型对义原预测的结果

方法	MAP
SPSE	0.554
SPASE	0.506
GloVe+LR	0.662
SPWE	0.676
SPWE+SPASE	0.683
SPWE+SPSE	**0.713**

从表 6.1 中，我们可以看到:

（1）与单模型相比，集成模型的性能更好，其中 SPWE+SPSE 实现了最佳性能。这一结果表明，集成模型能够结合 SPWE 模型和 SPSE 模型的优点。因为 SPWE 根据相关的词来预测义原，而 SPSE 直接建模词和义原之间的潜在关系。这两种方法是互补的，因此将这两种方法相结合可以提高义原预测的性能。

（2）SPWE 模型似乎比 SPSE 模型和 SPASE 模型更好。这是因为 SPWE 模型根据相关的词来预测义原，这与现实世界中的义原标注情况完全吻合。与大多数传统推荐系统中用户-商品矩阵通常有很多噪声且不完整的情况不同的是，知网中的义原标注是由人类专家仔细注释的。在这种情况下，词-义原共现矩阵比推荐系统中的用户-商品矩阵更准确。因此，只使用协同过滤的方法就可以获得较好的性能。逻辑回归与 SPWE 相似，因为它也利用词向量作为特征提取判别模式进行分类。另外，SPWE+SPSE 和 SPWE+SPASE 两个集成模型的性能提升也表明了矩阵分解的方法通过对词与义原的潜在关系建模的意义。然而，知网中的专家注释并没有涵盖所有适当的义原，协同过滤将捕获专家注释的偏好，这使得 SPWE 比 SPSE 和 SPASE 表现得更好。

（3）SPSE 比 SPASE 表现更好。由于词嵌入在 SPASE 训练过程中是固定的，所以学习有效的义原嵌入以使得词嵌入是义原嵌入之和的假设是非常困难的。可以说，虽然 SPASE 中的假设与知网中义原的原始定义非常吻合，但是有限的义原在现实世界中仍然难以表示词的复杂而精细的语义。同时表明，词与义原之间语义组合的简单相加的假设也会导致预测性能下降。

（4）综上所述，我们的集成模型获得的 MAP 绝对得分相当高，并且优于常规的逻辑回归等多标签分类任务的基线模型，这也在一定程度上意味着知网中的义原标注是合理有效的，以及我们提出的模型能够很好地建模义原和词嵌入来进行义原预测。

4. 案例研究

在案例研究中，我们通过对具体案例进行进一步的分析来解释我们的模型的有效性。此外，我们还探讨了词性和词频对词的义原预测性能的影响。

1）**义原预测结果分析**

表 6.2 列出了 SPWE+SPSE 集成模型为 5 个词预测的 5 个义原，5 个词为网迷—webaholic、专递—express mail、电影业—film industry、漂流—rafting 和公羊—ram。表 6.2 中加黑的义原是每个词在知网中标注的义原，即正确义原。

从 6.2 这些例子中，我们可以得出以下结论：

（1）在前 3 个词例中，正确义原都排在最前面，这说明我们的模型能够很好地预测这些词的义原。尤其是对于网迷—webaholic，我们不仅预测出了与之高度相关的人—human 和因特网—Internet，并且成功预测出了被视为通用义原而不好预测的经常—frequency 和利用—use。

表 6.2　义原预测示例

词	Top 5 义原预测结果
网迷—webaholic	人—human, 因特网—Internet, 经常—frequency, 利用—use, 喜欢—fond_of
专递—express mail	邮寄—post, 信件—letter, 快—fast, 事情—fact, 车—land_vehicle
电影业—film industry	事务—affairs, 艺—entertainment, 表演物—shows, 拍摄—take_picture, 制造—produce
漂流—rafting	船—ship, 旅游—tour, 游—swim, 水域—waters, 消闲—while_away
公羊—ram	牲畜—livestock, 男—male, 女—female, 走兽—beast, 饲养—foster

(2) 对于第四个单词漂流—rafting, 我们没有在前 5 个义原预测结果中预测出正确的义原。在知网中, 漂流—rafting 被标注的义原包含运动—sports、锻炼—exercise、漂—float 和事情—fact。然而, 如果我们将漂流—rafting 理解为 "乘船出游", 我们预测的义原也是可以接受的。事实上, 一个词可能有很多合适的义原。由于知网是由专家手动注释的, 一些可接受的义原预测结果可能并不总是与知网中的注释一致, 因此在某些情况下, 我们模型的性能可能会被低估。

(3) 对于单词公羊—ram, 我们成功预测了牲畜—livestock 和男—male, 但是义原女—female 也在前 3 个预测结果中, 这反映出我们的模型有一些问题。男—male 和女—female 相关, 并且它们在向量空间中距离很近。另外, 它们碰巧被标记给与公羊—ram 在语义空间最相近的词, 如公猪—boar、母羊—ewe 和母猪—sow, 这使得女—female 得到了和男—male 接近的分数。而我们的模型不能很好地区分这样的义原, 这种情况会影响模型的预测结果。

2）词性标注对义原预测的影响

如表 6.3 所示, 我们可以观察到词性标注 (POS) 对义原预测结果的影响很大。相比于其他词性的词, 名词的义原更容易预测, 因为名词更具体、更统一。具体来说, 义原的概念对于名词来说更加合理和直接, 因为它们与动词、形容词和副词相比更容易在语义上分解为义原。我们可以从表 6.2 中的例子发现这种情况。此外, 相似的名词倾向于共享相同的义原, 如不同的城市都共享城市—city、地方—place 和专—ProperName 这些义原。名词义原预测的有效性使得其可以应用于实际的义原具体应用中。

3）词频对义原预测的影响

如表 6.4 所示, 我们可以观察到词频对义原预测的影响也很大。实验结果表明, 一个词在语料中出现次数越多, 其词义越复杂。这是因为一方面, 高频词在日常生活中被广泛使用, 通常是常用的动词和副词, 这些词往往比低频词有更多、更广泛的意义, 甚至一个词的多个义项互不相关。因此，基于简单的词相似性来为这些词预测义原是极其困难的。另一方面，与高频词相比，低频词往往包含更少、更简单的词义，因此更容易被预测。此外，由于在我们数据集中，所有词的词频被限制在一定阈值以上，因此低频词虽然训练次数比高频词少，但也可以学习到较好的向量表示。

表 6.3　不同词性下义原预测结果

词性	词数	MAP
副词	136	0.568
形容词	808	0.544
动词	1 867	0.583
名词	3 556	**0.747**

表 6.4　不同词频下义原预测结果

词频	词数	MAP
< 800	1 659	**0.817**
800~3 000	1 494	0.736
3 001~15 000	1 672	0.690
> 15 000	1 311	0.596

6.3.3　小结

本节介绍了两类自动为词进行义原标注的方法：第一类符合推荐系统中的协同过滤思想，基于词嵌入进行；第二类基于矩阵分解方法，依赖于义原嵌入。我们在知网这一义原知识图谱上评估我们的义原预测模型，实验结果证明了我们的模型是有效的，同时证实了词与义原之间内在关系的重要性。

6.4　融入中文字信息的义原预测

本节将介绍的工作是 6.3 节工作的扩展，同样针对单语词的义原预测这一任务。在 6.3 节中，我们主要使用从大规模语料中学习的词嵌入作为义原预测的信息来源，而没有利用词的内部信息，也很难处理低频词和未登录词。在本节中，我们结合了词的内部信息（即字信息）来进行义原预测。

6.4.1 算法模型

我们先介绍本节使用的符号。$W = \{w_1, w_2, \cdots, w_{|W|}\}$ 是词集，S 是义原集，C 为中文字集。词 w 的义原集为 $S_w = \{s_1, \cdots, s_{|S_w|}\}$，字集为 $C_w = \{c_1, \cdots, c_{|C_w|}\}$。以"铁匠—ironsmith"为例，义原集 $S_{\text{铁匠 (ironsmith)}} = \{\text{人—human, 职位—occupation, 金属—metal, 工—industrial}\}$。给定一个词 w，已知其词向量 $\boldsymbol{w}$ 和字集 C_w，融入字信息的义原预测的任务旨在预测 S_w，主要计算 S 中的所有义原相应的分数 $P(s \mid w)$，并选择分数较高的组成义原预测集。

模型由两部分组成：① 使用内部信息的义原预测，即内部信息模型；② 使用外部信息的义原预测，即外部信息模型。对于外部信息模型，这里采用了 Xie 等人[205] 的 SPWE、SPSE 和它们的集成模型。而对于内部信息模型，这里新提出了 SPWCF、SPCSE 及其集成模型。接下来我们先介绍 SPWCF 和 SPCSE 的一些细节，然后展示模型组合的方法。

1. 用词–字信息过滤进行义原预测

受到协同过滤的启发[170]，我们提出对于未标注的词，通过该词基于内部信息的相似词推荐义原。我们认为有相同的字，并且字在相同位置的词是相似的。

在中文中，一个字的意思通常与其在词中的位置有关，我们考虑一个词中的 3 个位置：起始、中间、结尾。例如，在词"火车站"中，起始字为"火"，而"车"和"站"分别是中间字和结尾字。"站"字在结尾位置时，意思为车站，然而在起始位置时意思常常是"站立"，如"站岗哨兵""站起来"。

形式化来说，对于一个词 $w = c_1 c_2 \cdots c_{|C_w|}$，我们定义 $\pi_B(w) = \{c_1\}$，$\pi_M(w) = \{c_2, \cdots, c_{|C_w - 1|}\}$，$\pi_E(w) = \{c_{|C_w|}\}$，并且

$$P_p(s_j \mid c) \sim \frac{\sum_{w_i \in W \wedge c \in \pi_p(w_i)} \boldsymbol{M}_{ij}}{\sum_{w_i \in W \wedge c \in \pi_p(w_i)} |S_{w_i}|} \tag{6.4}$$

表示给定字 c 和位置 p 的情况下义原 s_j 的预测分数，π_p 可以是 π_B、π_M 或 π_E。$\boldsymbol{M}$ 是词–义原共现矩阵。最后，我们定义给定词 w、义原 s_j 的预测分数函数 $P(s_j \mid w)$：

$$P(s_j \mid w) \sim \sum_{p \in \{B, M, E\}} \sum_{c \in \pi_p(w)} P_p(s_j \mid c) \tag{6.5}$$

词到字过滤（Word-to-Character Filtering，SPWCF）是一个简单而高效的方法，因为组合语义在中文组合词中无处不在，这也使得通过相同字来寻找相似的词的方式直接而简单。

2. 用字和义原嵌入进行义原预测

词到字过滤的方法可以有效预测与字强相关的义原，然而，和 SPWE 一样，这样的方法忽略了义原之间的关系。因此，受 SPSE 的启发，这里提出使用基于字和义原嵌入的义原预测（Sememe Prediction with Character and Sememe Embeddings，SPCSE），将义原之间的关系考虑进来。在 SPCSE 中，首先基于内部字信息学习义原嵌入，然后计算被预测的义原和词之间的距离。

受 GloVe[153] 和 SPSE 启发，我们使用 SPCSE 中的矩阵分解方法，同时对词–义原矩阵和义原–义原矩阵分解。我们在 SPCSE 中使用预训练的字嵌入，就像 SPSE 使用预训练的词嵌入一样。因为字往往有多个意思，每个字都可以学到多个嵌入[35]。我们选择最有代表性的字和它的嵌入来表示词的意思。因为低频字比低频词更稀少，并且低频词经常由低频字所组成，因此，使用预训练的字向量表示低频词是可行的。在分解词–义原矩阵时，字嵌入是固定不变的。

我们用 N_e 表示每个字所拥有的向量的数量，每个字 c 有 N_e 个向量 $c^1,\cdots,c^{N_e}$。对于一个词 w 和一个义原 s，我们从词 w 的所有字的所有向量中，通过计算余弦距离选择一个最接近义原嵌入的字向量作为词 w 的表示，如图 6.1 所示。

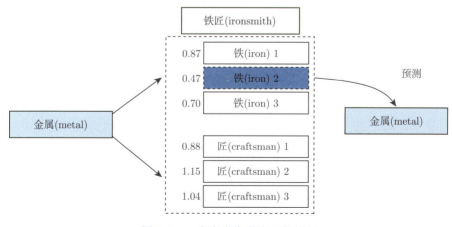

图 6.1 一个有多个字嵌入的例子

注：数字是余弦距离，义原"金属"是最接近"铁"的一个嵌入向量。

特殊地，对于一个词 $w = c_1 \cdots c_{|C_w|}$ 和一个义原 s_j，我们定义

$$\hat{k}, \hat{r} = \arg\min_{k,r}[1 - \cos(\boldsymbol{c}_k^r, (\boldsymbol{s}_j' + \overline{\boldsymbol{s}}_j'))] \tag{6.6}$$

其中，$\hat{k}$ 和 $\hat{r}$ 表示词 w 中各个字向量中与义原 s_j 的向量最近的那个所对应的字序号和字向量序号。利用词-义原矩阵 $\boldsymbol{M}$ 和义原-义原矩阵 $\boldsymbol{C}$，我们使用下列损失函数学习义原嵌入：

$$\begin{aligned}\mathcal{L} = &\sum_{w_i \in W, s_j \in S}(\boldsymbol{c}_{\hat{k}}^{\hat{r}} \cdot (\boldsymbol{s}_j' + \overline{\boldsymbol{s}}_j') + \boldsymbol{b}_{\hat{k}}^c + \boldsymbol{b}_j'' - \boldsymbol{M}_{ij})^2 + \\ &\lambda' \sum_{s_j, s_q \in S}(\boldsymbol{s}_j' \cdot \overline{\boldsymbol{s}}_q' - \boldsymbol{C}_{jq})^2\end{aligned} \tag{6.7}$$

其中，$\boldsymbol{s}_j'$ 和 $\overline{\boldsymbol{s}}_j'$ 是 s_j 的义原嵌入，$\boldsymbol{c}_{\hat{k}}^{\hat{r}}$ 是在词 w_i 中最接近义原 s_j 的字嵌入。应注意，这里的字和词不在同一个语义空间内，我们学习新的义原嵌入，与 SPSE 中学到的词嵌入没有关系。因此，我们使用不同的表示以示区别。$\boldsymbol{b}_k^c$ 和 $\boldsymbol{b}_j''$ 分别表示 c_k 和 s_j 的偏移向量，λ' 是调整这两部分的超参数。词 $w = c_1 c_2 \cdots c_{|C_w|}$ 的义原预测分数函数定义如下：

$$P(s_j \mid w) \sim \boldsymbol{c}_{\hat{k}}^{\hat{r}} \cdot (\boldsymbol{s}_j' + \overline{\boldsymbol{s}}_j') \tag{6.8}$$

3. 集成模型

SPWCF/SPCSE 和 SPWE/SPSE 采用不同的信息来源作为输入，这意味着它们的特点不同：一方面，SPWCF/SPCSE 只使用词内部信息，而 SPWE/SPSE 只能利用词上下文信息；另一方面，就像 SPWE 和 SPSE 的区别一样，SPWCF 来源于协同过滤，而 SPCSE 使用了矩阵分解方法。所有方法的共同点是它们都会为相似的词推荐义原，但是它们对相似的理解不同。因此，为了获得更好的预测效果，将这些模型集成在一起是必要的。

我们将 SPWCF 和 SPCSE 的组合称为内部模型，将 SPWE 和 SPSE 的组合称为外部模型。而内部模型和外部模型的组合是我们的新模型 CSP。实际上，对于可靠的词向量，如高频词，我们可以使用内部模型和外部模型的整合模型，对于词频非常低的词（词向量不够可靠），我们只使用内部模型而不使用外部模型，因为外部模型在这种情况下会带来噪声。图 6.2 展示了在不同场景下模型的组合，出于比较的目的，我们在所有实验中使用 SPWCF、SPCSE、SPWE 和 SPSE 的组合，即 CSP 模型。其中两个模型的组合都通过简单的义原预测分数加权求和进行。

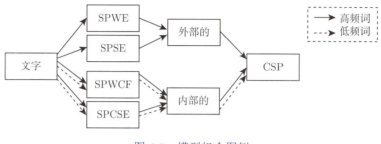

图 6.2 模型组合图例

6.4.2 实验分析

在这一节中,我们在义原预测任务上评估上述模型。另外,我们在不同的目标词词频上分析不同模型的表现。我们还进行了详细的案例研究以展示不同方法的运行机制和利用内部信息的优势。

1. 数据集

这里使用的数据集和 6.3.2 节完全一致,即义原标注数据来源于知网,词和字嵌入的训练使用 SogouT 语料。

2. 实验设定

在我们的实验中,我们评估只使用了内部信息模型 SPWCF、SPCSE、SPWCF+SPCSE 和外部信息与内部信息集成模型 CSP,同时使用 SPWE、SPSE 及 SPWE+SPSE 作为基线模型。此外,基线模型还包括使用 fastText[14] 训练得到的词向量 +SPWE 模型,其中 fastText 在训练词向量的过程中同时使用了词内部信息和外部信息。

我们将词、义原和字嵌入的维度设为 200。词嵌入由 GloVe[153] 学习。对于基线模型,SPWE 中超参数的设定和 6.3.2 节保持一致。模型训练 20 轮,初始学习率设为 0.01,并根据迭代数而降低。对于 fastText,我们使用基于层次 Softmax 的 Skip-gram 模型,n-gram 的最短长度设为 1,最长长度设为 2。对于集成模型,我们使用 $\frac{\lambda_{\text{SPWE}}}{\lambda_{\text{SPSE}}} = 2.1$ 作为加权。对于 SPCSE,我们使用基于聚簇的字嵌入[35] 来学习预训练的字嵌入,并且我们将 N_e 设为 3。将式 (6.7) 中的 λ' 设为 0.1。模型训练 20 轮,初始学习率也设为 0.01,并根据迭代数而降低。因为一般而言,每个字可以关联 15~20 个义原,在 SPCSE 中,我们将在词–义原矩阵中分解 0 元素的概率设为 2.5%。SPWCF 和 SPCSE 的集成权重设为

$\frac{\lambda_{\text{SPWCF}}}{\lambda_{\text{SPCSE}}} = 4.0$。为了最终集成模型 CSP 能有更好的表现，我们设定 $\lambda = 0.1$ 并且设定 $\frac{\lambda_{\text{SPWE}}}{\lambda_{\text{SPSE}}} = 0.312\,5$，虽然这两个参数分别为 0.5 和 2.1 时是 SPSE 和 SPWE+SPSE 的最佳参数。最后，我们设定 $\frac{\lambda_{\text{External}}}{\lambda_{\text{Internal}}} = 1.0$ 来整合内部模型和外部模型。

3. 义原预测结果

和 6.3.2 节类似，我们使用 MAP 作为义原预测评估指标。整体义原预测结果如表 6.5 所示。

表 6.5　整体义原预测结果

方法	MAP
SPSE	0.411
SPWE	0.565
SPWE+SPSE	0.577
SPWCF	0.467
SPCSE	0.331
SPWCF + SPCSE	**0.483**
SPWE + fastText	0.531
CSP	**0.654**

从表 6.5 中，我们可以观察到：

（1）CSP 集成模型取得了最佳预测结果。CSP 模型将词内部的字信息与词外部的上下文信息结合起来，显著一致地提升了模型在义原预测上的表现。这一结果证明了结合外部信息和内部信息进行义原预测的有效性。

（2）SPWCF + SPCSE 的表现比 SPSE 要好，这意味着只使用内部信息也已经可以在义原预测上取得较好的结果。此外，在内部模型中，SPWCF 表现远胜于 SPCSE，这也表明了协同过滤的强大力量。

（3）SPWCF + SPCSE 的表现不如 SPWE + SPSE，这表明在缺少上下文信息的情况下确定词的语义仍然很困难，这是由字的歧义性和语义模糊性造成的。另外，一些词并不是复合词（如单词素词或者音译词），这些词的意思很难直接通过它们的字推断出来。对于中文而言，内部字信息只是不完全的知识。我们展示 SPWCF 和 SPCSE 的结果仅仅是为了展示单独使用内部信息的能力。在我们的案例研究中，我们将展示内部模型对低频词非常有效，并且可以用于推测未登录词的意义。

4. 不同词频下的分析

为了验证我们的模型在不同词频下的有效性,我们将知网[①]中剩余的词加入测试集。由于剩余的词都是低频的,我们主要关注的其实是呈长尾分布的词。我们计算测试集中的每个词在语料中的出现次数并根据它们的频率将它们分成 8 类。不同词频下的义原预测结果如表 6.6 所示。

表 6.6 不同词频下的义原预测结果

词频	⩽50	51~100	101~1 000	1 001~5 000	5 001~10 000	10 001~30 000	>30 000
出现数	8 537	4 868	3 236	2 036	663	753	686
SPWE	0.312	0.437	0.481	0.558	0.549	0.556	0.509
SPSE	0.187	0.273	0.339	0.409	0.407	0.424	0.386
SPWE + SPSE	0.284	0.414	0.478	0.556	0.548	0.554	0.511
SPWCF	0.456	0.414	0.400	0.443	0.462	0.463	0.479
SPCSE	0.309	0.291	0.286	0.312	0.339	0.353	0.342
SPWCF + SPCSE	0.467	0.437	0.418	0.456	0.477	0.477	0.494
SPWE + fastText	0.495	0.472	0.462	0.520	0.508	0.499	0.490
CSP	**0.527**	**0.555**	**0.555**	**0.626**	**0.632**	**0.641**	**0.624**

从表 6.6 中,我们可以观察到:

(1) SPSE、SPWE 和 SPWE + SPSE 在低频词上的表现相比高频词而言明显下降。恰恰相反,SPWCF、SPCSE 和 SPWCF + SPCSE 的表现虽然在高频词上更弱,但是在长尾场景下并没有被强烈地影响。CSP 的表现也降低了,因为 CSP 也使用了外部信息,而外部信息对于低频词而言并不充足。这些结果表明词频和词嵌入的质量可以影响义原预测模型的表现,特别是对于主要关注词本身的外部模型。然而,内部模型在处理长尾分布时表现得更加鲁棒。虽然词不需要出现太多次以学习到好的词嵌入,对于外部模型而言,为低频词推荐义原仍然很难。同时因为内部模型不使用外部的词向量,它们仍然能在这样的场景下奏效。至于高频词上的表现,因为这些词被广泛使用,所以高频词的歧义性更强,然而内部模型在高频词上仍然稳定。

(2) 低频中文词也大多是由常见的字构成的,因此在低频词(甚至是那些未登录词)的义原预测中使用内部字信息也是可行的。此外,我们的方法给出的不同词频下的 MAP 结果的稳定性也反映了知网义原标注的可靠性和一般性。我们会在我们的案例研究中给

[①] 具体而言,我们不采用数量词、标点符号、单字词、不在训练语料中的词(因为它们至少需要出现一次来得到词嵌入)及外文缩写。

出详细的分析。

5. 案例研究

我们的主实验已经展示了我们模型的有效性,下面我们更进一步研究了各个模型的输出以确认字级别的知识已经被包含到义原预测中。

表 6.7 展示了"钟表匠"和"奥斯卡"的义原预测结果。"钟表匠—Clockmaker"是一个典型的复合词,而"奥斯卡—Oscar"是一个音译词。对于每个词,列出由内部模型 (SPWCF + SPCSE)、外部模型 (SPWE + SPSE) 和集成模型 (CSP) 预测的前 5 个结果。

表 6.7 义原预测示例

词	模型	前 5 个义原
钟表匠 — clockmaker	内部模型	**人—human**, **职位—occupation**, 部件—part, 时间—time, 告诉—tell
	外部模型	**人—human**, 专—ProperName, 地方—place, 欧洲—Europe, 政—politics
	集成模型	**人—human**, **职位—occupation**, 告诉—tell, 时间—time, 用具—tool
奥斯卡 — Oscar	内部模型	专—ProperName, 地方—place, 市—city, 人—human, 国都—capital
	外部模型	奖励—reward, 艺—entertainment, 专—ProperName, 用具—tool, 事情—fact
	集成模型	专—ProperName, **奖励—reward**, **艺—entertainment**, 著名—famous, 地方—place

注:加粗的义原是正确义原。

"钟表匠"这个词由 3 个字构成:"钟""表"和"匠"。人类可以从直觉上推断出钟 + 人 → 钟表匠。然而,外部模型在这个例子上表现不好。如果我们研究"钟表匠"的词嵌入,则可以知道为什么这个方法推荐出不合理的义原。训练集中词嵌入最接近"钟表匠"的 5 个词分别是"瑞士""卢梭""鞋匠""发明家"和"奥地利人"。注意到这些词中没有一个直接与"钟""时钟"或"钟表"相关。因此,义原"时间""告诉"和"用具"不能从这些词中推断出来,即使义原间的关系已经由 SPSE 引入。事实上,这些词都间接与"钟"相关:瑞士的钟表工业很出名;卢梭出生于一个有钟表制造传统的家庭;鞋匠和发明家也是两种职业。由于以上原因,这些词通常和"钟表匠"共同出现,或者说经常出现在和"钟表匠"相似的上下文中。这说明在外部模型中所使用的相关的词向量并不总是推荐相关的义原。

"奥斯卡"这个词是由英文 Oscar 音译而来。因此,"奥斯卡"中每一个字的意思和这个词的意思无关。另外,"奥""斯""卡"在音译词中很常见,于是内部方法推荐如

"专"和"地方"这样的义原，因为很多的音译词都是专有名词或者地名。

6.4.3 小结

本节引入了字级别的内部信息用于中文词的义原预测，以缓解只使用外部信息造成的问题。我们还提出了整合了内部信息和外部信息用于词汇义原预测的"字增强的义原预测"(CSP) 框架，并提出了两种利用内部信息的方法。我们在知网数据集上评估我们的 CSP 框架，实验结果表明 CSP 取得了出色的结果，并超过了之前的只使用词上下文信息的模型，特别是在低频词上。

6.5 跨语言词汇的义原预测

大多数语言没有基于义原的语言知识图谱，这在很大程度上阻碍了我们对人类语言的理解和利用。因此，为各种语言构建基于义原的知识图谱是非常重要的。手工构建基于义原的语言知识图谱需要许多语言专家的努力，这既费时又费力。例如，知网的构建花费了很多中国语言专家十多年的时间。基于此，我们提出"跨语言词汇的义原预测"任务，旨在帮助语言学家从现有的义原知识图谱出发，更高效地为其他语言建立义原知识图谱。

这个任务面临两个关键挑战：

(1) 不同语言的词之间没有一致的一对一匹配。例如，英文词 beautiful 可以指中文词"美丽"或"漂亮"。因此，我们不能简单地将知网翻译成另一种语言。如何识别一个词在其他语言中的语义是一个关键问题。

(2) 由于词与义原之间存在着语义上的差异，我们需要构建词与义原之间的语义表示，以获取它们之间的语义关联。

针对"跨语言词汇的义原预测"任务的特点和挑战，我们设计了一种新模型——CLSP，旨在将基于义原的知识图谱从源语言迁移到目标语言。我们的模型包括 3 个模块：① 单语言的词嵌入学习，分别学习源语言和目标语言词汇的向量表示；② 跨语言的词嵌入对齐，旨在将两种语言的词嵌入对齐在同一个语义空间；③ 基于义原的词嵌入学习，其目标是将义原信息融入词表示中。为了简单起见，本节同样不考虑知网中义原的层次结构信息。

6.5.1 算法模型

本小节主要介绍我们提出的模型 CLSP 的细节,这里定义有义原标注的语言为源语言,没有义原标注的语言为目标语言。模型的主要目的是将源语言和目标语言的词通过联合学习嵌入到同一个语义空间,然后利用与目标语言的待推荐词语义相近的源语言中的词的义原标注信息,为目标词推荐义原。

模型由 3 部分组成:单语词表示学习、跨语言词嵌入对齐和基于义原的词表示学习。相应地,模型的目标函数为 3 部分,即

$$\mathcal{L} = \mathcal{L}_{\text{mono}} + \mathcal{L}_{\text{cross}} + \mathcal{L}_{\text{sememe}} \tag{6.9}$$

其中,单语项 $\mathcal{L}_{\text{mono}}$ 旨在分别从源语言和目标语言各自的语料中学习词嵌入,跨语言项 $\mathcal{L}_{\text{cross}}$ 旨在对齐跨语言词嵌入于相同的语义空间之中,而 $\mathcal{L}_{\text{sememe}}$ 可以将义原信息融合到源语言词的表示学习中,以便获得更好的义原预测效果。接下来介绍这 3 部分的细节。

1. 单语词表示

因为源语言和目标语言的语料是非平行的,因此 $\mathcal{L}_{\text{mono}}$ 包含两个彼此独立的单语项,即

$$\mathcal{L}_{\text{mono}} = \mathcal{L}_{\text{mono}}^{\text{S}} + \mathcal{L}_{\text{mono}}^{\text{T}} \tag{6.10}$$

其中,上标 S 和 T 分别表示源语言和目标语言。

我们选择 Skip-gram 这一词表示学习模型来获得单语词嵌入。Skip-gram 模型的目标是最大化以中心词为条件时上下文词的预测概率。形式上,以源语言为例,给定训练词序列 $\{w_1^{\text{S}}, \cdots, w_n^{\text{S}}\}$,Skip-gram 模型的目标是最小化以下损失函数:

$$\mathcal{L}_{\text{mono}}^{\text{S}} = -\sum_{c=K+1}^{n-K} \sum_{-K \leqslant k \leqslant K, k \neq 0} \log P(w_{c+k}^{\text{S}} \mid w_c^{\text{S}}) \tag{6.11}$$

其中,K 表示滑动窗口的大小。$P(w_{c+k}^{\text{S}} \mid w_c^{\text{S}})$ 表示中心词为 w_c^{S} 时上下文某个词的预测概率,通过 Softmax 函数形式化表达为

$$P(w_{c+k}^{\text{S}} \mid w_c^{\text{S}}) = \frac{\exp(\boldsymbol{w}_{c+k}^{\text{S}} \cdot \boldsymbol{w}_c^{\text{S}})}{\sum_{w_s^{\text{S}} \in V^S} \exp(\boldsymbol{w}_s^{\text{S}} \cdot \boldsymbol{w}_c^{\text{S}})} \tag{6.12}$$

式中,V^S 表示源语言的词表,$\mathcal{L}_{\text{mono}}^{\text{T}}$ 的定义是类似的。

2. 跨语言词嵌入对齐

跨语言词嵌入对齐的目标是为源语言和目标语言中的词构建统一的语义空间。受 Zhang 等人[222]启发，我们使用种子词典和匹配作为跨语言信号进行跨语言词嵌入对齐。

形式上，$\mathcal{L}_{\text{cross}}$ 由两项组成，分别是基于种子词典的对齐 $\mathcal{L}_{\text{seed}}$ 和通过匹配的对齐 $\mathcal{L}_{\text{match}}$。

$$\mathcal{L}_{\text{cross}} = \lambda_s \mathcal{L}_{\text{seed}} + \lambda_m \mathcal{L}_{\text{match}} \tag{6.13}$$

其中，λ_s 和 λ_m 是控制两项相对权重的超参数。

1）通过种子词典对齐

种子词典项 $\mathcal{L}_{\text{seed}}$ 使得在一个种子词典 $\mathcal{D}$ 中的翻译词对的词嵌入更加接近，可以通过 L_2 正则项达成此目的。

$$\mathcal{L}_{\text{seed}} = \sum_{\langle w_s^S, w_t^T \rangle \in \mathcal{D}} \| \boldsymbol{w}_s^S - \boldsymbol{w}_t^T \|_{L_2} \tag{6.14}$$

其中，w_s^S 和 w_t^T 表示在种子词典中一对同义的源语言和目标语言词。

2）通过匹配机制对齐

匹配机制建立在以下假设下：每个目标语言词都与某个源语言词或特殊空词匹配，相应地，每个源语言词也都与某个目标语言词或特殊空词匹配。匹配过程的目标是为每个目标（源）语言词找到匹配的源（目标）语言词，并最大化所有匹配词对的匹配概率。这部分的损失函数可以表述为

$$\mathcal{L}_{\text{match}} = \mathcal{L}_{\text{match}}^{\text{T2S}} + \mathcal{L}_{\text{match}}^{\text{S2T}} \tag{6.15}$$

其中，$\mathcal{L}_{\text{match}}^{\text{T2S}}$ 项为目标语言词到源语言词的匹配，$\mathcal{L}_{\text{match}}^{\text{S2T}}$ 项为源到目标的匹配。接下来，我们将详细解释目标语言词到源语言词的匹配，源语言到目标语言词的匹配以相同的方式定义。我们首先为每一个目标语言词 w_t^T 引入隐变量 $m_t \in \{0, 1, \cdots, |V^S|\}$（$t = 1, 2, \cdots, |V^T|$），此处 $|V^S|$ 和 $|V^T|$ 分别表示源语言和目标语言的词表大小。m_t 表示所匹配的源语言词 w_t^T 的索引，$m_t = 0$ 表示匹配到空词。因此有 $\boldsymbol{m} = \{m_1, m_2, \cdots, m_{|V^T|}\}$，我们可以形式化地描述目标语言到源语言的匹配项：

$$\begin{aligned} \mathcal{L}_{\text{match}}^{\text{T2S}} &= -\log P(\mathcal{C}^T \mid \mathcal{C}^S) \\ &= -\log \sum_{\boldsymbol{m}} P(\mathcal{C}^T, \boldsymbol{m} \mid \mathcal{C}^S), \end{aligned} \tag{6.16}$$

其中，$\mathcal{C}^{\mathrm{T}}$ 和 $\mathcal{C}^{\mathrm{S}}$ 分别表示目标语言语料与源语言语料。这里，我们简单假设目标词的匹配过程相互独立，因此有

$$P(\mathcal{C}^{\mathrm{T}}, \boldsymbol{m} \mid \mathcal{C}^{\mathrm{S}}) = \prod_{w^{\mathrm{T}} \in \mathcal{C}^{\mathrm{T}}} P(w^{\mathrm{T}}, \boldsymbol{m} \mid \mathcal{C}^{\mathrm{S}})$$
$$= \prod_{t=1}^{|V^{\mathrm{T}}|} P(w_t^{\mathrm{T}} \mid w_{m_t}^{\mathrm{S}})^{c(w_t^{\mathrm{T}})} \tag{6.17}$$

其中，$w_{m_t}^{\mathrm{S}}$ 是 w_t^{T} 所匹配的源语言词，$c(w_t^{\mathrm{T}})$ 是词 w_t^{T} 在目标语言语料中出现的次数。

3. 基于义原的词表示

基于义原的词表示旨在通过引入源语言的语言知识图谱信息来改进用于义原预测的词嵌入质量。本节下面介绍两种基于义原的词表示方法。

1) **基于词关系的方法**

一个简单而直观的方法是让具有相似义原标注的词具有更相似的词嵌入，我们将其命名为基于词关系的方法（word relation-based approach）。首先，我们从源语言的基于语义的语言知识图谱中构造同义词表，这里我们将具有一定数量相同义原的词视为同义词。然后，我们使同义词具有更相近的词嵌入。形式上，我们设定 $\boldsymbol{w}_i^{\mathrm{S}}$ 为源语言词 w_i^{S} 的词嵌入，$\hat{\boldsymbol{w}}_i^{\mathrm{S}}$ 为其调整后的词嵌入。$\mathrm{Syn}(w_i^{\mathrm{S}})$ 表示词 w_i^{S} 的同义词集，则损失函数为

$$\mathcal{L}_{\mathrm{sememe}} = \sum_{w_i^{\mathrm{S}} \in V^{\mathrm{S}}} \left[\alpha_i \|\boldsymbol{w}_i^{\mathrm{S}} - \hat{\boldsymbol{w}}_i^{\mathrm{S}}\|_{L_2} + \sum_{w_j^{\mathrm{S}} \in \mathrm{Syn}(w_i^{\mathrm{S}})} \beta_{ij} \|\hat{\boldsymbol{w}}_i^{\mathrm{S}} - \hat{\boldsymbol{w}}_j^{\mathrm{S}}\|_{L_2} \right] \tag{6.18}$$

其中，α 和 β 控制两项的相对强度，应该注意的是，使相似单词具有相近词嵌入的这一想法类似于 Farugui 等人[53] 中的对词向量进行后处理的方法 (retrofitting approach)。然而，该方法不能在此直接应用，因为基于义原的语言学知识图谱（如知网）无法提供所需的同义词列表。

2) **基于义原嵌入的方法**

基于词关系的方法尽管简单、高效，但是无法充分利用基于义原的语言知识图谱的信息，因为它忽略了义原和词之间的复杂关系及不同义原之间的关系。为了克服这个局限性，这里提出基于义原嵌入的方法，联合学习词嵌入和义原嵌入。在这种方法中，我们采用分布式向量表示义原，并将它们放在与词嵌入相同的语义空间中。类似于 SPSE[205]，我们的方法利用义原嵌入作为正则项来学习更好的词嵌入。与 SPSE 不同的

是，我们不使用预先训练的词嵌入，相反，我们同时学习词嵌入和义原嵌入。更具体来说，我们可以从知网中提取出源语言的词-义原矩阵 M^S，其中 $M_{sj}^S = 1$ 表示词 w_s^S 表示词被标注了义原 x_j，否则 $M_{sj}^S = 0$。通过分解 M^S，我们定义损失函数为

$$\mathcal{L}_{\text{sememe}} = \sum_{w_s^S \in V^S, x_j \in X} (\bm{w}_s^S \cdot \bm{x}_j + \bm{b}_s + \bm{b}_j' - M_{sj}^S)^2 \tag{6.19}$$

其中，$\bm{b}_s$ 和 $\bm{b}_j'$ 是 w_s^S 和 x_j 的偏置，X 表示义原集合。通过这种方法，我们获得了在同一语义空间的词嵌入和义原嵌入，义原嵌入包含关于词与义原的语义信息，并且将义原信息注入到词嵌入中。因此，此时的词嵌入会更适合做义原预测。

4. 训练

在训练单语词嵌入时，我们采用来自 Mikolov 等人[127]的负采样的方法。在义原部分的优化中，我们采用迭代更新的方法，和 Farugui 等人[53]一样，使用基于词关系的方法和基于义原嵌入的方法都使用随机梯度下降法（SGD）。对于跨语言部分种子词典项的优化，我们也使用随机梯度下降法。

然而，由于隐变量的存在，跨语言部分的匹配项的优化有些困难，我们使用 Viterbi EM 算法解决这一问题。接下来，我们仍然以目标到源端为例，并使用 Viterbi EM 算法详细描述训练过程。

Viterbi EM 算法中的 Viterbi E 步与紧随的 M 步交替进行，Viterbi E 步的目标是在当前的参数下寻找最大概率的匹配词对。考虑到其相互独立，我们可以分别为每个词寻找匹配词。

$$\hat{m}_t = \underset{s \in \{0,1,\cdots,|V^S|\}}{\arg\max} P(w_t^T \mid w_s^S) \tag{6.20}$$

匹配概率的参数化有多种选择，为了计算简便，我们选择余弦相似度。

$$P(w_t^T \mid w_s^S) = \begin{cases} \epsilon & s = 0; \\ \cos(\bm{w}_t^T, \bm{w}_s^S) & \text{其他情形} \end{cases} \tag{6.21}$$

其中，ϵ 是一个超参数，表示匹配到空词的概率。Viterbi E 步通过下式计算匹配：

$$\tilde{m}_t = \underset{s \in \{1,\cdots,|V^S|\}}{\arg\max} \cos(\bm{w}_t^T, \bm{w}_s^S) \tag{6.22}$$

$$\hat{m}_t = \begin{cases} \tilde{m}_t & \cos(\bm{w}_t^T, \bm{w}_{\tilde{m}_t}^S) > \epsilon; \\ 0 & \text{其他情形} \end{cases} \tag{6.23}$$

由此可以看出 ϵ 可以作为过滤不可靠匹配词对的阈值。

当 Viterbi E 步观察到隐变量后，Viterbi M 步旨在最大化观察到的概率。因此，我们可以将匹配词对视为正确的翻译，并使用 L_2 正则项进行优化。因此，M 步计算为

$$(\hat{\boldsymbol{w}}^{\mathrm{S}}, \hat{\boldsymbol{w}}^{\mathrm{T}}) = \underset{\boldsymbol{w}^S, \boldsymbol{w}^T}{\arg\max}\, \mathcal{M}(\boldsymbol{w}^{\mathrm{S}}, \boldsymbol{w}^{\mathrm{T}}) \tag{6.24}$$

此处 $\mathcal{M}(\boldsymbol{w}^{\mathrm{S}}, \boldsymbol{w}^{\mathrm{T}})$ 被定义为

$$\mathcal{M}(\boldsymbol{w}^{\mathrm{S}}, \boldsymbol{w}^{\mathrm{T}}) = -\sum_{t=1}^{|V^{\mathrm{T}}|} \mathbb{I}[\tilde{m}_t \neq 0] \frac{c(w_t^{\mathrm{T}})}{|\mathcal{C}^{\mathrm{T}}|} \|\boldsymbol{w}_t^{\mathrm{T}} - \boldsymbol{w}_{\tilde{m}_t}^{\mathrm{S}}\|_{L_2} \tag{6.25}$$

其中，$\mathbb{I}[\tilde{m}_t \neq 0]$ 为指示函数。

5. 预测

由于我们假设具有相似的义原标注的词是相似的，并且相似的词应该具有相似的义原，类似于 SPWE，我们可以用最相似的源语言词为目标语言词推荐义原。

形式上，我们定义对于给定的目标语言词 w_t^{T}、义原 x_j 的分数函数 $P(x_j \mid w_t^{\mathrm{T}})$ 为

$$P(x_j \mid w_t^{\mathrm{T}}) = \sum_{w_s^{\mathrm{S}} \in V^{\mathrm{S}}} \cos(\boldsymbol{w}_s^{\mathrm{S}}, \boldsymbol{w}_t^{\mathrm{T}}) \cdot \boldsymbol{M}_{sj}^{\mathrm{S}} \cdot c^{r_s} \tag{6.26}$$

其中，r_s 为对源语言词 w_s^{S} 的相似度 $\cos(\boldsymbol{w}_s^{\mathrm{S}}, \boldsymbol{w}_t^{\mathrm{T}})$ 的递减等级，$c \in (0, 1)$ 是一个超参数，整体上和 SPWE 基本类似。

6.5.2 实验分析

在这一部分中，我们首先介绍实验所使用的数据集，然后描述基线方法和我们模型中的实验设置，随后展示跨语言词义原预测的不同方法的实验结果，接着进行详细的分析和案例研究，在此之后，我们调研词频对跨语言词义原预测结果的影响，最后我们将通过两个子任务，包括双语词典构建和词相似度计算，进行更多的量化分析。

1. 数据集

我们使用知网中的义原标注来进行义原预测。和之前章节不同的是，我们同时使用了知网中中文和英文词的义原标注。知网为 118 346 个中文词语和 104 025 个英文词语标注了义原，总共使用了 1 983 个义原。和之前的章节类似，我们过滤掉低频义原。具体而言，频率阈值设为 5，因此实验最终使用的义原数量是 1 400。

在实验中，中文作为源语言，英文作为目标语言。为了学习中文和英文的单语词嵌入，我们分别从 SogouT 和 Wikipedia①中抽取了 2.0GB 的文本作为训练语料。

至于种子词典，我们以与 Zhang 等人 [222] 相似的方法来构建。首先我们使用谷歌翻译 API②来翻译源语言（即中文）词，然后以得到的翻译结果——目标语言（即英文）词作为输入，再次查询谷歌翻译，得到返回的源语言（中文）词。我们仅保留两轮翻译后的源语言词与原始源语言词相同的翻译词对。

在接下来的双语词典构建任务中，我们使用汉英翻译词典 3.0 版本（Chinese-English Translation Lexicon Version 3.0）③ 作为测试集。在词相似度任务中，我们选择 WordSim 240 和 WordSim 297 [94] 数据集进行中文词相似度计算，选择 WordSim 353 [55] 和 SimLex 999 [76] 数据集进行英文词相似度计算，以评估模型在词向量学习方面的表现。这些数据集包含词对及人类给出的相似度分数。具体评估方法如下：根据利用词向量计算得到的词对的余弦相似度对词对进行排序，然后与人类评分等级进行比较来计算斯皮尔曼相关系数。

2. 实验设置

词嵌入和义原嵌入的维度为 200，并且随机初始化。在单语词嵌入学习中，我们参照了 Mikolov 等人 [127] 的最佳参数设置，设窗口大小 K 为 5，高频词的降采样率为 10^{-5}，学习率为 0.025，负采样数为 5。在跨语言词嵌入对齐中，种子词典项权重 λ_s 为 0.01，匹配项权重 λ_m 为 1 000。在基于义原的词表示中，基于词关系方法中的被认为是同义词的词对共享义原数量为 2。在训练匹配项过程中，我们经验性地设置 ϵ 为 0.5。在预测目标语言词的义原时，我们仅考虑 100 个最相似的源词，衰减参数 c 为 0.8。跨语言义原预测的测试集包括 2 000 个随机选择的英文词。

3. 跨语言词义原预测

我们通过为英文词预测义原来评估我们的模型。因为义原预测可以被认为是一个多标签分类的任务，我们仍使用 MAP 和 F_1 分数来评估义原预测结果。

我们将基于词关系融合义原信息的模型（命名为 CLSP-WR）与联合训练词嵌入和义原嵌入的模型（命名为 CLSP-SE）及未利用义原信息的双语词表示学习模型 BiLex [222]

---

① https://dumps.wikimedia.org.
② https://cloud.google.com/translate.
③ https://catalog.ldc.upenn.edu/LDC2002L27.

这个基线方法做比较。我们借助 BiLex 训好的双语词向量,利用义原预测方法来为目标语言词预测义原。

表 6.8 展示了在种子词典规模分别为 {1 000, 2 000, 4 000, 6 000}①的情况下跨语言词义原预测的评测结果。

表 6.8 不同种子词典大小下跨语言词义原预测的评测结果

方法	种子词典	义原预测	
		MAP	F_1
BiLex	1 000	27.57	16.08
	2 000	33.79	22.33
	4 000	35.78	25.74
	6 000	38.29	28.71
CLSP-WR	1 000	28.12	18.55
	2 000	33.78	23.64
	4 000	38.30	27.74
	6 000	41.23	30.64
CLSP-SE	1 000	31.78	18.22
	2 000	37.70	24.31
	4 000	40.77	29.33
	6 000	**43.16**	**32.49**

从表 6.8 中,我们可以清晰地看到:

(1)本节提出的两个模型在所有的种子词典规模上都表现得比 BiLex 好。这表示在词嵌入中引入义原信息可以有效地提高目标词义原预测的结果。这是因为这两个模型让具有相似义原标注的词有着相似的嵌入,因此,模型可以根据目标词的相关源语言词为它推荐更好的义原。

(2)CLSP-SE 模型比 CLSP-WR 模型实现了更好的效果。这是因为通过将义原表示在一个语义空间中,CLSP-SE 模型可以进一步捕捉义原之间的关系以及词和义原之间的关系,这对建模相似义原的词有所帮助。

4. 案例研究

在案例研究中,我们进行了定性分析,以详细的例子和分析解释我们的模型的有效性。这里展示两个跨语言词义原预测的例子,分别为 handcuffs 和 canoeist。图 6.3 展示了 5 个最接近 handcuffs 和 canoeist 的中文词和英文词的词嵌入,这里使用了 t-SNE[123]

---

① 种子词典的最大规模为 6 000,这是我们能从双语语料库中获得的翻译词对的最大数量。

将每个词嵌入投影到二维空间中。

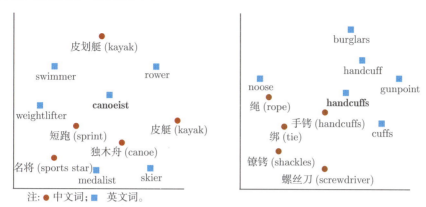

图 6.3　两个最近的英文词和中文词的例子

表 6.9 列出了模型为两个词预测的前 5 个义原，其中黑体义原表示知网中标注了的义原。表 6.9 也展示了 5 个最接近的中文词在知网中所标注的义原。

表 6.9　两个跨语言词义原预测的例子

种类	词语	义原
英文词	handcuffs	**用具**—tool, **警**—police, **扣住**—detain, **人**—human, **有罪**—guilty
5 个最近的中文词	手铐—handcuffs	**有罪**—guilty, **警**—police, **人**—human, **扣住**—detain, **用具**—tool
	镣铐—shackles	**有罪**—guilty, **警**—police, **人**—human, **扣住**—detain, **用具**—tool
	绑—tie	包扎—wrap
	螺丝刀—screwdriver	**用具**—tool, 放松—loosen, 勒紧—tighten
	绳—rope	线—linear, 材料—material, 拴连—fasten
种类	词语	义原
英文词	canoeist	**锻炼**—exercise, **人**—human, **体育**—sport, 事情—fact, 船—ship
5 个最近的中文词	短跑—sprint	事情—fact, **锻炼**—exercise, **体育**—sport
	独木舟—canoe	船—ship
	皮艇—kayak	船—ship
	名将—sports star	著名—famous, **人**—human, 官—official, 军—military
	皮划艇—kayak	事情—fact, **锻炼**—exercise, **体育**—sport

在第一个例子中，模型找到了 handcuffs 的最好的中文对应词手铐 (handcuffs)，它的义原标注与 handcuffs 完全相同。而且第二接近的中文词镣铐 (shackles) 是手铐 (handcuffs) 的一个同义词,并且有着相同的义原标注。因此,我们的模型成功地预测出了所有的义原。从这个例子的预测结果中,我们注意到我们的模型可以准确地预测比较普遍的义原,如用具—tool 和人—human,这些都被认为是很难预测的。

在第二个例子中,canoeist 表示划独木舟的人,并没有准确的中文词表示这个意思,但是我们的模型仍然在前 5 个预测的义原中命中了这个词在知网中被标注的 3 个义原。通过观察与之最相似的中文词,我们可以发现虽然这些词都没有与 canoeist 有相同的意思,但是它们在不同的方面与 canoeist 相关。例如,短跑 "sprint" 和 canoeist 都和体育相关,所以它们共享锻炼 "exercise" 和体育 "sport" 这两个义原。名将 (sports star)有体育明星的意思,可以在义原预测中提供 "人—human" 这个义原。此外,值得注意的是,我们的模型通过独木舟 (canoe) 和皮艇 (kayak) 这两个相近词预测了"船—ship"这个义原,即使"船—ship"在知网中并没有标注给 canoeist。但显然,"船—ship" 是 canoeist 的一个合适的义原。这里可以看出,由于知网是专家手工标注的知识图谱,所以不可避免地会错标一些词语,这也在某种程度上让我们的模型的效果有所下降。

5. 词频的影响

为了研究目标语言词的词频对跨语言词义原预测结果的影响,我们将测试集根据词频分成了 4 个子集,然后分别计算义原预测的 MAP 和 F_1 分数。不同词频下跨语言词义原预测的评测结果如表 6.10 所示。

表 6.10 不同词频下跨语言词义原预测的评测结果

方法	词频	义原预测	
		MAP	F_1
BiLex	<200	30.35	21.83
	200~500	34.83	25.95
	501~2 500	40.21	28.62
	>2 500	47.56	35.80
CLSP-WR	<200	34.73	24.41
	200~500	39.50	29.49
	501~2 500	43.92	33.87
	>2 500	47.33	34.99
CLSP-SE	<200	36.54	27.49
	200~500	41.46	30.09
	501~2 500	45.35	35.01
	>2 500	**49.34**	**37.16**

注:每个频率范围的词数分别为 497、458、522 和 523。

从表 6.10 中，我们可以看到：

（1）目标词在语料中出现的频率越高，那么其预测的义原效果越好。这是因为高频词通常有更好的词嵌入，而这对义原预测至关重要。

（2）我们的模型在任何词频下都明显比 BiLex 效果更好，特别是低频词。这表明通过考虑知网中义原这一外部信息，模型变得更加鲁棒且可以胜任稀疏场景。

6. 进一步量化分析

在本节中，我们通过两个典型的辅助实验进一步定量地说明新提出的模型的优越性。

1）双语词典构建

所有模型都在一个统一的语义空间中学习了双语的词嵌入，这里我们使用翻译第一和前五的平均精度（P@1 和 P@5）来评估模型的双语词典构建的效果。种子词典的规模同样为 {1 000, 2 000, 4 000, 6 000}。不同种子词曲规模下的双语词典构建评测结果如表 6.11 所示。

从表 6.11 中，我们可以看到，无论种子词典的规模有多大，我们的模型，特别是 CLSP-SE 模型，在双语词典构建性能上明显比 BiLex 要好，这表明我们的模型可以更好地学习双语词嵌入。

表 6.11 不同种子词典规模下的双语词典构建评测结果

方法	种子词典	词典构建	
		P@1	P@5
BiLex	1 000	6.48	10.78
	2 000	10.84	15.84
	4 000	19.48	23.96
	6 000	25.89	29.59
CLSP-WR	1 000	6.89	11.28
	2 000	11.96	18.08
	4 000	19.50	25.78
	6 000	25.83	31.03
CLSP-SE	1 000	6.60	11.04
	2 000	11.90	18.62
	4 000	19.26	25.11
	6 000	**26.91**	**32.17**

2）词相似度计算

我们同样在单语词相似度计算的任务上对所有模型进行了评估，分别在 WordSim

240（WS-240）和 WordSim 297（WS-297）数据集上计算中文词相似度，在 WordSim 353（WS-353）和 SimLex 999（SL-999）数据集上计算英文词相似度。单语词相似度计算评测结果如表 6.12 所示。

表 6.12 单语词相似度计算评测结果

方法	中文（源语言）		英文（目标语言）	
	WS-240	WS-297	WS-353	SL-999
BiLex	60.36	62.17	60.46	27.22
CLSP-WR	61.27	65.25	60.46	27.22
CLSP-SE	60.84	65.62	62.47	28.79

从表 6.12 中，我们可以发现：

（1）我们的两个模型在中文词相似度数据集上的结果优于 BiLex。它表示考虑义原信息确实有助于学习更好的单语词嵌入。

（2）CLSP-WR 模型并没有提高英文词相似度的结果，但是 CLSP-SE 模型提高了。这是因为 CLSP-WR 模型仅仅对中文词嵌入进行了后处理，而英文词嵌入保持不变，而 CLSP-SE 模型将双语对齐和义原信息融合结合在一起，这使得英文词嵌入效果与中文词嵌入效果共同提升。

6.5.3 小结

本节介绍了跨语言词义原预测这一新任务。这一任务非常重要，因为在各种语言中构建基于义原的语言知识图谱有助于更好地理解和运用这些语言。本节还提出了一个简单有效的模型，包括三部分，即单语词表示学习、跨语言词表示对齐和基于义原的词表示学习。在知网的真实数据集上的实验结果表明，新提出的模型在跨语言词义原预测方面与基线方法相比取得了一致且显著的改进。

6.6 本章总结

本章介绍了义原知识图谱的自动构建以帮助语言学家减少工作负担，提升标注质量。我们提出"词汇的义原预测"和"跨语言的词汇义原预测"两个任务，并设计了相应的解决方案，有效地帮助义原知识图谱应对新词新义快速出现和多语言义原知识图谱构建的双重挑战。

第 7 章
语言知识的计算应用

7.1 章节引言

在前面的章节中,我们已经介绍以知网这一义原知识图谱为例的语言知识图谱的表示学习和构建。而知网这样的语言知识图谱中丰富的知识信息,能够有效改善自然语言处理中的很多下游任务。本章将以中文版 LIWC 词典扩展和神经语言模型为例,介绍义原知识的应用。具体来说:

(1) LIWC (Linguistic Inquiry and Word Count)[152] 是一个词频计数工具,它根据由粗到细的人工标注的标签对词进行分类,最初用于处理实验心理学中的文本分析问题。目前,已经被广泛应用在社会科学文本量化分析中,尤其是很多交叉应用领域,如人口统计学[144]、健康诊断[26]、社会关系等[96]。汉语是世界上使用人数最多的语言[107],原始 LIWC 词典是英文版的,目前中文版的 LIWC[84] 已经发行。然而,中文版的 LIWC 词典的词数极其有限,仅仅包含 7 000 个词[110]。根据文献 [110],汉语总共有至少 56 008 个词。此外,LIWC 词典没有考虑互联网上不断出现的新词。因此,很有必要对 LIWC 词典进行扩展。人工标注是拓展 LIWC 的一种方法,但非常耗时费力。如何借助计算机加快 LIWC 词典的扩展将非常有意义,因此本章第一部分将介绍利用义原知识自动化拓展 LIWC 词典的方法。

(2) 语言模型(Language Modeling, LM)旨在衡量一个词序列出现的可能性,它将词序列的流利程度建模为这个词序列符合人类语言应用的概率。在自然语言处理中的机器翻译[22,25]、信息检索[11,75,132,155] 及文本摘要[8,167] 等众多领域中,语言模型都是一个最基础的组成部分。所有的语言模型都假设词是基本的单位,所以均只在词语的层面上进行序列模式的拟合。然而这种假设对于某些情况并不一定适用。让我们来考虑下面这个例句：

> 去年美国的贸易赤字估计可达 400 亿＿＿＿＿＿＿。

人们会首先意识到应该向下画线中填入某个单位，之后再想到应该填入一个货币单位。基于这个句子描述的国家是美国的事实，人们大概能够确定应该填入美国的货币单位，并进而确定这个词应该是美元。在这里，单位、货币、美国都可以被认为是美元的基本语义单位。而这一思考过程并不在传统的语言模型考虑范围之内。也就是说，虽然在大多数情况下，词语可以被认为是语言的基本单位，但它们并不一定是基本的语义单位。我们认为显式地拟合基本语义单位可以提升模型的效果及可解释性。而义原作为最基本的语义单位，可以在上述过程中发挥作用。本章第二部分将详细介绍义原知识在神经语言模型中的应用。

7.2 义原驱动的词典扩展

前面提到，使用计算机技术自动扩展 LIWC 词典非常有必要和价值。然而自动扩展 LIWC 词典会遇到一词多义和不易区分的问题。一词多义意味着一个词或短语有多个意思，因此需要将它们归入多个不同的类。不易区分指的是很多类在 LIWC 中被划分得非常精细，导致区分它们非常困难。

此外，LIWC 一个重要的特征是，各类构成了一个具有层次结构的树。因此，层次分类算法，如分层支持向量机[36]，可以很容易地被应用到 LIWC 词典自动拓展中。然而这些方法往往太过笼统，没有考虑词的多义性和 LIWC 的类不易区分的性质。

义原知识可以较好地解决以上问题。对于一词多义的问题，知网为多义词的不同意思标注了不同的义原，这使得给不同的意思分配不同的标签成为了可能。对于词类不易区分的问题，因为义原可以精确地刻画和描述词义，因此其在区分词类方面也会很有价值。

7.2.1 相关工作

在这一部分中，我们首先介绍一些以往基于 LIWC 词典进行的工作，然后对近期在层次分类方面的研究进行一个综述。

LIWC 原始的英文版本是定量文本分析领域较有名的词典之一。它最早于 20 世纪

90 年代被提出，后来几经修改，最新版本发布于 2015 年[152]。在英文版 LIWC 的帮助下，许多领域在过去的几年中都有了大量的科学发现。例如，Mehl 等人[124]发现了男性与女性每天都会说出约 16 000 个词语，改变了人们认为"女性更加健谈"的看法；Bucci 等人[27]展示了词语计数的方法往往比临床医生的报告在治疗效果提升方面更不具有偏向性；Rohrbaugh 等人[162]发现，"我们"这个词的使用暗示了亲密关系，甚至能够提升心力衰竭的预测效果；Schwartz 等人[171]以开放式词汇（open-vocabulary）的方式分析了社交媒体上人们的性格、性别和年龄。

由于英语版 LIWC 的成功与普及，Huang 等人[84]手动创建了第一版中文 LIWC，现在中文 LIWC 也有越来越多的应用场景，尤其是基于中文 LIWC 开展了相关工作[60,108,215]。然而，由于中文 LIWC 是手动标注的词典，它的一个严重不足就在于词典只包含了不到 7 000 个词，相比于常用词总数来说少之又少。因此，自动扩展 LIWC 词典非常有必要。

据我们所知，先前大多数词典扩展的工作均是基于特征工程技术[23,24]开展的。因此，以往的工作需要大量的知识去为不同的词典设计不同的特征。同时很多这样的工作无法被规范化为一个分类问题[39,69]。由于 LIWC 中不同的类别标注形成了一个树状层级结构，我们可以采用层次分类的方法来自动扩展 LIWC。本实验作为 LIWC 扩展的第一次尝试，我们认为在层次分类问题上的工作与 LIWC 扩展更加相关，所以更适合作为基线模型来进行比较。

对于层次分类的方法，Silla 等人[176]在不同领域的各种方法中进行了总结，并把它们归入五大类别中。扁平分类器（flat classifier）[9]是处理层次分类问题最简单的方法。在这一方法中，分类器完全无视了层次关系，只在叶子节点对类别进行预测。逐点局部分类器（local classifier per node）[52]训练了一个二分类的分类器。逐父节点局部分类器（local classifier per parent node）[177]对每一个类别的父节点训练了一个多类别分类器，以对父节点的子节点进行分类。逐层局部分类器（local classifier per level）[38]与逐父节点局部分类器相似，但它是对每一层训练出一个多类别分类器，而不是对每个节点。全局分类器（global classifier）[101]将层次结构视为一个整体来训练分类模型。

近年来，也有不少用神经网络来解决层次分类问题的尝试。Cerri 等人[31]在每一层都训练了一个多层感知机，并使用与上一层相关的神经网络的输出结果作为与下一层相关的神经网络的输入。Karn 等人[98]提出使用 RNN 编码–解码器（RNN encoder-decoder）来处理实体提及分类（entity mention classification）问题。编码–解码器通过在层次结构中生成从顶端节点到叶子节点的路径来进行分类任务。然而，由于多义性与低区分度的问题，这些方法都不适用于 LIWC 的扩展。因此，我们提出通过整合义原信息来进行扩展的想法。

7.2.2 任务设定

在这一小节，我们首先给出一个 LIWC 中词和词类的说明性例子，然后给出 LIWC 词典拓展问题的定义。

图 7.1 是一个说明 apex 的 LIWC 标签的例子。可以看出，词 apex 属于两个父种类，即 PersonalConcerns 和 relative。这两个父种类都有一个子种类，分别是 achieve 和 space。

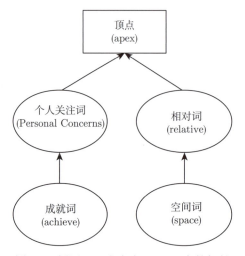

图 7.1　例词顶点和它在 LIWC 中的标签

如图 7.1 所示，LIWC 中的词类被结构化地组织了起来，并且 LIWC 中的每个词在每一层级都可以归属不止一个标签。换句话说，每个词不必从属于一个叶子类。这往往称作非强制性的预测。因此，LIWC 词典拓展是一个非强制性的多标签分类的问题。

形式上，我们按照现有的层次分类问题框架[176]，将 LIWC 词典拓展问题表述为三元组 $\langle T, \text{MPL}, \text{PD} \rangle$，其中：

- T 说明类别被安排成了一个树状结构。
- MPL(Multiple Path of Labels) 等价于术语分层多标签 (term hierarchical multilabel)。
- PD(Partial Depth) 用于说明一些实例局部实例标签，例如，种类标签在某一些级别上是未知的。

7.2.3 算法模型

在这一部分中,我们将介绍基于义原注意力机制的层次解码器架构(hierarchical decoder with sememe attention,HDSA)。它采用了序列到序列解码器来进行层次分类,并利用注意力机制将义原信息融入,以便更好地扩展 LIWC 词典。接下来,我们首先介绍预测词标签层次结构的解码器,然后提出在解码器中使用注意力机制来将义原信息整合进我们的模型。

1. 层次解码器

我们将层次分类任务建模为一个序列到序列解码的任务,其中输入为目标词的词嵌入,输出为层次标签。在自然语言处理中,序列到序列模型已经在句子建模的相关工作中被大量使用[184]。

形式化地,我们令 Y 表示标签集合,令 $\pi: Y \to Y$ 代表节点间的父子关系,其中 $\pi(y)$ 是 $y \in Y$ 的父节点。对于一个词 x,它的标签形成一个树状层次。于是我们可以选取每一条从根节点到叶子节点的路径,并将路径转化为一个序列 $y = (y_1, y_2, \cdots, y_L)$,其中 $\pi(y_i) = y_{i-1}, \forall i \in [2, L]$,$L$ 是层次结构的层数。用这样的方法,当层次解码器(Hierarchical Decoder,HD)对标签 y_i 进行预测时,它能够将父节点标签序列 $(y_1, \cdots, y_{i-1})$ 出现的概率加入计算过程中。具体地,解码器将标签序列 y 出现的概率定义为

$$P(y) = \prod_{i=1}^{L} P(y_i \mid (y_1, \cdots, y_{i-1}), x) \tag{7.1}$$

常见的解码器为 LSTM[80]。LSTM 定义每一个条件概率为

$$P(y_i|(y_1, \cdots, y_{i-1}), x) = f(y_{i-1}, s_i) = \boldsymbol{o}_i \circ \tanh(\boldsymbol{s}_i) \tag{7.2}$$

其中,

$$\begin{aligned}
\boldsymbol{s}_i &= \boldsymbol{f}_i \circ \boldsymbol{s}_{i-1} + \boldsymbol{z}_i \circ \tilde{\boldsymbol{s}}_i, \\
\tilde{\boldsymbol{s}}_i &= \tanh(\boldsymbol{W}_s \cdot [\boldsymbol{s}_{i-1}, \boldsymbol{y}_{i-1}] + \boldsymbol{b}_s), \\
\boldsymbol{o}_i &= \sigma(\boldsymbol{W}_z \cdot [\boldsymbol{s}_{i-1}, \boldsymbol{y}_{i-1}] + \boldsymbol{b}_z), \\
\boldsymbol{f}_i &= \sigma(\boldsymbol{W}_f \cdot [\boldsymbol{s}_{i-1}, \boldsymbol{y}_{i-1}] + \boldsymbol{b}_f)
\end{aligned} \tag{7.3}$$

其中,∘ 表示两个向量逐点相乘,σ 表示 Sigmoid 函数,$\boldsymbol{s}_i$ 表示 LSTM 的第 i 个隐状态。$\boldsymbol{W}_s$、$\boldsymbol{W}_o$、$\boldsymbol{W}_z$、$\boldsymbol{W}_f$ 是权重矩阵,$\boldsymbol{b}_s$、$\boldsymbol{b}_o$、$\boldsymbol{b}_z$、$\boldsymbol{b}_f$ 是偏置向量。$\boldsymbol{o}_i$、$\boldsymbol{z}_i$、$\boldsymbol{f}_i$ 分别是输出门(output gate layer)、输入门(input gate layer)和遗忘门(forget gate layer)。

为了能利用词嵌入，我们定义初始状态 $s_0 = e_x$，其中 e_x 表示词 x 的词嵌入。也就是说，我们把词嵌入作为解码器的初始状态。之后，层次解码器依次输入标签嵌入来进行解码。更具体来讲，我们通过一个嵌入矩阵 $V \in \mathbb{R}^{|V| \times d_w}$ 将原始的词转化为词嵌入，其中 d_w 是词嵌入的维度。然后在每一个时间步中，我们输入由标签嵌入矩阵 $Y \in \mathbb{R}^{|Y| \times d_y}$ 得到的标签嵌入 y，其中 d_y 是标签嵌入的维度。在这里，词嵌入是预训练好且在训练过程中固定的。

总的来说，层次解码器能够从词嵌入中解码出词语的标签层次结构。在每一个时间步中，它能够根据之前预测出的标签预测当前的标签。

2. 基于义原注意力机制的层次解码器

层次解码器使用词嵌入作为初始状态，然后以序列生成的方式来预测词语的标签层次结构。然而，每一个在层次解码器模型中的词只有一个向量表示，这是远远不够的，因为多义性和低区分度难以只用一个实值向量来很好地解决。因此，我们提出将义原信息整合进模型。

由于不同的义原标注表示了一个词不同的意思，在预测词语标签时，不同的义原应该有不同的权重。进一步地，即使是同一个义原，它在不同的类别下也应该有不同的权重。以图 7.2 中的词顶点为例，义原位置在相对词的类别下应该有相对高的权重，但在个人关注词的类别下，就应该有一个较低的权重，因为它代表的是一个不太相关的词义：几何中的顶点。

为了达到上述目的，我们提出在解码词语标签序列时使用注意力机制[6]，对义原信息进行整合。基于义原注意力机制的层次解码器（Hierarchical Decoder with Sememe Attention，HDSA）的结构如图 7.3 所示。

与层次解码器类似，我们将词嵌入作为解码器的初始状态。两者的主要区别在于，现在的条件概率定义为

$$P(y_i \mid (y_1, \cdots, y_{i-1}), x, c_i) = f([\boldsymbol{y}_{i-1}, \boldsymbol{c}_i], \boldsymbol{s}_i), \tag{7.4}$$

其中，c_i 是上下文向量（context vector），它依赖于由义原嵌入矩阵 $S \in \mathbb{R}^{|S| \times d_s}$ 得到的义原嵌入组 $\{h_1, \cdots, h_N\}$。更具体地，上下文向量 c_i 是义原嵌入 h_j 的加权和，即

$$c_i = \sum_{j=1}^{N} \alpha_{ij} \boldsymbol{h}_j \tag{7.5}$$

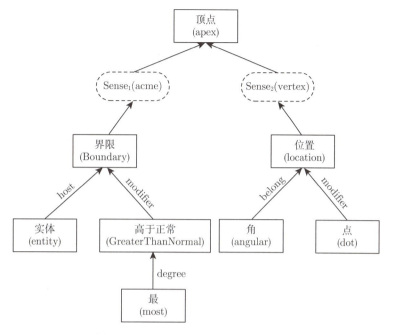

图 7.2　例词顶点在知网中的义原标注

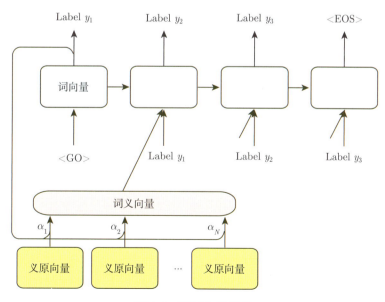

图 7.3　HDSA 的结构

每一个义原 h_j 的权重 α_{ij} 被定义为

$$\alpha_{ij} = \frac{\exp(e_{ij})}{\sum_{k=1}^{N} \exp(e_{ik})} \tag{7.6}$$

其中：

$$e_{ij} = \boldsymbol{v}^\top \tanh(\boldsymbol{W}_1 \boldsymbol{y}_{i-1} + \boldsymbol{W}_2 \boldsymbol{h}_j) \tag{7.7}$$

被用来衡量某个义原嵌入 h_j 与当前预测标签 y_i 的相关性。这里，$v \in \mathbb{R}^a$。另外，$W_1 \in \mathbb{R}^{a \times d_y}$ 及 $W_2 \in \mathbb{R}^{a \times d_s}$ 是权重矩阵，a 是注意力模型中隐层的维度。

直觉上分析，在每一个时间步，HDSA 在预测词语标签时都会选择一个义原来关注。这样，不同的义原就可以有不同的权重，而且相同的义原在不同的类别下也可以有不同的权重。有了义原注意力机制的帮助，HDSA 可以处理多义性和低区分度的问题，所以也就能够更准确、更易理解地扩展 LIWC 词典。

3. 训练目标与实现细节

这里，我们展示模型的训练目标与实现细节。目标函数用交叉熵来定义

$$J = -\frac{1}{T} \sum_{n=1}^{T} \sum_{m} (y_{mn} \log(y'_{mn})) \tag{7.8}$$

其中，$y_{mn} \in \{0,1\}$ 表示词 w_n 是否拥有标签 y_m，y'_{mn} 表示用式 (7.4) 计算得到的词语 w_n 拥有标签 y'_m 的概率，T 是总词数。我们使用 Adam 算法[99] 来自动调整每一个参数的学习率。

当对词语标签进行预测时，我们采用集束搜索（beam search）来解决层次多标签的问题。我们依据经验设置了一个阈值 δ，并且仅当一个词语的标签序列 y 满足以下约束：

$$\log P(y) > \delta \tag{7.9}$$

才将 y 赋值给这个词语。我们在 LSTM 中使用循环失活（recurrent dropout）[173] 方法和层级正则化（layer normalization）[106] 方法来防止过拟合。

7.2.4 实验分析

1. 数据集

我们选择中文 LIWC 作为扩展对象，它的层次深度是 3。表 7.1 列出了它的统计信息。义原知识仍从知网中获得，词和义原嵌入的学习也仍使用 SogouT 语料。

表 7.1 LIWC 词典统计结果

	词数	标签数
合计	6 828	51
级别 1	6 828	10
级别 2	6 363	34
级别 3	589	7

2. 基线模型

由于 LIWC 词典拓展是一个层次分类问题，我们主要选择层次分类算法作为基线模型。

- Top-Down k-NN(TD k-NN)：在父标签上自上而下地使用 k-NN 进行决策。
- Top-Down SVM (TD SVM)：在父标签上自上而下地使用 SVM 进行决策。
- 结构化 SVM[95]：一种使用了切割平面方法的边缘重新调整的结构化支持向量机。
- CSSA (Condensing Sort and Select Algorithm) [12]：一种可以应用在树状和有向无环图状层次结构的层次分类算法。
- HD (Hierarchical Decoder)：没有使用义原注意力的层次解码器。

3. 实验设置

词嵌入和义原嵌入已经预训练好，并且在整个训练过程中被不断调整。因为义原的语义被词所表示，我们直接使用其表示词的词嵌入作为义原嵌入。我们使用 Skip-gram 模型[130]来训练词和义原嵌入，维度为 300，窗口大小为 5，负采样数为 5。我们剔除了 LIWC 词典中在语料中出现次数小于 50 的词汇。对于标签嵌入，我们对其进行随机初始化，并使用反向传播在训练中更新它们的值。

为了进行公平的比较，所有的模型都使用相同的嵌入。对于 TD k-NN，$k = 5$。对于 TD SVM 和结构化 SVM，正则化项 $C = 1$，收敛公差 tol = 0.01。对于 CSSA，每一个样例在预测时被提供了 4 个标签。对于自上而下的方法，当选择子节点时，每一个例子只有一个标签。对于 HDSA 模型，我们设置 a 和 d_y 为 300。当预测词的标签时，我们设置束搜索的窗口大小为 5，$\delta = -1.6$。对于 Adam 算法，设置初始学习率为 $\alpha = 0.001$，$\beta_1 = 0.9$，$\beta_2 = 0.999$，$\epsilon = 10^{-8}$。

当转换树状标签为标签序列时，如果一个词在树状结构中有不止一个路径，则我们将它转化为一个多标签的序列。例如，如果一个词有标签 y_{i_1}、y_{i_2}、y_{i_3} 和 y_{i_4}，其中 $\pi(y_{i_3}) = $

$y_{i_2}, \pi(y_{i_4}) = y_{i_2}, \pi(y_{i_2}) = y_{i_1}$，则我们将其转换为两个序列，即 $y = (y_{i_1}, y_{i_2}, y_{i_3})$ 和 $y' = (y_{i_1}, y_{i_2}, y_{i_4})$。因此，一个词在变换后可以匹配多个序列。

4. 评估方式

我们使用广泛使用的微平均 F_1 (Micro-F_1)、宏平均 F_1 (Macro-F_1) 及相应的精度和召回率去评估所有方法的表现。微平均 F_1 (Micro-F_1) 是一种常见的用来评估分类算法的度量，它赋予每个实例相同的权重。宏平均 F_1 (Macro-F_1) 也是一种常见的度量，它赋予每个标签相同的权重。然而，这可能会导致不稳定的问题，因为 LIWC 中的标签是非常不平衡的，一些标签有 1 000 个实例，另一些只有不到 40 个。因此，我们使用带有权重的微平均 F_1 (Micro-F_1) (W-M-F_1) 去评估模型的表现。

5. 实验结果

表 7.2 和表 7.3 列出了所有基线模型和我们的模型的评估结果。

表 7.2 Micro-F_1 和 W-M-F_1 在每一层的结果

模型	总体		第一层		第二层		第三层	
	Micro-F_1	W-M-F_1	Micro-F_1	W-M-F_1	Micro-F_1	W-M-F_1	Micro-F_1	W-M-F_1
TD k-NN	0.619 8	0.616 9	0.675 6	0.677 2	0.571 6	0.564 6	0.488 4	0.485 8
TD SVM	0.628 3	0.610 6	0.685 8	0.678 5	0.576 6	0.555 7	0.450 3	0.414 2
结构化 SVM	0.644 4	0.644 8	0.701 1	0.701 0	0.591 9	0.591 9	0.572 5	0.571 8
CSSA	0.651 1	0.631 9	0.688 0	0.686 4	0.617 2	0.591 4	0.472 9	0.432 2
HD	0.702 3	0.700 0	0.749 5	0.747 6	0.665 8	0.661 4	0.611 3	0.606 4
HDSA	**0.722 4**	**0.720 4**	**0.763 6**	**0.761 6**	**0.692 7**	**0.687 4**	**0.627 0**	**0.623 4**

表 7.3 W-M 在每一层的平均精度和召回率

模型	总体		第一层		第二层		第三层	
	精度	召回率	精度	召回率	精度	召回率	精度	召回率
TD k-NN	0.723 0	0.549 4	0.771 8	0.606 9	0.691 2	0.494 5	0.490 5	0.484 6
TD SVM	0.729 7	0.542 2	0.770 7	0.616 1	0.698 8	0.482 2	0.585 5	0.330 8
结构化 SVM	0.660 7	0.634 1	0.719 3	0.684 3	0.605 9	0.586 2	0.578 8	0.576 9
CSSA	0.616 8	0.691 0	0.606 8	**0.797 3**	0.630 6	0.606 2	0.579 7	0.369 2
HD	0.721 6	0.685 9	0.776 7	0.723 8	0.671 1	0.660 4	0.605 1	0.616 9
HDSA	**0.747 3**	**0.700 1**	**0.797 6**	0.731 1	**0.705 2**	**0.680 4**	**0.635 4**	**0.630 8**

我们发现：

（1）显然 HD 和 HDSA 在整体表现上比所有基线模型都要好。这说明将层次结构变换为序列和引入神经网络分类模型是非常有必要和有效的。在每一层上，HD 和 HDSA 也比其他算法有优势。然而，CSSA 的 W-M-F_1 和宏平均 F_1 (Macro-F_1) 比 HD 和 HDSA 在每一层都要低。因此，在 LIWC 词典拓展上，HD 和 HDSA 依然比 CSSA 要好。

（2）HDSA 比 HD 要好大概 2%，这说明在 LIWC 词典拓展任务中将义原信息引入解码器模型是非常有效的。这主要是因为义原可以表示一个词的不同意思，这帮助我们的模型解决了一词多义和词类难以区分的问题。换句话说，HDSA 在义原信息的帮助下可以拓展出一个更加容易理解和准确的 LIWC 词典。

（3）通过比较 HDSA 和传统的自上而下的方法，如 TD k-NN 和 TD SVM，我们可以发现它们的准确率之差在第一层只有大概 2%，而到第三层时增加到大约 5%。直观来看，这说明了 HDSA 更有能力阻止反向传播时出现的误差。

对于词典来说，其准确性可能比完整性要更加重要，也就是说准确率比召回率更加重要。而我们的模型在这样的条件下也更加适合，因为我们可以通过提高阈值来获得一个更加准确的词典。此外，宏平均 F_1 (Macro-F_1) 和 W-M-F_1 分数也在调整阈值时发生了变化。因此，我们在图 7.4 中说明了 HDSA 中 δ 的作用。

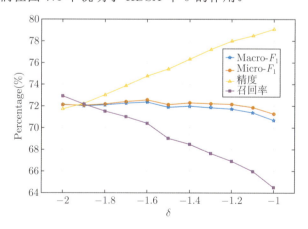

图 7.4　δ 在 HDSA 模型中对宏平均 F_1 (Macro-F_1)、W-M-F_1、W-M 平均精度和召回率的影响

我们可以看到 δ 对精度和召回率有直接影响。在 δ 从 -2 增加到 -1 的过程中，精度从 71.8% 增加到了 79.1%，而召回率从 72.9% 降低到了 64.5%。这符合我们的预期，因为相较于较低的 δ，更高的 δ 意味着更加严格的标准，筛选掉更多的标签。

和精度及召回率的变化不同的是，宏平均 F_1 (Macro-F_1) 和 W-M-F_1 并没有随着 δ 的增加而增加。两者大约只变化了 ±1%。这很容易理解，因为精度的增加和召回率的减少相互抵消，因此波动很小。这也说明我们的模型非常鲁棒，并且我们选择的 δ 范围是合适的。

6. 案例研究

表 7.4 展示了一些 HDSA 模型由于引入义原而正确预测了词语的标签，但 HD 预测失败的例子。同时，它也展示了义原也可能导致 HDSA 预测失败。对于每一个词，我们列出它被标注的义原、HD 的结果、HDSA 的结果及真实结果。为了简化，这里用 $y_1 \leftarrow y_2$ 来表示 y_1 是 y_2 的父亲。

表 7.4 词语、义原、HD 预测结果和 HDSA 预测结果的例子

词	义原	HD 预测	HDSA 预测	真实标签
恋人 (sweetheart)	交往—associate, 人—human, 爱恋—love	social←friend	social←friend affect←posemo	social←friend affect←posemo
今天 (today)	时间—time, 现在—present, 特定—specific, 日—day	relative←time	funct←TenseM←PresentM, relativ←time	funct←TenseM←PresentM, relativ←time
市镇 (town)	乡—village, 市—city, 地方—place	PersonalConcerns←work	relativ←space	relativ←space
无望 (hopeless)	悲惨—miserable	cogmech←discrep	affect←negemo←sad	affect←negemo←sad
种种 (all kinds of)	多种—various	funct←negate	funct←quant	funct←negate
天空 (sky)	空域—airspace	relative←time	relativ←space	relativ←time
联盟 (alliance)	结盟—ally, 团体—community	PersonalConcerns←work	social, PersonalConcerns←work	PersonalConcerns←work
泪珠 (teardrop)	部件—part, 休液—BodyFluid, 动物—AnimalHuman	afftect←negemo←sad	affect←negemo, bio←health	afftect←negemo←sad

从表 7.4 中，我们可以看到：

（1）恋人和今天都有多个层次标签，但 HD 只预测出了部分结果。这主要是因为词语的多义性。相比而言，由于有义原的帮助，如恋人的义原爱恋和今天的义原现在，HDSA 成功给出了正确的预测结果，表明义原确实能够帮助解决 LIWC 词典扩展中一词多义的问题。

（2）HD 在预测词市镇和无望的标签时完全错误。这可能是因为词嵌入质量问题。相反地，由于义原提供的外部信息，如市镇的义原地方和无望的义原悲惨，HDSA 可以准确地对其进行预测。

（3）由于低区分度的问题，HDSA 可能会在区分不同的类别时产生错误。词种种和天空就是两个例子。另外，因为义原可以直接表示出词语的意思，如多种和空域，HD 给出了正确的预测结果。

（4）HDSA 对于词联盟和泪珠的预测结果部分正确，但 HD 给出了完全正确的预测结果。这主要是因为义原有时候可能产生误导，如联盟的义原团体和泪珠的义原体液。我们会在未来的工作中考虑义原之间的关系，从更好地利用义原信息。

我们可以从以上的观察总结出，义原对 LIWC 词典的扩展有着显著的正面作用，但同时我们也发现 HDSA 仍然有不足之处，我们将在未来尝试进行改进。

7.2.5 小结

这一节介绍了将义原知识用于中文 LIWC 词典扩展的工作。通过使用注意力机制在序列到序列的模型中引入义原信息，可以部分解决在 LIWC 词典扩展中一词多义和词类不易区分的问题。在实验中，我们把融入义原的模型和现有的模型进行比较，发现了显著的性能提升，此外本节也分析了几个案例来证明义原的有效性。这些案例证明了义原在这一任务中的有效性。

在实验中，我们也发现了使用义原可能带来的一些问题，在将来会考虑对义原关系进行建模、学习更好的义原表示等来解决这些问题。

7.3 义原驱动的神经语言模型

尽管义原知识已经被应用于很多自然语言处理任务中，但是还鲜有人探索知网在语言模型中的应用，尤其是在神经网络语言模型中的应用。虽然神经网络模型中采用的是连续性的词表示，但将离散的义原知识融入模型中仍然是有意义的。本节介绍的义原驱动的语言模型（Sememe Driven Language Model, SDLM）可以利用句子中的每个词的义原信息。为了使模型预测下一个出现的词，我们设计了一个"义原-义项-词"生成过程：① 根据上下文文本，我们先计算义原的分布；② 将每一个义原都视为一个语义专家信息，我们提出了利用语义专家信息的稀疏乘积来选择可能的义项；③ 词语的分布可以简单地由义项分布计算得到。

通过在《人民日报》语料① 上对 SDLM 的预测效果进行评估，以及在大规模中文短文摘要（LCSTS）数据集[83]上进行标题生成任务的评估，实验结果表明 SDLM 超过了其他数据驱动的基线模型。这一节还展示了案例分析结果，以说明 SDLM 可以有效地根据给定的文本来进行相关义原的预测，这可以提高语言模型的可解释性和鲁棒性。

7.3.1 相关工作

1. 神经网络语言模型

自从 Mikolov 等人[128]第一次将 RNN 应用于语言模型以来，RNN 就取得了在语言模型方面的最好效果。许多语言模型相关的研究工作在 RNN 的基础上进行拓展，如许多 RNN 的正则化和优化的方法[57,125,126,217]。基于一个词如果在前面的文本中出现，那么它很可能再次出现的假设，一些工作[65,66]提出了应用缓存来提升语言模型的效果。

在本章节中，我们主要关注输出解码器，也就是在向量表示和预测的词概率分布之间的模块。与 SDLM 相似，Yang 等人[211]提出了一个将混合 Softmax 结构应用于输出解码器的高阶模型。与之不同的是，我们的模型是义原驱动的，每一个单位都对应一个可解释的义原。

2. 分层解码器

由于在大规模的词表上计算 Softmax 是十分耗时的，因此它通常是一个模型时间复杂度的重要因素，研究人员提出了各种不同的分层 Softmax 来解决这个问题。根据这些模型的层级结构，可以将它们分类为基于类的模型和基于树的模型。

Goodman 等人[62]首先提出了将整个词表划分到不同的类，并利用分层 Softmax 解码器来拟合概率 $P(\text{word}) = P(\text{word}|\text{class})P(\text{class})$ 的基于类的模型。我们的模型与之相似。

基于树的模型将所有的词组织为树状结构，词的概率是从根结点到词语结点的路径的概率。Morin[137]利用词网中的知识来构建词树，Mnih 等人[135]使用集成方法构建词树，Mikolov 等人[130]则基于词频构建了哈夫曼树。近来，Jiang 等人[93]对基于树的结构进行了调整，使得它能够在 GPU 上可以更加高效地计算。

---

① http://paper.people.com.cn/rmrb.

我们的模型与以上模型之间的主要区别在于目的与动机。我们的模型旨在利用义原知识来提高语言模型的性能和可解释性。因此，我们遵循"词–义项–义原"的架构来设计我们的分层解码器。而基于类和基于树的模型都主要被设计用来在训练过程中加速 Softmax 计算。

3. 专家积

Hinton 等人[77,79]提出，语言模型预测的词概率可以由专家信息给出的概率进行相乘。Gales 等人[58]将专家积应用到语音识别中，其中的专家信息是高斯混合模型。与以上工作不同，在我们的 SDLM 中，每一位专家信息都被映射到有着更好的解释性的义原。另外，因为最终的概率分布是一个不同类别上的分布，每一位专家信息都只对所有类别的一个子集有贡献（通常子集中的类别少于 10 个），所以我们称它为专家信息的稀疏乘积。

4. 标题生成

标题生成是一类文本摘要任务。近年来，由于 RNN 的发展，标题生成领域中涌现出许多工作。编码–解码模型[37,184]在序列到序列任务上取得了很大的成功。Rush 等人[167]提出了基于局部注意力机制的模型来进行句子摘要。Gu 等人[67]提出了复制机制，这与人类的死记硬背有相似之处。Ayana 等人[5]则应用最小风险训练策略来优化模型参数。与这些工作不同，我们主要关注序列到序列模型的解码器，并采用 SDLM 来利用义原信息进行句子生成。

7.3.2 任务设定

语言模型的目标是学习一系列词 $P(w^1, w^2, \cdots, w^n)$ 的联合概率，它通常被分解为 $P(w^1, w^2, \cdots, w^n) = \prod_{t=1}^{n} P(w^t \mid w^{<t})$。Bengio 等人[10]首次将语言模型建模为一个前馈神经网络，而 Mikolov 等人[128]使用 RNN 和一个 Softmax 层去拟合条件概率。具体来说，它可以被分解成两个有序的部分。首先从一个 RNN 生成一个上下文向量 g^t。其次，概率 $P(w^{t+1} \mid w^{\leqslant t}) = P(w^{t+1}; g^t)$ 从一个伴随着基于 g^t 的 Softmax 层的线性层生成。

具体而言，令 $\text{RNN}(\cdot, \cdot; \boldsymbol{\theta}_{\text{NN}})$ 代表深度循环神经网络，$\boldsymbol{\theta}_{\text{NN}}$ 代表参数。第一部分可表示为

$$g^t = \text{RNN}(\boldsymbol{x}_{w^t}, \{\boldsymbol{h}_l^{t-1}\}_{l=1}^{L}; \boldsymbol{\theta}_{\text{NN}}) \tag{7.10}$$

这里我们使用下标表示层，上标表示时间步，因此 h_l^t 表示在时刻 t 的隐状态。$x_{w^t} \in \mathbb{R}^{H_0}$ 是词 w^t 的词嵌入，H_0 是词嵌入的维度。另外 $g^t \in \mathbb{R}^{H_1}$，H_1 是上下文向量的维度。

假设句子长度为 N，第二部分可以表示为

$$P(w^{t+1}; g^t) = \frac{\exp(g^{t\mathrm{T}} w_{w^{t+1}})}{\sum_{w'} \exp(g^{t\mathrm{T}} w_{w'})} \tag{7.11}$$

其中，w_w 是词 w 的输出向量，而 $w_1, w_2, \cdots, w_N \in \mathbb{R}^{H_2}$。这里 H_2 是输出向量的大小，对于传统的神经语言模型来说，H_2 和 H_1 总是相等的。

给定语料 $\{w^t\}_{t=1}^n$，损失函数可以定义为负对数似然函数：

$$\mathcal{L}(\boldsymbol{\theta}) = -\frac{1}{n} \sum_{t=1}^n \log P(w^t|w^{<t}; \boldsymbol{\theta}) \tag{7.12}$$

其中，$\boldsymbol{\theta} = \{\{x_i\}_{i=1}^N, \{w_i\}_{i=1}^N, \boldsymbol{\theta}_{NN}\}$ 是需要训练的参数。

7.3.3 算法模型

在这一部分，我们展示利用义原信息来预测下一个词出现概率的模型——SDLM。SDLM 由 3 个部分组成：义原预测器、义项预测器和词预测器。义原预测器将上下文向量作为输入，然后对每一个义原分配一个权重。这时，每个义原可以被视为一个"专家"，对一系列义项做出概率分布预测。最终，每个词的概率在词预测器中获得。

图 7.5 所示的例子可以说明 SDLM 模型的结构。给定文本"我在果园摘"，下一个词可以是"苹果"。从内容中，尤其是"果园"和"摘"两个词中，我们可以推断，下一个词可能是一个水果，所以义原预测器分配给义原"水果"一个高的权重，对不相关的义原（如"电脑"）分配一个较低的权重。因此，在义项预测器中，义项"苹果（水果）"比义项"苹果（电脑）"分配的概率要高。最终词"苹果"的概率是它的义项"苹果（水果）"和"苹果（电脑）"的概率的和。

我们将所有的义原、义项和词集定义为 $\mathcal{E}$、$\mathcal{S}$、$\mathcal{W}$。我们假设语料库包含 $K = |\mathcal{E}|$ 个义原、$M = |\mathcal{S}|$ 个义项和 $N = |\mathcal{W}|$ 个词。词 $w \in \mathcal{W}$ 的义项集合为 $\mathcal{S}^{(w)}$。义项 $s \in \mathcal{S}^{(w)}$ 的义原集合为 $\mathcal{E}^{(s)} = \{e_{n_1}, e_{n_2}, \cdots, e_{n_k}\} \subset \mathcal{E} = \{e_k\}_{k=1}^K$。注意，这里我们仍然忽略义原标注的层次结构及义原之间的关系。

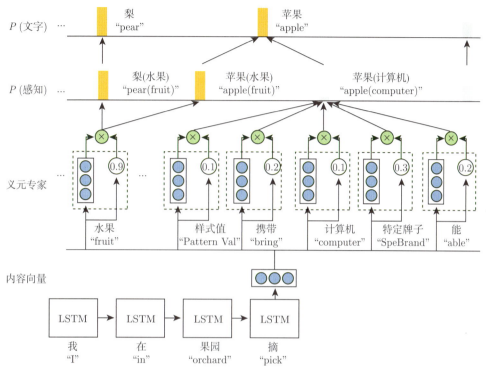

图 7.5 SDLM 模型示例

1. 义原预测器

义原预测器将上下文向量 $g \in \mathbb{R}^{H_1}$ 作为输入,输出每个义原的权重。我们假设给定上下文 $w^1, w^2, \cdots, w^{t-1}$,词 w^t 包含义原 $e_k (k \in \{1, 2, \cdots, K\})$ 是独立的,因为义原是最小的语义单位,各个义原之间不存在语义重叠。为了简化,我们忽略上标 t。我们将义原预测器设计成一个以 Sigmoid 函数为激活函数的线性解码器。因此,下一个词包含义原 e_k 的概率可以表示为

$$q_k = P(e_k \mid g) = \sigma(g^\mathrm{T} v_k + b_k) \tag{7.13}$$

其中,$v_k \in \mathbb{R}^{H_1}, b_k \in \mathbb{R}$ 是可以训练的参数,$\sigma(\cdot)$ 表示 Sigmoid 激活函数。

2. 义项预测器和词预测器

义项预测器的结构来自于专家积[79]。我们将每一个义原视为一个只对它对应的义项进行预测的"专家"。$\mathcal{D}^{(e_k)}$ 表示包含义原 e_k,即第 k 个"专家"的义项的集合。与直

接使用上下文向量 $\boldsymbol{g} \in \mathbb{R}^{H_1}$ 和输出向量 $\boldsymbol{w}_w \in \mathbb{R}^{H_2}$ 的内积对每个词进行打分的传统语言模型不同，我们使用 $\phi^{(k)}(\boldsymbol{g}, \boldsymbol{w})$ 来计算专家对义项给出的分数。我们使用一个由矩阵 $\boldsymbol{U}_k \in \mathbb{R}^{H_1 \times H_2}$ 来参数化的双线性函数作为 $\phi^{(k)}(\cdot, \cdot)$ 的直接实现。

$$\phi^{(k)}(\boldsymbol{g}, \boldsymbol{w}) = \boldsymbol{g}^{\mathrm{T}} \boldsymbol{U}_k \boldsymbol{w} \tag{7.14}$$

令 $\boldsymbol{w}_s$ 表示义项 s 的输出向量。由义原"专家" e_k 给出的义项 s 的分数可以写为 $\phi^{(k)}(\boldsymbol{g}, \boldsymbol{w}_s)$。因此，义项 s 由"专家" e_k 给出的概率可表示为

$$P^{(e_k)}(s \mid \boldsymbol{g}) = \frac{\exp(q_k C_{k,s} \phi^{(k)}(\boldsymbol{g}, \boldsymbol{w}_s))}{\sum_{s' \in \mathcal{D}^{(e_k)}} \exp(q_k C_{k,s'} \phi^{(k)}(\boldsymbol{g}, \boldsymbol{w}_{s'}))} \tag{7.15}$$

其中，$C_{k,s}$ 是归一化常数，因为义项 s 没有与所有"专家"相连（连接非常稀疏，大约有 λN 条边，$\lambda < 5$）。这里我们可以选择 $C_{k,s} = 1/|\mathcal{E}^{(s)}|$ (left normalization)，也可以选择 $C_{k,s} = 1/\sqrt{|\mathcal{E}^{(s)}||\mathcal{D}^{(e_k)}|}$ (symmetric normalization)。

在义原预测器中，q_k 可以被看作一个控制 $C_{k,s}\phi^{(k)}(\boldsymbol{g}, \boldsymbol{w}_{w_s})$ 大小的门，从而控制由义原"专家" e_k 给出的义项分布的平坦性。考虑到 $q_k \to 0$ 的极端情况，预测概率分布将收敛到离散均匀分布上。直观来说，它意味着义原"专家"在它和下一个词不相关时将拒绝提供任何有用的信息。

最终，对义项 s 的预测可以总结为得到所有相关"专家"的积，然后进行正则化。也就是说，义项的预测概率满足

$$P(s \mid \boldsymbol{g}) \propto \prod_{e_k \in \mathcal{E}^{(s)}} P^{(e_k)}(s \mid \boldsymbol{g}) \tag{7.16}$$

结合式 (7.14) 和式 (7.15)，我们可以将 $P(s \mid \boldsymbol{g})$ 表示为

$$P(s \mid \boldsymbol{g}) = \frac{\exp\left(\sum_{e_k \in \mathcal{E}^{(s)}} q_k C_{k,s} \boldsymbol{g}^T \boldsymbol{U}_k \boldsymbol{w}_s\right)}{\sum_{s'} \exp\left(\sum_{e_k \in \mathcal{E}^{(s')}} q_k C_{k,s'} \boldsymbol{g}^T \boldsymbol{U}_k \boldsymbol{w}_{s'}\right)} \tag{7.17}$$

需要强调的一点是，所有由知网提供的监督信息都体现在义原"专家"和义项之间的联系上，如果模型想给某个义项分配一个高的概率，则它必须对该义项被标注的义原分配一个高的概率。另外，"专家"和义原之间的稀疏性同样由知网中的义原标注决定。

对于我们的数据集来说，每个词平均被标注 3.4 个义原，每一个义原平均被标注给 22 个词。

如图 7.5 所示，在词预测器中，通过义项预测器提供的义项概率进行加和，我们可以得到词的预测概率：

$$P(w \mid \boldsymbol{g}) = \sum_{s \in \mathcal{S}^{(w)}} P(s \mid \boldsymbol{g}) \tag{7.18}$$

3. 实施细节

1）**基底矩阵**

实际上，知网包含 $K \approx 2\,000$ 个义原。在实际操作中，我们不能直接引入 $K \times H_1 \times H_2$ 个参数，那将非常难以计算，并且会出现过拟合的问题。为了解决这个问题，我们使用了一个权重共享的方法，即引入基底矩阵。我们使用 R 个基底矩阵的加权和去估计 $\boldsymbol{U}_k$。

$$\boldsymbol{U}_k = \sum_{r=1}^{R} \alpha_{k,r} \boldsymbol{Q}_r \tag{7.19}$$

其中，$\boldsymbol{Q}_r \in \mathbb{R}^{H_1 \times H_2}$，$\alpha_{k,r} > 0$ 是需要训练的参数，$\sum\limits_{r=1}^{R} \alpha_{k,r} = 1$。

2）**权重绑定**

为了使用权重绑定的方法[88,156]，我们对一个词的多个义项使用了相同的词嵌入。具体来说，每个 $s \in S^{(w)}$ 的输出词向量 $\boldsymbol{w}_s$ 和词输入向量 $\boldsymbol{x}_w$ 是相同的。

7.3.4 实验分析

我们在《人民日报》语料上对 SDLM 模型用基于困惑度（perplexity）的方法进行评估。另外，为了表明 SDLM 模型可以作为序列到序列任务的通用的中文解码器，我们在 LCSTS 数据集上做了中文标题生成实验。最后，我们通过案例探讨了该模型的可解释性，展示了义原知识的有效性。

1. 语言模型

1）**数据集**

《人民日报》语料包含《人民日报》一个月的新闻文本，已经经过人工分词。我们将《人民日报》语料划分为训练集、验证集和测试集，分别包含 73.4 万字、1.0 万字和 1.9 万字。

2）基线模型

我们使用 3 种基于 LSTM 的神经语言模型作为基线模型：简单 LSTM、Tied LSTM 和 AWD-LSTM。

（1）**LSTM 和 Tied LSTM** [217] 提出使用随机失活能够防止神经语言模型的过拟合，并将其应用于带有不同嵌入和隐藏层大小的双层 LSTM：中型 LSTM 向量维度为 650，大型 LSTM 向量维度为 1 500。采用权重绑定策略，可以使 Tied LSTM 得到更好的性能。我们选择中型和大型的 LSTM 与 Tied LSTM 作为基线模型，并使用 PyTorch 示例代码①实现上述模型。

（2）**AWD-LSTM** 基于几种 LSTM 语言模型的规范化与优化策略，Merity 等人[125] 提出了一个三层神经网络 AWD-LSTM，其已经成为词级语言模型的一个非常强的基线模型。我们使用作者发布的代码②实现该模型。

（3）**Softmax 的变种**。为了将我们的 SDLM 与其他语言模型的解码器进行比较，我们设置了 cHSM（基于类的分层 Softmax）[62]、tHSM（基于树的分层 Softmax）[130] 和 MoS（混合 Softmax）[211] 作为上述基线模型的附加结构。

3）实验设置

我们将 SDLM 和 Softmax 结构的其他变体应用于架构 LSTM（中/大）、Tied LSTM（中/大）和 AWD-LSTM。MoS 和 SDLM 仅适用于包含权重绑定的模型，而 tHSM 仅适用于没有权重绑定的模型，其因为与该策略不兼容。为了公平比较，我们使用相同的实验设置训练这些模型，并对基线模型和 SDLM 模型进行超参数搜索。SDLM 的变体也使用相同的超参数。所有模型使用随机梯度下降法（SGD）进行训练，如果在验证集上没有观察到任何提升，就将学习率缩小两倍。我们统一初始化词嵌入、cHSM 的类嵌入和 tHSM 的非叶嵌入。此外，我们在 Tied LSTM 架构中将 R（基底矩阵的数量）设置为 5，在 AWD-LSTM 架构中将 R 设置为 10。

4）实验结果

《人民日报》数据集的验证集与测试集的单模型困惑度如表 7.5 所示。结合表 7.5～表 7.7，我们可以观察到：

（1）SDLM 优于所有基线模型。另外，SDLM 不仅始终优于最先进的 MoS 模型，而且提供了更好的可解释性（见后面的案例研究部分中的分析），这使得语言模型的预测过程具有可解释性成为可能。注意，实验结果中看不到 MoS 相对于 AWD-LSTM 的改进，

---

① https://github.com/pytorch/examples/tree/master/word_language_model.
② https://github.com/salesforce/awd-lstm-lm.

而 SDLM 在测试集的困惑度上却比它低 1.20。

（2）为了进一步确定 SDLM 的性能改进程度，我们分别在 Tied LSTM（中型）和 Tied LSTM（中型）+SDLM 上研究了单义词和多义词的困惑度。测试集上具有不同的义项数量的词的困惑度如表 7.6 所示。SDLM 在单义词和多义词上的性能都有所提高，且 SDLM 对于多义词取得了更高的结果，因为多义词往往具有更丰富的义原信息。

（3）在表 7.7 中，我们探究了测试集上具有不同的义原数量的词的困惑度。可以看到，SDLM 在所有情况下都优于基线模型，并且随着义原数量的增加，性能得到更大提升。

表 7.5　《人民日报》数据集的验证集与测试集的单模型困惑度

模型	段落数量	验证集	测试集
LSTM（中型）	24M	116.46	115.51
+ cHSM	24M	129.12	128.12
+ tHSM	24M	151.00	150.87
Tied LSTM（中型）	15M	105.35	104.67
+ cHSM	15M	116.78	115.66
+ MoS	17M	98.47	98.12
+ SDLM	17M	**97.75**	**97.32**
LSTM（大型）	76M	112.39	111.66
+ cHSM	76M	120.07	119.45
+ tHSM	76M	140.41	139.61
Tied LSTM（大型）	56M	101.46	100.71
+ cHSM	56M	108.28	107.52
+ MoS	67M	94.91	94.40
+ SDLM	67M	**94.24**	**93.60**
AWD-LSTM*	26M	89.35	88.86
+ MoS	26M	92.98	92.76
+ SDLM	27M	**88.16**	**87.66**

注：* 我们发现多层的 AWD-LSTM 采用 cHSM 存在融合问题，因此我们忽略了那个结果。

表 7.6　测试集上具有不同的义项数量的词的困惑度

困惑度 (ppl)	义项数量 = 1	义项数量 > 1
基线 ppl	93.21	121.18
SDLM ppl	87.22	111.88
Δppl	5.99	9.29
Δppl/Baseline ppl	6.4%	7.8%

表 7.7 测试集上具有不同的义原数量的词的困惑度

困惑度 (ppl)	[1, 2)	[2, 4)	[4, 7)	[7, 14)
基线 ppl	71.56	161.32	557.26	623.71
SDLM ppl	68.47	114.95	465.29	476.45
Δppl	3.09	16.36	91.98	147.25
Δppl/基线 ppl	4.3%	10.1%	16.5%	23.61%

我们还通过在知网中随机删除 10% 的义原–义项连接来测试 SDLM 的鲁棒性。Tied LSTM（中型）+ SDLM 的测试困惑度略微上升至 97.67，而使用完整的知网数据则为 97.32，这表明 SDLM 对于义原标注少量缺失是鲁棒的。然而，模型的性能依然在很大程度上取决于义原标注的准确性。随着知网的不断更新，我们预计 SDLM 能够用更高质量的义原知识来得到更好的效果。

2. 标题生成

1）数据集

我们使用 LCSTS 数据集来评估在序列到序列模型中作为解码器的 SDLM 结构。数据集划分为训练集、验证集和测试集，其大小分别为 2.4M、8.7k 和 725。

2）模型

我们选择 RNN-context 作为基线模型。正如 Bahdanau 等人[6] 所述，RNN-context 是一个使用了双向 LSTM 编码器、一个 LSTM 解码器及注意力机制的序列到序列模型。在解码时，上下文向量与每个时间步的词嵌入进行连接。这被广泛应用于序列到序列的学习，因此我们将其设置为基线模型。而基于 RNN-context，RNN-context-SDLM 用 SDLM 替换其中的解码器。

3）实验设置

对于这两种模型，我们设置词嵌入维度为 250，隐藏层单元为 250，词汇表大小为 40 000，解码器的束大小为 5。对于 RNN-context-SDLM，我们设置基底矩阵数量为 3。我们对两个模型进行了超参数搜索得到最佳参数。

4）实验结果

承接前述工作，我们展示了测试集上 ROUGE-1、ROUGE-2 和 ROUGE-L 的 F_1 值。表 7.8 表明我们的模型在所有指标上都优于基线模型。

标题中的单词并不总是出现在相应的文章中，但是具有相同义原的单词很可能直观地出现在文章中。因此，得到提升的可能原因是我们的模型可以预测与文章内容高度相关的义原，从而生成更准确的标题。这可以通过我们的案例研究得到证实。

表 7.8　LCSTS 测试集上两种模型的 Rouge 值

模型	Rouge-1	Rouge-2	Rouge-L
RNN-context	37.5	25.0	34.9
RNN-context-SDLM	**38.9**	**26.2**	**36.2**

3. 案例研究

上述两个实验证明了 SDLM 的有效性。在这里，我们从表 7.9 中的《人民日报》语料库的测试集及表 7.10 中的 LCSTS 数据集中提取一些样本，并做进一步分析。

表 7.9　《人民日报》数据集的测试集中的词和义原预测的一些例子

样例 1		
去年美国贸易逆差初步估计为 \<N\> _____ 。 The U.S. trade deficit last year is initially estimated to be \<N\> _____ .		
预测概率最高的 5 个词		
美元—dollar	，—"，"	。—"。"
日元—yen	和—and	
预测概率最高的 5 个义原		
商业—commerce	**金融—finance**	**单位—unit**
多少—amount	专—proper name	
样例 2		
阿总理_____已签署了一项命令。 Albanian Prime Minister _____ has signed an order.		
预测概率最高的 5 个词		
内—inside	\<unk\>	在—at
塔—tower	和—and	
预测概率最高的 5 个义原		
政治—politics	**人—person**	花草—flowers
承担—undertake	水域—waters	

对于语言模型中的每个例子，给定前一个词的上下文，我们列出通过 SDLM 预测的概率最高的 5 个词和 5 个义原。在知网中用它们注释的目标词和义原被屏蔽了。注意如果目标词是未登录词，则与目标义项相关的有用的义原会被屏蔽。

在样例 1 中，"美元—dollar"被标注的义原有"单位—unit""商业—commerce""金融—finance""货币—money"和"美国—US"。而目标词"美元（dollar）"被正确预测，并且它的大部分义原在预测过程中都被激活。这表明 SDLM 已经学到了词-义项-义原的层级结构，并且使用义原知识能改进语言模型。

样例 2 表明 SDLM 可以使用与之关联的义原信息提供未登录词预测的可解释的结果。这里的目标词应该是阿尔巴尼亚总理的名字，不在词表中。但是根据 SDLM 的预测结果，我们仍然可以得出这样的结论：这个词可能与"政治—politics""人—person""花草—flowers""承担—undertake"和"水域—waters"这些义原有关，其中的大部分描述了这个未登录词的词义 —— 一个政治家的名字。当词表大小有限或语料库有许多术语和名称时，此功能会有所帮助。

表 7.10　一个在 LCSTS 的测试集中生成标题的例子

文本
8 日，阜新一开宝马轿车参加高考的男考生考场作弊被抓，因不满监考老师没收作弊手机，从背后一脚将监考老师从最后一排踹到讲台，并口出狂言："你知道我爸是谁啊，你就查我？"目前，打人考生已被拘留。On the 8th in Fuxin, a male student drove a BMW to take the college entrance exam and was caught cheating. Because the teacher confiscated his mobile phone, he kicked the teacher from the last row to the podium and shouted: "Do you know who my dad is? How dare you catch me!" Currently, this student has been detained.
标准结果
男生高考作弊追打监考老师：你知道我爸是谁？In the college entrance exam, a male student caught cheating hit the teacher: Do you know who my dad is?
RNN-context-SDLM
高考生作弊被抓：你知道我爸是谁啊？In the college entrance exam, a <u>student</u> was caught cheating: Do you know who my dad is?
预测概率最高的 5 个义原
考试—exam　　学习—study　　特定牌子—brand 预料—predict　　高等—higher

对于标题生成的例子，给定文章和前面的词，当产生词"生—student"时，除了义原"预料—predict"，其他前 5 个预测的义原都与其他预测的词或上下文有非常强的相关性。具体来说，义原"学习—study"在知网中是用"生—student"来注释的。"考试—exam"表示"高考"。"特定牌子—brand"表示"BMW"。"高等—higher"表示"高等教育"，也就是高考的下一步。我们可以得出结论，通过义原知识，SDLM 结构可以明确地从给定的文章和生成的单词中提取关键信息，并基于它生成更好的摘要。

7.3.5 小结

在这一部分中,我们介绍了辅以分层义原–义项–词解码器的可解释的义原驱动的语言模型。除了可解释性,该模型还在中文建模任务中取得了超过其他模型的结果,而且在标题生成任务中也取得了很好的效果。这些结果都表明了 SDLM 可以成功地利用义原信息来提高模型性能。

7.4 本章总结

本章以知网在中文版 LIWC 词典扩展和神经语言模型中的应用为例,介绍了语言知识表示的应用。

两个例子充分说明了知网这一语言知识图谱所具有的丰富知识信息,对下游应用任务具有明显的改善作用。而当前对知网的应用,只是利用了其中的义原,忽略了义原和词汇之间复杂的结构和关系,其实这里面也包含了大量的知识信息可以被利用。因此,未来就如何更好地利用义原知识还有很多地方可以进一步探索。

第 8 章

总结与展望

8.1 本书总结

如本书第 1 章所述，我们坚信知识图谱是通往鲁棒可解释人工智能的必由之路，而关键挑战在于如何构建全类型、高覆盖的大规模知识图谱，如何将这些知识融入并指导深度学习模型，如何利用现有技术开展创新的知识计算应用。近年来，我们分别面向世界知识和语言知识两种典型知识，开展了表示学习、自动获取与计算应用的研究工作，本书就是对这些工作的整理介绍。

在第一篇中，我们面向知识表示问题，系统开展了考虑各类丰富信息的知识表示学习技术，具体包括考虑复杂关系建模（2.3 节）、考虑关系路径建模（2.4 节）、考虑属性关系建模（2.5 节）、融合实体描述（2.6 节）、融合实体类型（2.7 节）及融合实体图像（2.8 节）等工作，以期提升知识表示的性能与鲁棒性；面向知识获取问题，系统开展了针对预定义关系类型的知识获取技术，具体包括提出句级注意力机制（3.3 节）和关系层次注意力机制（3.4 节）解决远程监督的噪声标注问题，提出多语言注意力机制（3.5 节）和对抗训练机制（3.6 节）实现多语言关系抽取，提出知识与文本间的互注意力机制（3.7 节）以更好利用已有知识图谱进行关系抽取；面向知识应用问题，我们面向实体分类（4.2 节）、实体对齐（4.3 节）和信息检索（4.4 节）等典型场景，验证了知识图谱对提升深度学习模型性能与鲁棒性的有效性。

在第二篇中，我们以 HowNet 中的义原语言知识为代表开展研究工作，面向知识表示问题，开展了义原的表示学习（5.3 节）、基于义原的词表示学习（5.4 节）等工作；面向义原知识获取问题，开展了基于协同过滤的词汇义原预测技术（6.3 节）、融合中文字信息的义原预测技术（6.4 节）、跨语言词汇的义原预测技术（6.5 节）等工作；面向义原知识应用问题，我们选取了词典扩展（7.2 节）、语言模型（7.3 节）两个代表场景，验证了义原知识对提升自然语言处理深度学习模型性能的有效性。

通过以上两方面知识的探索经历，我们更加坚信结构化知识图谱将对人工智能的发展发挥关键作用。我们以分布式表示学习为手段，探索语言知识和世界知识的表示学习技术，形成了富知识的统一语义表示体系，能够有力支持深度学习技术的鲁棒性和可解释性。在统一富知识的语义表示体系基础上，我们探索了语言知识和世界知识指导的自然语言处理技术，能够将结构化知识有效地融入语言模型的学习与应用，显著提升自然语言的深度理解能力。我们进一步利用自然语言深度学习模型进行大规模知识的自动获取，建立深度学习与知识图谱协同发展的自然语言处理技术体系，实现知识获取与语言理解的双向驱动。通过上述探索，我们初步实现了数据驱动的深度学习技术与符号表示的大规模人类先验知识的有机融合，在一定程度上缓解了自然语言深度学习技术的可解释性差、可扩展性差和鲁棒性差等问题。

8.2 未来展望

通过这些年的努力，我们取得了一些成果，这些工作仍然只是非常初步的尝试。在各类型结构化知识的表示学习、自动获取和计算应用方面，仍然有很多开放挑战问题亟待解决，我们做以下展望总结。

8.2.1 更全面的知识类型

在知识类型方面，本书主要探索了语言知识和世界知识两种类型的知识。如第 1 章图例所示，人类知识还包括常识知识、认知知识、行业知识等丰富的类型，均对自然语言处理等认知能力具有重要意义，但这些知识的表示学习、自动获取和计算应用问题都各有挑战。

常识知识是指普通人应预知的知识，其内涵和外延并没有明确定义，因此哪些是常识，如何表示这些常识，众说纷纭，莫衷一是，尚无统一的公认标准。常识知识的特点非常明显，就是在语言交流中默认双方共同具备这些知识，也因此被称为 common-sense。正因为是双方默认具备的知识，常识一般不会被显式提及和说明，这就为常识知识的自动获取带来巨大的挑战。

认知知识是指人类对这个世界的主观认识所形成的知识。如果说世界知识包含的是这个世界的客观知识，如现实世界中实体之间存在的复杂关系等，那么认知知识则重在包含人类对这个世界的主观认知。当然，从哲学角度看，世界知识其实也体现人类的主观认识，诸如对不同实体的划分，这在不同语言和文化中可以看到明显差异，例如，对天空星辰的划分，西方的星座和东方的星宿差异明显。但整体而言，世界知识更加贴近客观存在，主观成分不大。认知知识则强调人类的主观认知，这在认知语言学中有比较多的探讨。隐喻（metaphor）是人类认知的集中体现，人们经常会将"时间"比喻成"金钱""流水"等，有"时间就是金钱""似水流年"的说法，在客观世界中，时间、金钱、流水等并无客观上的关联关系，但在人类认知中，会认为"时间"和"金钱"都有宝贵的价值；"时间"和"流水"都会流逝，从而形成这些比喻联想。如何实现对这些主观认知知识的自动获取与显式表示，甚至能够模拟人类认知机制创造出新的认知知识（如建立不同概念之间的隐喻），对自然语言的理解和生成均有重要意义。

金融、医疗、法律、教育等专业领域还有大量行业知识，均以自然语言作为主要的信息记录与传递的载体，因此在文本中同时包含丰富行业知识。如何对这些领域的专门知识进行自动获取与表示计算，对领域专业文本的理解与生成至关重要。

人类知识还不止于此，如果把基于常识等知识的推理规则也作为一种知识的话，那么我们还需要构建关于知识的知识，即元知识；人类还有对不同对象的主观情感与感受，情感知识；即使本书涉及的语言知识，也还有句法知识、篇章知识等。这些知识互相关联，形成人类对世界和自身的整体认知，是真正实现鲁棒可解释人工智能的知识基础。因此，未来需要进一步拓展知识图谱所包含的知识类型。

8.2.2 更复杂的知识结构

即使本书涉及的义原语言知识和实体关系知识，也面临知识结构过于简单的局限性。这些义原语言知识和实体关系知识大致以三元组形式表示，即表示两个对象之间的关系。三元组结构简洁有效，适合存储和计算。但人类知识的结构更加复杂多元，因此我们需要超越三元组，建立对更复杂知识结构的表示、获取和计算的能力。

以义原语言知识为例，实际上为每个词义标注的多个义原之间也有复杂的修饰和约束关系，这些义原通过这些复杂关系整体形成对词义含义的表示，这是用一个个孤立的三元组无法表示的。

以世界知识为例，著名哲学家维特根斯坦曾在《逻辑哲学论》中指出，世界是事实的总和，而非事物的总和。所以，除了现实中存在的实体和它们的关系之外，世界知识还应包含所有发生过的事件。每个事件往往至少包括时间、地点、人物、事件类型等丰富信息，无法简单地用一个个孤立的三元组来表示。事件知识的获取与计算，最近在信息抽取领域逐渐受到关注，不过无论从数据集合的规模还是事件类型的丰富程度来看，仍然有很大的探索空间。

此外，世界知识的结构仍然是平的（plain），没有建立起复杂的层次抽象结构。实际上，世界知识是有层次的（hierarchical），人们会在不同场景下选用不同抽象层次的信息。例如，在"中国外交部就孟晚舟事件发表评论"这句话中，"孟晚舟事件"被作为一个整体事实提及，而实际上这个事实内部又包含丰富的"子事实"，如发生的时间、当事人、事件类型，等等。在世界知识层次化方面，目前还没有什么有影响的研究工作。

8.2.3　更有效的知识获取

简单的三元组知识，对应现有的知识获取技术。如在实体关系抽取方面，目前是将其转换为文本分类任务，将两实体出现的句子作为样例，将关系类型作为分类体系。即使面向这种简单的三元组知识获取，仍然有很多开放问题值得探索，例如，如何跨越句子边界，实现文档级的实体关系抽取；如何跨越语言边界，实现多语言的实体关系抽取；如何跨越预定义的关系类型体系，实现开放关系的知识获取；等等。这些探索将有助于我们建立更有效的知识获取技术。

超越三元组知识，面向事件知识等更复杂知识结构，我们则需要建立全新的知识获取技术框架。在这方面，目前的解决方案仍然是将这些复杂的知识结构降解为三元组来分而治之。未来，在图神经网络、概率图模型、结构预测等新的机器学习工具的支持下，我们需要探索能够更有效利用复杂知识结构的知识获取技术。

8.2.4　更强大的知识指导

本书探索了一些将语言知识和世界知识融入深度学习模型的成功方案。需要看到，这些方案尚缺乏理论支持，都是针对特定任务、特定知识的特定设计，尚未形成统一的知识指导的框架。如何建立统一有效的知识指导的深度学习框架，让符号表示的结构化知识有机地融入深度学习，指导数据驱动的学习过程，也是目前机器学习领域的热点研究方向，国内外很多研究机构都提出了各种深度学习框架。

值得一提的是，知识指导的有效性既与深度学习框架设计有关，也与知识图谱对目标任务文本的覆盖度有关。以机器翻译为例，如果知识图谱本身没有涵盖文本涉及的各种常识知识、语言知识和世界知识等，即使深度学习框架设计能够充分融合知识指导，也显然很难发挥知识图谱的作用。因此，为了建立更强大的知识指导，还需要面向我们关心的目标任务，有针对性地收集所需的各类知识。这也是知识图谱和深度学习双向驱动的意义所在。

8.2.5　更精深的知识推理

本书并未涉及关于知识推理的探索。实际上，结构化知识图谱存在的重要意义之一就是能够在离散符号表示的基础上，进行显式的深度智能推理，这是可解释人工智能实现从数据感知到智能认知的重要路径，对自然语言处理和知识获取都有关键作用。

机器学习领域推出的图神经网络和概率图模型均以建立推理能力为目标。目前，基于大规模数据和知识图谱的智能推理还没有什么有影响力的研究成果，很多对知识推理能力的探索也散布在阅读理解、事实验证、知识获取等特定任务中开展。如何面向大规模知识图谱建立有效的深度推理能力，受到很多方面的约束。除了在大规模图谱上进行推理的计算复杂度问题外，知识图谱往往存在类型不全、信息缺失等问题，因此需要探索面向不完全信息甚至噪声信息的精准推理能力；现有知识图谱还偏浅层，缺乏深层的抽象知识（如前所述的层次世界知识），需要在多层抽象知识的支持下才能实现深度推理能力。

以上关于知识类型、知识结构、知识获取、知识指导和知识推理的问题密切关联，互为表里，因此不能攻其一点、不及其余，值得未来深入探索，齐头并进，协同实现鲁棒可解释的人工智能。

8.3　结束语

我们过去几年始终围绕语言和知识的智能计算开展研究工作。在这个过程中，除了积极了解自然语言处理、机器学习、知识工程、信息检索等领域的最新进展之外，我们还非常关注普通语言学、认知语言学、脑神经科学、社会语言学，甚至语言哲学的主要观点、理论和进展。语言和知识，不止是人工智能关切的主题，更是哲学、神经科学、社会科学等关注的话题。这些学科都从各自特有的视角，利用特有的研究工具，对语言和知识做出了很多有益的思考、发现和阐释。例如，语言哲学领域对语言与世界之间关系的反思，认知语言学领域对概念的范畴论观点和隐喻理论，普通语言学领域提出的符号系统、普遍语法和语言能力的观点，都是对语言和知识某个方面本质的刻画。这些学科对语言和知识的思考和探索，本身也高度交叉，互相启发。

在人工智能视角下，更关注语言和知识的形式化和可计算性，目前更多从机器学习领域获取计算工具，以完成自然语言处理和知识图谱的相关计算任务。而面向人工智能的终极目标，让计算机真正像人一样思考，我们需要更宽广地获取创新源泉，从更多的学科那里获取对语言和知识的考察成果，为语言和知识的形式化和计算模型提供素材，这也将是我们未来的奋斗目标。

相关开源资源

名称	URL
OpenKE	https://github.com/thunlp/OpenKE
OpenNRE	https://github.com/thunlp/OpenNRE
OpenHowNet-API	https://github.com/thunlp/OpenHowNet-API
KRLPapers	https://github.com/thunlp/KRLPapers
NREPapers	https://github.com/thunlp/NREPapers
SCPapers	https://github.com/thunlp/SCPapers

OpenKE

一套知识表示开源框架，集成了 TransE、RESCAL、DistMult、HolE、ComplEx 在内的诸多知识表示模型，同时支持多线程和显卡加速，支持 TensorFlow 和 PyTorch 两种不同框架的实现，支持自定义的模型扩展。

OpenNRE

一套神经关系抽取开源框架，实现了包括神经网络编码器、注意力机制在内的诸多模块，可以快速实现诸多经典关系抽取模型；支持显卡加速，支持自定义的模型扩展。

OpenHowNet-API

本项目存放 HowNet 核心数据和清华大学自然语言处理与社会人文计算实验室开发的 OpenHowNet API，提供方便的 HowNet 信息查询、义原树展示、基于义原的词相似度计算等功能。

KRLPapers

知识表示的论文阅读列表，收录了知识表示研究方面的各类经典期刊、会议论文。

NREPapers

关系抽取的论文阅读列表，收录了关系抽取研究方面的各类经典期刊、会议论文。

SCPapers

义原计算的论文阅读列表，收录了义原计算研究方面的各类经典期刊、会议论文。

参考文献

[1] AMMAR W, MULCAIRE G, TSVETKOV Y, et al. Chris Dyer, and Noah A Smith. Massively multilingual word embeddings[Z]. arXiv preprint arXiv:1602.01925, 2016.

[2] A P CHANDAR S, LAULY S, LAROCHELLE H, et al. An autoencoder approach to learning bilingual word representations[C]. Proceedings of NIPS, 1853–1861, 2014.

[3] ARTETXE M, LABAKA G, AGIRRE E. Learning bilingual word embeddings with (almost) no bilingual data[C]. Proceedings of ACL, 451–462, 2017.

[4] AUER S, BIZER C, KOBILAROV G, et al. DBpedia: A nucleus for a Web of open data[C]. Proceedings of ISWC, 722–735, 2007.

[5] AYANA, SHEN S Q, LIU Z Y, et al. Neural headline generation with minimum risk training[Z]. arXiv preprint arXiv:1604.01904, 2016.

[6] BAHDANAU D, CHO K, BENGIO Y. Neural machine translation by jointly learning to align and translate[C]. Proceedings of ICLR, 2015.

[7] BANERJEE S, PEDERSEN T. An adapted lesk algorithm for word sense disambiguation using WordNet[C]. Proceedings of CICLing, 136–145, 2002.

[8] BANKO M, MITTAL V O, WITBROCK M J. Headline generation based on statistical translation[C]. Proceedings of ACL, 318–325, 2000.

[9] ARNAL BARBEDO J G, LOPES A. Automatic genre classification of musical signals[J]. EURASIP, 2007(1): 1–12.

[10] BENGIO Y, DUCHARME R, VINCENT P, et al. A neural probabilistic language model[J]. JMLR, 2003, 3: 1137–1155.

[11] BERGER A, LAFFERTY J. Information retrieval as statistical translation[C]. Proceedings of SIGIR, 222–229. ACM, 1999.

[12] BI W, KWOK J T. Multi-label classification on tree-and dag-structured hierarchies[C]. Proceedings of ICML, 17–24, 2011.

[13] BLOOMFIELD L. A set of postulates for the science of language[J]. Language, 1926, 2(3): 153–164.

[14] BOJANOWSKI P, GRAVE E, JOULIN A, et al. Enriching word vectors with subword information[C]. Proceedings of TACL, 135–146, 2017.

[15] BOLLACKER K, EVANS C, PARITOSH P, et al. Freebase: a collaboratively created graph database for structuring human knowledge[C]. Proceedings of KDD, 1247–1250, 2008.

[16] BOLLEGALA D, ALSUHAIBANI M, MAEHARA T, et al. Joint word representation learning using a corpus and a semantic lexicon[C]. Proceedings of AAAI, 2690–2696, 2016.

[17] BORDES A, GLOROT X, WESTON J, et al. Joint learning of words and meaning representations for open-text semantic parsing[C]. Proceedings of AISTATS, 127–135, 2012.

[18] BORDES A, GLOROT X, WESTON J, et al. A semantic matching energy function for learning with multi-relational data[J]. Machine Learning, 2014, 94(2): 233–259.

[19] BORDES A, USUNIER N, GARCIA DURAN A, et al. Translating embeddings for modeling multi-relational data[C]. Proceedings of NIPS, 2787–2795, 2013.

[20] BORDES A, WESTON J, COLLOBERT R, et al. Learning structured embeddings of knowledge bases[C]. Proceedings of AAAI, 301–306, 2011.

[21] BOUSMALIS K, TRIGEORGIS G, SILBERMAN N, et al. Domain separation networks[C]. Proceedings of NIPS, 343–351, 2016.

[22] BRANTS T, POPAT A C, XU P, et al. Large language models in machine translation[C]. Proceedings of EMNLP, 858–867, 2007.

[23] BRAVO MARQUEZ F, FRANK E, MOHAMMAD S M, et al. Determining word-emotion associations from tweets by multi-label classification[C]. Proceedings of WI, 536–539, 2017.

[24] BRAVO MARQUEZ F, FRANK E, PFAHRINGER B. Positive, negative, or neutral: Learning an expanded opinion lexicon from emoticon-annotated tweets[C]. Proceedings of IJCAI, 2015.

[25] BROWN P F, COCKE J, DELLA PIETRA S A, et al. A statistical approach to machine translation[J]. Computational linguistics, 1990, 16(2): 79–85.

[26] BUCCI W, MASKIT B. Building a weighted dictionary for referential activity[C]. Proceedings of AAAI, 49–60, 2005.

[27] BUCCI W, MASKIT B. Beneath the surface of the therapeutic interaction: The psychoanalytic method in modern dress[J]. JAPA, 2007, 55(4): 1355–1397.

[28] BUNESCU R, MOONEY R. Learning to extract relations from the web using minimal supervision[C]. Proceedings of ACL, 576–583, 2007.

[29] BUNESCU R C, MOONEY R J. A shortest path dependency kernel for relation extraction[C]. Proceedings of EMNLP, 724–731, 2005.

[30] CAI R, ZHANG X D, WANG H F. Bidirectional recurrent convolutional neural network for relation classification[C]. Proceedings of ACL, 756–765, 2016.

[31] CERRI R, BARROS R C, CARVALHO A C P L F D. Hierarchical multi-label classification using local neural networks[J]. JCSS, 2014, 80(1): 39–56.

[32] Chen D Q, MANNING C D. A fast and accurate dependency parser using neural networks[C]. Proceedings of EMNLP, 740–750, 2014.

[33] CHEN M H, TIAN Y T, YANG M H, et al. Multi-lingual knowledge graph embeddings for cross-lingual knowledge alignment[Z]. arXiv preprint arXiv:1611.03954, 2016.

[34] CHEN X X, LIU Z Y, SUN M S. A unified model for word sense representation and disambiguation[C]. Proceedings of EMNLP, 1025–1035, 2014.

[35] CHEN X X, XU L, LIU Z Y, et al. Joint learning of character and word embeddings[C]. Proceedings of IJCAI, 1236–1242, 2015.

[36] CHEN Y C, CRAWFORD M M, GHOSH J. Integrating support vector machines in a hierarchical output space decomposition framework. Proceedings of IGARSS, 949–952, 2004.

[37] CHO K, MERRIËNBOER B V, GULCEHRE C, et al. Learning phrase representations using rnn encoder-decoder for statistical machine translation[C]. Proceedings of EMNLP, 1724–1734, 2014.

[38] CLARE A, KING R D. Predicting gene function in saccharomyces cerevisiae[C]. Proceedings of ECCB, 42–49, 2003.

[39] CODEN A, DAN G, LEWIS N, et al. Semantic lexicon expansion for concept-based aspect-aware sentiment analysis[M]. [S.l.] Springer International Publishing, 1st edition edition, 2014.

[40] CONNEAU A, LAMPLE G, RANZATO M A, et al. Hervé Jégou. Word translation without parallel data[C]. Proceedings of ICLR, 2017.

[41] COTTERELL R, SCHÜTZE H, EISNER J. Morphological smoothing and extrapolation of word embeddings[C]. Proceedings of ACL, 1651 1660, 2016.

[42] COULMANCE J, MARTY J M, WENZEK G, et al. Trans-gram, fast cross-lingual word-embeddings[C]. Proceedings of EMNLP, 1109–1113, 2015.

[43] CREUTZ M, HIRSIMÄKI T, KURIMO M, et al. Analysis of morph-based speech recognition and the modeling of out-of-vocabulary words across languages[C]. Processings of NAACL-HLT, 380–387, 2007.

[44] CULOTTA A, SORENSEN J. Dependency tree kernels for relation extraction. Proceedings of ACL, 423–429, 2004.

[45] DEVLIN J, CHANG M W, LEE K, et al. Bert: Pre-training of deep bidirectional transformers

for language understanding[C]. Proceedings of NAACL-HLT, 2019.

[46] DINU G, LAZARIDOU A, BARONI M. Improving zero-shot learning by mitigating the hubness problem[Z]. arXiv preprint arXiv:1412.6568, 2014.

[47] DONG L, Wei F R, SUN H, et al. A hybrid neural model for type classification of entity mentions[C]. Proceedings of IJCAI, 1243–1249, 2015.

[48] DONG Z D, DONG Q. HowNet and the computation of meaning[M]. [S.l.]: World Scientific, Beijing, China, 2006 edition, 2006.

[49] DUAN X Y, ZHAO J, XU B. Word sense disambiguation through sememe labeling[C]. Proceedings of IJCAI, 1594–1599, 2007.

[50] DUONG L, KANAYAMA H, MA T F, et al. Learning crosslingual word embeddings without bilingual corpora[C]. Proceedings of EMNLP, 1285–1295, 2016.

[51] DYER C, WEESE J, SETIAWAN H, et al. cdec: A decoder, alignment, and learning framework for finite-state and context-free translation models[C]. Proceedings of ACL, 7–12, 2010.

[52] FAGNI T, SEBASTIANI F. On the selection of negative examples for hierarchical text categorization[C]. Proceedings of LTC, 24–28, 2007.

[53] FARUQUI M, DODGE J, JAUHAR S K, et al. Retrofitting word vectors to semantic lexicons[C]. Proceedings of NAACL-HLT, 1606–1615, 2015.

[54] FARUQUI M, DYER C. Improving vector space word representations using multilingual correlation[C]. Proceedings of the EACL, 462–471, 2014.

[55] FINKELSTEIN L, GABRILOVICH E, MATIAS Y, et al. Placing search in context: the concept revisited[J]. TOIS, 2002. 20(1):116–131.

[56] FU X H, GUO L, GUO Y Y, et al. Multi-aspect sentiment analysis for Chinese online social reviews based on topic modeling and hownet lexicon[J]. KBS, 2013, 37(2): 186–195.

[57] GAL Y, GHAHRAMANI Z. A theoretically grounded application of dropout in recurrent neural networks[C]. Proceedings of NIPS, 1019–1027, 2016.

[58] GALES M J F, AIREY S S. Product of gaussians for speech recognition[J]. Computer Speech and Language, 2006, 20(1):22–40.

[59] GANIN Y, USTINOVA E, AJAKAN H, et al. Domain-adversarial training of neural networks[J]. JRML, 2016, 17: 2096–2030.

[60] GAO R, HAO B B, LI H, et al. Developing simplified Chinese psychological linguistic analysis dictionary for microblog[C]. Proceedings of ICBHI, 359–368, 2013.

[61] GODDARD C, WIERZBICKA A. Semantic and lexical universals: Theory and empirical findings[M]. [S.l.] John Benjamins Publishing, 1994.

[62] GOODMAN J. Classes for fast maximum entropy training[C]. Proceedings of ICASSP, 561–564, 2001.

[63] GORMLEY M R, YU M, DREDZE M. Improved relation extraction with feature-rich compositional embedding models[C]. Proceedings of EMNLP, 1774–1784, 2015.

[64] GOUWS S, BENGIO Y, CORRADO G. Bilbowa: fast bilingual distributed representations without word alignments[C]. Proceedings of ICML, 748–756, 2015.

[65] GRAVE E, CISSE M, JOULIN A. Unbounded cache model for online language modeling with open vocabulary[C]. Proceedings of NIPS, 6044–6054, 2017.

[66] GRAVE E, JOULIN A, USUNIER N. Improving neural language models with a continuous cache[C]. Proceedings of ICLR, 2017.

[67] GU J T, LU Z D, LI H, et al. Incorporating copying mechanism in sequence-to-sequence learning[C]. Proceedings of ACL, 1631–1640, 2016.

[68] GU Y H, YAN J, ZHU H, et al. Language modeling with sparse product of sememe experts[C]. Proceedings of EMNLP, 4642–4651, 2018.

[69] GUIMARAES N, TORGO L, FIGUEIRA A. Lexicon expansion system for domain and time oriented sentiment analysis[C]. Proceedings of KDIR, 463–471, 2016.

[70] GUO J, CHE W X, WANG H F, et al. Learning sense-specific word embeddings by exploiting bilingual resources[C]. Proceedings of COLING, 497–507, 2014.

[71] GUO S, WANG Q, WANG L H, et al. Jointly embedding knowledge graphs and logical rules[C]. Proceedings of EMNLP, 1488–1498, 2016.

[72] ZHOU G D, SU J, ZHANG J, et al. Exploring various knowledge in relation extraction[C]. Proceedings of ACL, 427–434, 2005.

[73] HE S Z, LIU K, JI G L, et al. Learning to represent knowledge graphs with gaussian embedding[C]. Proceedings of CIKM, 623–632, 2015.

[74] HERMANN K M, BLUNSOM P. Multilingual distributed representations without word alignment[C]. Proceedings of ICLR, 2014.

[75] HIEMSTRA D. A linguistically motivated probabilistic model of information retrieval[C]. Proceedings of TPDL, 569–584, 1998.

[76] HILL F, REICHART R, KORHONEN A. Simlex-999: Evaluating semantic models with (genuine) similarity estimation[C]. Computational Linguistics, 2015, 41(4): 665–695.

[77] HINTON G E. Training products of experts by minimizing contrastive divergence[J]. Neural Computation. 2002, 14(8): 1771–1800.

[78] HINTON G E. Learning distributed representations of concepts. Proceedings of CogSci, 12, 1986.

[79] HINTON G E. Products of experts[C]. Proceedings of ICANN, 1–6, 1999.

[80] HOCHREITER S, SCHMIDHUBER J. Long short-term memory. Neural computation, 1997, 9(8): 1735–1780.

[81] HOFFART J, SUCHANEK F M, BERBERICH K, et al. YAGO2: A spatially and temporally enhanced knowledge base from wikipedia. Artificial Intelligence, 2013, 194: 28–61.

[82] HOFFMANN R, ZHANG C L, LING X, et al. Knowledge-based weak supervision for information extraction of overlapping relations. Proceedings of ACL, 541–550, 2011.

[83] HU B T, CHEN Q C, ZHU F Z. Lcsts: A large scale Chinese short text summarization dataset. Proceedings of EMNLP, 1967–1972, 2015.

[84] HUANG C L, CHUNG C K, HUI N, et al. The development of the chinese linguistic inquiry and word count dictionary[J]. Chinese Journal of Psychology, 2012, 54(2): 185–201.

[85] HUANG E H, SOCHER R, MANNING C D, et al. Improving word representations via global context and multiple word prototypes[C]. Proceedings of ACL, 873–882, 2012.

[86] HUANG M L, YE B R, WANG Y C, et al. New word detection for sentiment analysis[C]. Proceedings of ACL, 531–541, 2014.

[87] HUANG Y Y, WANG W Y. Deep residual learning for weakly-supervised relation extraction[C]. Proceedings of EMNLP, 1803–1807, 2017.

[88] INAN H, KHOSRAVI K, SOCHER R. Tying word vectors and word classifiers: A loss framework for language modeling[C]. Proceedings of ICLR, 2017.

[89] JAUHAR S K, DYER C, HOVY E. Ontologically grounded multi-sense representation learning for semantic vector space models[C]. Proceedings of NAACL-HLT, 683–693, 2015.

[90] JENATTON R, ROUX N L, BORDES A, et al. A latent factor model for highly multi-relational data[C]. Proceedings of NIPS, 3167–3175, 2012.

[91] JI G L, HE S Z, XU L H, et al. Knowledge graph embedding via dynamic mapping matrix[C]. Proceedings of ACL, 687–696, 2015.

[92] JIANG J, ZHAI C X. A systematic exploration of the feature space for relation extraction[C]. Proceedings of NAACL, 113–120, 2007.

[93] JIANG N, RONG W G, GAO M, et al. Exploration of tree-based hierarchical softmax for recurrent language models. Proceedings of IJCAI, 1951–1957, 2017.

[94] JIN P, WU Y F. Semeval-2012 task 4: Evaluating chinese word similarity[C]. Proceddings of NAACL-HLT, 374–377, 2012.

[95] JOACHIMS T, FINLEY T, YU C J. Cutting-plane training of structural svms[J]. Machine Learning, 2009, 77(1): 27–59.

[96] KACEWICZ E, PENNEBAKER J W, DAVIS M, et al. Pronoun use reflects standings in social hierarchies[J]. Language and Social Psychology, 2014, 33(2): 125–143.

[97] KAMBHATLA N. Combining lexical, syntactic, and semantic features with maximum entropy models for extracting relations[C]. Proceedings of ACL, 22–25, 2004.

[98] KARN S, WALTINGER U, SCHÜTZE H. End-to-end trainable attentive decoder for hierarchical entity classification[C]. Proceedings of EACL, 752–758, 2017.

[99] KINGA D, ADAM J B. A method for stochastic optimization[C]. Proceedings of ICLR, 2015.

[100] KINGMA D, BA J. Adam: A method for stochastic optimization[Z]. arXiv preprint arXiv: 1412.6980, 2014.

[101] KIRITCHENKO S, MATWIN S, NOCK R, et al. Learning and evaluation in the presence of class hierarchies: Application to text categorization[C]. Proceedings of CSCSI, 395–406, 2006.

[102] KOČISKÝ T, HERMANN K M, BLUNSOM P. Learning bilingual word representations by marginalizing alignments[C]. Proceedings of ACL, 224–229, 2014.

[103] KROMPAẞD, BAIER S, TRESP V. Type-constrained representation learning in knowledge graphs[C]. Proceedings of ISWC, 640–655, 2015.

[104] LAZARIDOU A, DINU G, BARONI M. Hubness and pollution: Delving into cross-space mapping for zero-shot learning[C]. Proceedings of ACL-IJCNLP, 270–280, 2015.

[105] LEE Y K, NG H T, CHIA T K. Supervised word sense disambiguation with support vector machines and multiple knowledge sources[C]. Proceedings of ACL, 137–140, 2004.

[106] BA J L, KIROS J R, HINTON G E. Layer normalization. arXiv preprint arXiv:1607.06450, 2016.

[107] LEWIS M P. Ethnologue: Languages of the world[M]. 16th. [S.l.] SIL International, Dallas, Texas, United States, 16th edition edition, 2009.

[108] LI T M, CHAU M, YIP P S, et al. Temporal and computerized psycholinguistic analysis of the blog of a chinese adolescent suicide[J]. Crisis, 2014, 35(3): 168–175.

[109] LI W, MCCALLUM A. Semi-supervised sequence modeling with syntactic topic models[C]. Proceedings of AAAI, 813–818, 2005.

[110] LI X J, WANG T K. Lexicon of common words in contemporary Chinese[M]. Beijing: The Commercial Press, 2008-11 edition, 2008.

[111] LIN Y K, LIU Z Y, LUAN H B, et al. Modeling relation paths for representation learning of knowledge bases[C]. Proceedings of EMNLP, 705–714, 2015.

[112] LIN Y K, LIU Z Y, SUN M S. Neural relation extraction with multi-lingual attention[C]. Proceedings of ACL, 34–43, 2017.

[113] LIN Y K, LIU Z Y, SUN M S, et al. Learning entity and relation embeddings for knowledge graph completion[C]. Proceedings of AAAI, 2181–2187, 2015.

[114] LIN Y K, SHEN S Q, LIU Z Y, et al. Neural relation extraction with selective attention over instances[C]. Proceedings of ACL, 2124–2133, 2016.

[115] LING X, WELD D S. Fine-grained entity recognition[C]. Proceedings of AAAI, 2012.

[116] LIU C Y, SUN W B, CHAO W H, et al. Convolution neural network for relation extraction[C]. Proceedings of ICDM, 231–242, 2013.

[117] LIU Q, JIANG H, WEI S, et al. Learning semantic word embeddings based on ordinal knowledge constraints[C]. Proceedings of ACL-IJCNLP, 1501–1511, 2015.

[118] LIU Q, LI S J. Word similarity computing based on howNet[J]. CLCLP, 2002, 7(2): 59–76.

[119] LIU T Y, WANG K X, CHANG B B, et al. A soft-label method for noise-tolerant distantly supervised relation extraction[C]. Proceedings of EMNLP, 1790–1795, 2017.

[120] LIU Y, WEI F R, LI S J, et al. A dependency-based neural network for relation classification[C]. Proceedings of ACL-IJCNLP, 285–290, 2015.

[121] LU A, WANG W R, BANSAL M, et al. Deep multilingual correlation for improved word embeddings[C]. Proceedings of NAACL-HLT, 250–256, 2015.

[122] LUONG T, PHAM H, MANNING C D. Bilingual word representations with monolingual quality in mind[C]. Proceedings of NAACL-HLT, 151–159, 2015.

[123] MAATEN L V D, HINTON G E. Visualizing data using t-SNE[J]. JRML, 2008, 9: 2579–2605.

[124] MEHL M R, VAZIRE S, ESPARZA N R, et al. Are women really more talkative than men?[J] Science, 2007, 317(5834): 82–82.

[125] MERITY S, KESKAR N S, SOCHER R. Regularizing and optimizing LSTM language models[C]. Proceedings of ICLR, 2018.

[126] MERITY S, MCCANN B, SOCHER R. Revisiting activation regularization for language rnns[Z]. arXiv preprint arXiv:1708.01009, 2017.

[127] MIKOLOV T, CHEN K, CORRADO G, et al. Efficient estimation of word representations in vector space[C]. Proceedings of ICLR, 2013.

[128] MIKOLOV T, KARAFIÁT M, BURGET L, et al. Recurrent neural network based language models[C]. Proceedings of Interspeech, 2010.

[129] MIKOLOV T, LE Q V, SUTSKEVER I. Exploiting similarities among languages for machine translation[Z]. arXiv preprint arXiv:1309.4168, 2013.

[130] MIKOLOV T, SUTSKEVER I, CHEN K, et al. Distributed representations of words and phrases and their compositionality[C]. Proceedings of NIPS, 3111–3119, 2013.

[131] MIKOLOV T, YIH W, ZWEIG G. Linguistic regularities in continuous space word representations[C]. Proceedings of NAACL, 13: 746–751, 2013.

[132] MILLER D R H, LEEK T, SCHWARTZ R M. A hidden markov model information retrieval system[C]. Proceedings of SIGIR, 214–221. ACM, 1999.

[133] MILLER G A. WordNet: a lexical database for english[J]. Communications of the ACM, 1995, 38(11): 39–41.

[134] MINTZ M, BILLS S, SNOW R, et al. Distant supervision for relation extraction without labeled data[C]. Proceedings of ACL-IJCNLP, 1003–1011, 2009.

[135] MNIH A, HINTON G E. A scalable hierarchical distributed language model[c]. Proceedings of NIPS, 1081–1088, 2008.

[136] MOONEY R J, BUNESCU R C. Subsequence kernels for relation extraction[C]. Proceedings of NIPS, 171–178, 2006.

[137] MORIN F, BENGIO Y. Hierarchical probabilistic neural network language model[C]. Proceedings of AISTATS, 246–252, 2005.

[138] MRKŠIC N, OSÉAGHDHA D, THOMSON B, et al. Counter-fitting word vectors to linguistic constraints[C]. Proceedings of NAACL-HLT, 142–148, 2016.

[139] NARASIMHAN K, KARAKOS D, SCHWARTZ R, et al. Morphological segmentation for keyword spotting[C]. Proceedings of EMNLP, 880–885, 2014.

[140] NASTASE V, SZPAKOWICZ S. Word sense disambiguation in Roget's thesaurus using WordNet[C]. Proceedings of NAACL, 2001.

[141] NAVIGLI R, PONZETTO S P. Babelnet: The automatic construction, evaluation and application of a wide-coverage multilingual semantic network[J]. Artificial Intelligence, 2012, 193: 217–250.

[142] NEELAKANTAN A, CHANG M W. Inferring missing entity type instances for knowledge base completion: New dataset and methods[C]. Proceedings of NAACL-HLT, 515–525, 2015.

[143] NEELAKANTAN A, SHANKAR J, PASSOS A, et al. Efficient non-parametric estimation of multiple embeddings per word in vector space[C]. Proceedings of EMNLP, 1059–1069, 2015.

[144] NEWMAN M L, GROOM C J, HANDELMAN L D, et al. Gender differences in language use: An analysis of 14,000 text samples[J]. Discourse Processes, 2008, 45(3): 211–236.

[145] NGUYEN D P, MATSUO Y, ISHIZUKA M. Relation extraction from wikipedia using subtree mining[C]. Proceedings of AAAI, 1414–1420, 2007.

[146] NGUYEN T H, GRISHMAN R. Combining neural networks and log-linear models to improve relation extraction[Z]. arXiv preprint arXiv:1511.05926, 2015.

[147] NGUYEN T H, GRISHMAN R. Relation extraction: Perspective from convolutional neural networks[C]. Proceedings of NAACL-HLT, 39–48, 2015.

[148] NICKEL M, ROSASCO L, POGGIO T. Holographic embeddings of knowledge graphs[C]. Proceedings of AAAI, 1955–1961, 2016.

[149] NICKEL M, TRESP V, KRIEGEL H P. A three-way model for collective learning on multi-relational data[C]. Proceedings of ICML, 809–816, 2011.

[150] NICKEL M, TRESP V, KRIEGEL H P. Factorizing yago: scalable machine learning for linked data[C]. Proceedings of WWW, 271–280, 2012.

[151] NIU Y L, XIE R B, LIU Z Y, et al. Improved word representation learning with sememes[C]. Proceedings of ACL, 2049–2058, 2017.

[152] PENNEBAKER J W, BOYD R L, JORDAN K, et al. The development and psychometric properties of LIWC2015[R]. liwc. net, Austin, Texas, United States, 2017 edition, 2015.

[153] PENNINGTON J, SOCHER R, MANNING C D. Glove: Global vectors for word representation[c]. Proceedings of EMNLP, volume 14, 1532–43, 2014.

[154] PILEHVAR M T, COLLIER N. De-conflated semantic representations[C]. Proceedings of EMNLP, 1680–1690, 2016.

[155] PONTE J M, CROFT W B. A language modeling approach to information retrieval[C]. Proceedings of SIGIR, 275–281. ACM, 1998.

[156] PRESS O, WOLF L. Using the output embedding to improve language models[C]. Proceedings of EACL, 157–163, 2017.

[157] REN X, HE W, QU M, et al. Afet: Automatic fine-grained entity typing by hierarchical partial-label embedding[C]. Proceedings of EMNLP, 1369–1378, 2016.

[158] REN X, HE W Q, QU M, et al. Label noise reduction in entity typing by heterogeneous partial-label embedding[J]. Proceedings of KDD, 1825–1834, 2016.

[159] RIEDEL S, YAO L M, MCcALLUM A. Modeling relations and their mentions without labeled text[C]. Proceedings of ECML-PKDD, 148–163, 2010.

[160] RIEDEL S, YAO L M, MCCALLUM A, et al. Relation extraction with matrix factorization and universal schemas[C]. Proceedings of NAACL-HLT, 74–84, 2013.

[161] RINSER D, LANGE D, NAUMANN F. Cross-lingual entity matching and infobox alignment in wikipedia[J]. Information Systems, 2013, 38(6): 887–907.

[162] ROHRBAUGH M J, MEHL M R, SHOHAM V, et al. Prognostic significance of spouse we talk in couples coping with heart failure[J]. JCCP, 2008, 76(5): 781.

[163] ROTH D, YIH W T. Probabilistic reasoning for entity & relation recognition[C]. Proceedings of ACL, 1–7, 2002.

[164] ROTH D, YIH W T. A linear programming formulation for global inference in natural language tasks[C]. Proceedings of CoNLL, 1–8, 2004.

[165] ROTHE S, SCHÜTZE H. Autoextend: Extending word embeddings to embeddings for synsets and lexemes[C]. Proceedings of ACL, 1793–1803, 2015.

[166] RUDER S. A survey of cross-lingual embedding models[Z]. arXiv preprint arXiv:1706.04902, 2017.

[167] RUSH A M, CHOPRA S, WESTON J. A neural attention model for abstractive sentence summarization[C]. Proceedings of EMNLP, 379–389, 2015.

[168] SANTOS C N D, XIANG B, ZHOU B W. Classifying relations by ranking with convolutional neural networks[C]. Proceedings of ACL-IJCNLP, 626–634, 2015.

[169] SARAWAGI S, COHEN W W. Semi-markov conditional random fields for information extraction[C]. Proceedings of NIPS, 1185–1192, 2005.

[170] SARWAR B, KARYPIS G, KONSTAN J, et al. Item-based collaborative filtering recommendation algorithms[C]. Proceedings of WWW, 285–295, 2001.

[171] SCHWARTZ H A, EICHSTAEDT J C, KERN M L, et al. Personality, gender, and age in the language of social media: The open-vocabulary approach[J]. PloS one, 2013, 8:e73791.

[172] SEEKER W, ÇETINOĞLU Ö. A graph-based lattice dependency parser for joint morphological segmentation and syntactic analysis[C]. Proceedings of TACL, 359–373, 2015.

[173] SEMENIUTA S, SEVERYN A, BARTH E. Recurrent dropout without memory loss[C]. Proceedings of COLING, 1757–1766, 2016.

[174] SHI T Z, LIU Z Y, LIU Y, et al. Learning cross-lingual word embeddings via matrix co-factorization[C]. Proceedings of ACL-IJCNLP, 567–572, 2015.

[175] SHIMAOKA S, STENETORP P, INUI K, et al. Neural architectures for fine-grained entity type classification[C]. Proceedings of EACL, 1271–1280, 2017.

[176] SILLA C N, FREITAS A A. A survey of hierarchical classification across different application domains[J]. DMKD, 2011, 22(1-2):31–72.

[177] SILLA C N, FREITAS A A. Novel top-down approaches for hierarchical classification and their application to automatic music genre classification[C]. Proceedings of SMC, 3499–3504, 2009.

[178] SOCHER R, CHEN D Q, MANNING C D, et al. Reasoning with neural tensor networks for knowledge base completion[C]. Proceedings of NIPS, 926–934, 2013.

[179] SOCHER R, HUVAL B, MANNING C D, et al. Semantic compositionality through recursive matrix-vector spaces[C]. Proceedings of EMNLP-CoNLL, 1201–1211, 2012.

[180] SUCHANEK F M, KASNECI G, WEIKUM G. Yago: A core of semantic knowledge[C]. Proceedings of WWW, 697–706, 2007.

[181] SUN Y M, LIN L, YANG N, et al. Radical-enhanced Chinese character embedding[C]. Proceedings of ICONIP, 279–286, 2014.

[182] SURDEANU M, TIBSHIRANI J, NALLAPATI R, et al. Multi-instance multi-label learning for relation extraction[C]. Proceedings of EMNLP, 455–465, 2012.

[183] SUTSKEVER, TENENBAUM J B, SALAKHUTDINOV R R. Modelling relational data using bayesian clustered tensor factorization[C]. Proceedings of NIPS, 1821–1828, 2009.

[184] SUTSKEVER I, VINYALS O, LE Q V. Sequence to sequence learning with neural networks[C]. Proceedings of NIPS, 3104–3112, 2014.

[185] TIAN F, DAI H J, BIAN J, et al. A probabilistic model for learning multi-prototype word embeddings[C]. Proceedings of COLING, 151–160, 2014.

[186] TOUTANOVA K, CHEN D Q, PANTEL P, et al. Representing text for joint embedding of text and knowledge bases[C]. Proceedings of EMNLP, 1499–1509, 2015.

[187] UPADHYAY S, FARUQUI M, DYER C, et al. Cross-lingual models of word embeddings: An empirical comparison[C]. Proceedings of ACL, 1661–1670, 2016.

[188] VRANDEČIĆ D, KRÖTZSCH M. WikiData: a free collaborative knowledgebase[c]. Communications of the ACM, 2014, 57(10): 78–85.

[189] Vu N T, ADEL H, GUPTA P, et al. Combining recurrent and convolutional neural networks for relation classification[C]. Proceedings of NAACL-HLT, 534–539, 2016.

[190] VULIĆ I, KORHONEN A. On the role of seed lexicons in learning bilingual word embeddings[C]. Proceedings of ACL, 247–257, 2016.

[191] VULIĆ I, MOENS M F. Bilingual word embeddings from non-parallel document-aligned data applied to bilingual lexicon induction[C]. Proceedings of ACL-IJCNLP, 719–725, 2015.

[192] WANG J H, LIU J Y, ZHANG P. Chinese word sense disambiguation with pagerank and HoWnet[C]. Proceedings of IJCNLP, 39–44, 2008.

[193] WANG M Q. A re-examination of dependency path kernels for relation extraction[C]. Proceedings of IJCNLP, 841–846, 2008.

[194] WANG Z, ZHANG J W, FENG J L, et al. Knowledge graph and text jointly embedding[C]. Proceedings of EMNLP, 1591–1601, 2014.

[195] WANG Z, ZHANG J W, FENG J L, et al. Knowledge graph embedding by translating on hyperplanes[C]. Proceedings of AAAI, 1112–1119, 2014.

[196] WESTON J, BORDES A, YAKHNENKO O, et al. Connecting language and knowledge bases with embedding models for relation extraction[C]. Proceedings of EMNLP, 1366–1371, 2013.

[197] WICK M, KANANI P, POCOCK A C. Minimally-constrained multilingual embeddings via artificial code-switching[C]. Proceedings of AAAI, 2849–2855, 2016.

[198] WIETING J, BANSAL M, GIMPEL K, et al. Charagram: Embedding words and sentences via character n-grams[C]. Proceedings of EMNLP, 1504–1515, 2016.

[199] WU Y, BAMMAN D, RUSSELL S. Adversarial training for relation extraction[C]. Proceedings of EMNLP, 1778–1783, 2017.

[200] XIA Y Q, ZHAO T T, YAO J M, et al. Measuring chinese-english cross-lingual word similarity with hownet and parallel corpus[C]. Proceedings of CICLing, 221–233, 2011.

[201] XIAO H, HUANG M L, ZHU X Y. From one point to a manifold: Knowledge graph embedding for precise link prediction[C]. Proceedings of IJCAI, 1315–1321, 2016.

[202] XIAO H, HUANG M, ZHU X Y. Transg : A generative model for knowledge graph embedding[C]. Proceedings of ACL, 2316–2325, 2016.

[203] XIAO M G, LIU C. Semantic relation classification via hierarchical recurrent neural network with attention[C]. Proceedings of COLING, 1254–1263, 2016.

[204] Ruobing Xie, Zhiyuan Liu, Jia Jia, Huanbo Luan, and Maosong Sun. Representation learning of knowledge graphs with entity descriptions. In *Proceedings of AAAI*, pages 2659–2665, 2016.

[205] XIE R B, YUAN X C, LIU Z Y, et al. Lexical sememe prediction via word embeddings and matrix factorization[C]. Proceedings of IJCAI, 4200–4206, 2017.

[206] XU K, FENG Y S, HUANG S F, et al. Semantic relation classification via convolutional neural networks with simple negative sampling[C]. Proceedings of EMNLP, 536–540, 2015.

[207] XU Y, JIA R, MOU L L, et al. Improved relation classification by deep recurrent neural networks with data augmentation[C]. Proceedings of COLING, 1461–1470, 2016.

[208] XU Y, MOU L L, LI G, et al. Classifying relations via long short term memory networks along shortest dependency paths[C]. Proceedings of EMNLP, 1785–1794, 2015.

[209] YAGHOOBZADEH Y, ADEL H, SCHÜTZE H. Noise mitigation for neural entity typing and relation extraction[C]. Proceedings of EACL, 1183–1194, 2017.

[210] YANG B S, YIH W, HE X D, et al. Embedding entities and relations for learning and inference in knowledge bases[C]. Proceedings of ICLR, 2015.

[211] YANG Z L, DAI Z H, SALAKHUTDINOV R, et al. Breaking the softmax bottleneck: A high-rank rnn language model[C]. Proceedings of ICLR, 2018.

[212] YIN R C, WANG Q, LI P, et al. Multi-granularity Chinese word embedding[C]. Proceedings of EMNLP, 981–986, 2016.

[213] YOGATAMA D, GILLICK D, LAZIC N. Embedding methods for fine grained entity type classification[C]. Proceedings of ACL-IJCNLP, 291–296, 2015.

[214] YOSEF M A, BAUER S, HOFFART J, et al. HYENA: Hierarchical type classification for entity names[C]. Proceedings of COLING, 1361–1370, 2012.

[215] YU L C, LEE L H, HAO S, et al. Building Chinese affective resources in valence-arousal dimensions[C]. Proceedings of NAACL-HLT, 540–545, 2016.

[216] YU X F, LAM W. Jointly identifying entities and extracting relations in encyclopedia text via a graphical model approach[c]. Proceedings of ACL, 1399–1407, 2010.

[217] ZAREMBA W, SUTSKEVER I, VINYALS O. Recurrent neural network regularization[C]. arXiv preprint arXiv:1409.2329, 2014.

[218] ZENG D J, LIU K, CHEN Y B, et al. Distant supervision for relation extraction via piecewise convolutional neural networks. Proceedings of EMNLP, 1753–1762, 2015.

[219] ZENG D J, LIU K, LAI S W, et al. Relation classification via convolutional deep neural network[C]. Proceedings of COLING, 2335–2344, 2014.

[220] ZENG X K, YANG C, TU C C, et al. Chinese LIWC lexicon expansion via hierarchical classification of word embeddings with sememe attention[c]. Proceedings of AAAI, pages 5650–5657, 2018.

[221] ZHANG D X, WANG D. Relation classification via recurrent neural network[Z]. arXiv preprint arXiv:1508.01006, 2015.

[222] ZHANG M, PENG H R, LIU Y, et al. Bilingual lexicon induction from non-parallel data with minimal supervision[C]. Proceedings of AAAI, 3379–3385, 2017.

[223] ZHANG M, ZHANG J, SU J. Exploring syntactic features for relation extraction using a convolution tree kernel[C]. Proceedings of NAACL-HLT, 288–295, 2006.

[224] ZHANG M, ZHANG J, SU J, et al. A composite kernel to extract relations between entities with both flat and structured features[C]. Proceedings of ACL, 825–832, 2006.

[225] ZHANG S, ZHENG D Q, HU X C, et al. Bidirectional long short-term memory networks for relation classification[C]. Proceedings of PACLIC, 73–78, 2015.

[226] ZHANG X, ZHAO J B, LECUN Y. Character-level convolutional networks for text classification[C]. Proceedings of NIPS, 649–657, 2015.

[227] ZHAO S B, GRISHMAN R. Extracting relations with integrated information using kernel methods[C]. Proceedings of ACL, 419–426, 2005.

[228] ZHOU P, SHI W, TIAN J, et al. Attention-based bidirectional long short-term memory networks for relation classification[C]. Proceedings of ACL, 207–212, 2016.

[229] ZHU H, XIE R B, LIU Z Y, et al. Iterative entity alignment via joint knowledge embeddings[C]. Proceedings of IJCAI, 4258–4264, 2017.

[230] ZOU W Y, SOCHER R, CER D, et al. Bilingual word embeddings for phrase-based machine translation[C]. Proceedings of EMNLP, 1393–1398, 2013.

后　　记

我在 2006 年至 2011 年直博期间主要从事关键词抽取和社会标签推荐的研究工作，博士毕业后做了两年多的博士后，仍然延续博士期间的课题，逐渐意识到这个课题已经没有太多挑战问题值得探索了。

2013 年，以神经网络为代表的深度学习刚在语音识别和图像识别领域崭露头角，在自然语言处理领域还只有一些零星的工作，与传统方法相比效果也并不太明显。很多学者对深度学习能否在自然语言处理延续成功众说纷纭，一种代表看法是，图像的最小单元像素和语音中的最小单元音素几乎不包含任何语义信息，深度学习善于从大规模数据中学习由像素/音素组成图像/语音全过程中的语义模式，而自然语言处理中的最小处理单元词（或汉字）就已经包含丰富信息，也许深度学习的"深度"并无用武之地。这个时候，词表示学习算法 word2vec、知识表示学习算法 TransE 和网络表示学习算法 DeepWalk 先后出世，让我们看到深度学习的优势不仅体现在"深度"上，而且其"分布式表示"机制也有着重要意义。

2014 年，基于 word2vec、TransE、DeepWalk 等的算法在大规模数据上的卓越性能，我们也开始了自己的探索之路。先是与博士生陈新雄利用 WordNet 知识进行词义表示学习，论文发表在 EMNLP 2014 上；与本科生刘扬将隐含主题模型融合到 word2vec 中，论文发表在 AAAI 2015 上；同时与当时还是本科生后来留组读博的林衍凯探索如何改进 TransE，提出了较早的几个改进模型之一——TransR，论文发表在 AAAI 2015 上。在这些最初成果的激励下，我们进一步在知识表示学习方面提出了考虑关系路径的 PTransE、考虑实体属性的 KR-EAR、考虑实体描述的 DKRL、考虑实体类别的 TKRL、考虑实体图像的 IKRL，在词表示学习方面提出了考虑汉字信息的 CWE，在网络表示学习方面提出了考虑文本信息的 TADW 等。2015 年，在这些语义表示学习特别是知识表示学习研究经验的基础上，我们看到，新的知识不止来自基于知识表示学习技术的图谱补全，我们还应当考虑如何从大规模无结构文本中获取结构化知识，因此开始与博士生林衍凯探索基于深度学习的关系抽取技术，提出了句子级别注意力机制来缓解远程监督的标注噪声问题，论文发表在 ACL 2016 上，随后带动了几届本科生曾文远、吴佳炜、韩旭、王晓智、高天宇等同学在考虑跨语言、考虑知识图谱信息、考虑对抗机制、考虑少次学习等场景的关系抽取问题。

2016 年，孙茂松老师带博士生陈新雄利用 HowNet 知识进行词义表示学习，也获得了正面的效果，在此启发下，从 2017 年开始，我们开始探索如何在深度学习模型中利用 HowNet 提供的语言知识，先后将 HowNet 知识引入 word2vec 算法、神经网络语言模型、领域词典构建任务等。同时，我们提出可以利用深度学习技术帮助构建 HowNet 知识，建立义原预测任务，先后尝试了协同过滤等技术和考虑内部字、多语言等信息。这些工作均顺利在 ACL、EMNLP、IJCAI、AAAI 等国际会议发表，得到了学术同行一定的关注和认可。2018 年，中文信息学会秘书长孙乐老师将我们的这些工作转发给了 HowNet 创始人董振东先生，得到了董先生的鼓励和认可，曾专门给孙茂松老师和我发电子邮件交流，还通过微信发来鼓励寄语，照录如下："知远，很高兴接到你的来信，你的用知网搞事情的视频我看了，虽然由于我的知识结构还不能完全懂，但可以有所了解，学到了一些很有价值的东西。再重复上次说过的：你的选题是正确的。因为无论你研究结果证明知网这样的语义（知识体系）是正确还是不正确的，你的研究都是成功的，都是对语言信息处理、人工智能具有创新意义的贡献。知网的一个关键点是：人类的认知是可以建立在有限的意义的最小单位基础上呢，还是建立在无限的以符号表示的概念的基础上的呢？先写到这里，很希望你常来信，有问题，有不同意见，都很欢迎。"正是在董先生的这些鼓励下，我们提出将 HowNet 开源以提升义原学术思想影响力的建议。因为 HowNet 毕竟凝聚了董先生的毕生心血，一直采用授权收费的模式，所以我们也做好了被拒绝的准备。没想到，这个建议马上得到了董振东先生和董强先生父子的认可，在紧锣密鼓的协调筹备下，HowNet 的开源版本 OpenHowNet 于 2019 年 1 月 21 日正式发布了。然而到 2019 年 3 月，我们才得知董振东先生于 2019 年 2 月 28 日仙逝的消息，我们痛失了一位自然语言处理和计算语言学的开拓者。回想起来，非常荣幸能够在董先生最后的一年里得到他的鼓励和指点，又感到无限可惜没能在先生有生之年多向他请教学习。让我们有些许安慰的是，我们最近基于 HowNet 学术思想的研究成果，或可以告慰董先生在天之灵，也特别希望开源 OpenHowNet 能够让董先生的思想和精神发扬光大。

总结起来，从 2014 年到 2019 年这几年的探索，就像在完成一幅拼图，每份工作都像拿到手里的一张小图块，一开始只是些孤立的探索、尝试，慢慢地，开始对全部图景有了轮廓认识，并日渐清晰，这幅拼图的主题就是"知识图谱与深度学习"形成的知识智能：基于深度学习的知识获取可以帮助知识图谱构建，融合知识指导的深度学习可以提升智能信息处理的鲁棒可解释能力，它们如同巨人双脚，互为支撑、协同前进。一旦研究思路明确了，未来探索方向更加清晰，那就是探索更全面的知识类型、更复杂的知识结构、更有效的知识获取、更强大的知识指导、更精深的知识指导。虽然这份书稿已经画上句号，但对这个方向的探索才刚起步。现在看来，当初很多研究成果还很稚嫩，很有些匠气。所幸的是，这些工作都是围绕着同一个母题开展的，放在一起还颇有可观之处，所以敝帚自珍整理出来，供业内专家指正，指导未来努力方向，也供后学者参考，吸引更多同学加入共同探索。

本书得到了众多师友的指导和帮助。我的导师清华大学孙茂松教授为本书的研究工作提供了大量真知灼见，他的很多学术思想也均体现在这些研究成果中，因此列为本书作者之一。清华大学李涓子教授、北京大学冯岩松博士、中国人民大学赵鑫博士审阅了本书，并提出了宝贵的意见和建议。清华大学出版社对本书出版提供了大力支持和帮助。本书的这些研究成果也离不开多年来一直关心和支持我们工作的前辈、同事、同行和同学们。在此一并衷心表示感谢！

我们深信，数据与知识的深度融合计算是人工智能发展的必然趋势。深度学习与知识图谱的融合互动是人工智能的前沿方向，发展日新月异，我们也在不断努力学习。由于水平有限，本书难免存在疏漏之处，恳请各位读者批评指正，提出宝贵意见和建议，均可发至我的工作邮箱 liuzy@tsinghua.edu.cn。如有修订新版的机会，我们将认真改进。

刘知远

2020 年 3 月于清华大学 FIT 楼